13 EU 19.80
W0373329

diccionario léxico
ESPASA

diccionario del origen de las palabras

Alberto Buitrago
J. Agustín Torijano

ESPASA

Director Editorial
Juan Ignacio Alonso

Directora de Diccionarios
Marisol Palés Castro

Editora
Celia Villar Rodríguez

Diseño
Joaquín Gallego

© Alberto Buitrago Jiménez y Agustín Torijano Pérez
© De esta edición: Espasa Calpe, S. A., Madrid, 1998

Tercera edición: octubre, 2000

Depósito legal: M. 40.345-2000
ISBN: 84-239-9249-7

Reservados todos los derechos. No se permite reproducir, almacenar en sistemas de recuperación de la información ni transmitir alguna parte de esta publicación, cualquiera que sea el medio empleado —electrónico, mecánico, fotocopia, grabación, etc.—, sin el permiso previo de los titulares de los derechos de la propiedad intelectual.

Impreso en España / Printed in Spain
Impresión: Unigraf, S. L.

Editorial Espasa Calpe, S. A.
Carretera de Irún, km 12,200
28049 Madrid

PRÓLOGO

Aceptada la verdad de Perogrullo de que todo diccionario es libro, nos parece oportuno dejar constancia de que en este caso lo es en mayor medida. Así, aunque el orden alfabético de las entradas nos oriente hacia lo lexicográfico, hacia un diccionario etimológico, el planteamiento y la propia redacción nos acercan más a la imagen que todos tenemos de un libro sin más. Nuestra idea fue elaborar una obra que invitara más a la lectura que a la mera consulta esporádica, aunque, por supuesto, sin renunciar a esta última.

Las razones expuestas anteriormente explican por sí solas el hecho de que en esta obra no estén *todas* las palabras del español, ni siquiera, *muchas* de ellas, ni aun *bastantes,* y que sólo aparezcan *algunas:* las que, siempre según nuestro particular y discutible criterio, esconden en su evolución hacia nuestra lengua una historia curiosa, peculiar, extraña y, las más de las veces, desconocida para la mayoría de los hablantes. Hemos entendido que, por tanto, debíamos excluir aquellas voces formadas a partir del griego o del latín que llegaron al español sin apenas evolución, entre ellas muchos términos científicos y técnicos: no hemos recogido *mano* (del latín *manu(m)*), por ejemplo, por la misma razón por la que tampoco *hemoptisis* (del griego *hemoptisis*).

Siempre con la idea de combinar lo científico con lo divulgativo, nos pareció necesario hispanizar las grafías de aquellos alfabetos diferentes al latino: griego, hebreo, árabe, ruso..., procurando adaptar lo más fielmente posible a nuestra lengua sus correspondientes sonidos.

Creímos también conveniente respetar la *-m*, que aparece entre paréntesis en el libro, perteneciente al caso acusativo latino, del que proceden directamente la mayoría de los sustantivos de nuestro idioma generados en el latín.

Por último, el símbolo → remite a la palabra a la que precede. El asterisco (*), signo tradicionalmente utilizado en etimología, precede tanto a las formas supuestas y no documentadas que muchas veces nos encontramos en el camino de una palabra hacia nuestro idioma, como a las también supuestas raíces indoeuropeas.

LOS AUTORES
Salamanca, 15 de septiembre de 1998

A vosotras dos

A

a Aunque la primera letra de nuestro abecedario proceda sencillamente del latino, que, a su vez, la había recibido de los alfabetos griegos occidentales, todo indica que sus formas más antiguas, quizá tomadas del egipcio, se remontan hasta los siglos XIII-XI a. C. Sería en esta época cuando esta letra correspondiera ya por su forma, más o menos, a una cabeza de buey —cuernos incluidos—, que en fenicio se decía *alf*, siguiendo la costumbre de dotar a cada letra con un valor, una representación de las cosas más frecuentes e importantes que empezaron a ser dibujadas con un solo signo para evitar tener que pintarlas completamente al escribir algo sobre ellas.

La generalidad del valor de la *a* puede apreciarse por el hecho de que también en hebreo se llama *álef*, de donde deriva el término *alefato*, que es el abecedario de esta lengua. → *abecedario* y *alfabeto*.

abecedario Cuesta trabajo creer que no hace demasiado tiempo (3.500 años, nada en comparación con, por ejemplo, la edad de la Tierra), el hombre no tuviera preocupaciones tan aparentemente vanas como la ortografía. Pero si ahora es posible este acto de comunicación entre el libro y el lector, si ahora mismo se está produciendo este acto lingüístico, se debe, entre otros, a los pueblos fenicios, que aportaron una serie de signos que ellos utilizaban para fijar sonidos y significados y transmitirlos así de una manera práctica, muy propia de ellos, todo sea dicho. Cierto es que otros pueblos se habían servido de representaciones gráficas, pero si nos atenemos a nuestro ámbito cultural, el Mediterráneo, es a ellos a quienes debemos lo que hoy llamamos *abecedario,* transparente etimología para denominar al conjunto de letras que empezaba precisamente así: *a, be, ce, de,* más el sufijo latino *-ariu(m)*, 'conjunto de, lista de', significado que encontramos en otras muchas palabras de nuestra lengua *(bestiario, calendario, herbolario, noticiario, vecindario,* etc.).

Teniendo en cuenta este origen, no deberíamos considerar correcto el uso de la palabra → *alfabeto* como sinónimo de la que nos ocupa, por la sencilla razón de que, para ser exactos, el *alfabeto* es el conjunto de las letras del idioma griego, cuyos dos primeros elementos se llaman, precisamente, *alfa* y *beta,* siendo aquélla prima hermana del *álif* y del *álef,* que dan nombre al *alifato* y al *alefato,* conjunto de las letras del árabe y del hebreo, respectivamente.

abril Parece que el nombre de este mes procede del latín *aprile(m)*, acusativo de *aprilis,* por la idea de apertura (*aperire*, 'abrir') de las flores, de la naturaleza en pleno, si bien hay ciertas dudas sobre esta etimología.

Algunos autores creen que se relaciona con la palabra, también latina, *apri(m)*, que significaba 'el jabalí', animal venerado por los antiguos romanos y al que le habrían dedicado el mes.

Otros estudiosos, en cambio, establecen relación con la palabra griega *afril*, con el significado de 'espuma', por ser de la espuma del mar de donde nació Venus, diosa a quien estaba consagrado este mes, como lo demostrarían las múltiples fiestas romanas de este periodo —como las dedicadas a la diosa Flora (→ *mayo*)—, que comenzaban con el gran *Festum Veneris* ('la fiesta de Venus').

Por último, no falta quien relaciona el nombre de este mes con la palabra *áparas*, una voz védica (una antigua lengua sagrada de la India), y en la que significaba 'el siguiente', es decir, el mes que sigue al de → *marzo*, que era el primer mes del año. → *enero*.

academia Fue por el año 387 a. C. cuando, en la clásica Grecia, Platón comenzó a ser famoso por dedicarse a enseñar sus ideas a aquellos jóvenes que lo escuchaban, seguramente absortos, deseosos de convertirse también en *filósofos*, o, lo que es lo mismo, 'amigos de la sabiduría'. Y por aquel entonces ya existía en griego la palabra *Akadémeia*, es decir, 'la casa-jardín del héroe Academo', cerca de donde el propio Platón poseía, al noroeste de Atenas, una pequeña propiedad donde reunía a sus discípulos. La fama del filósofo se extendió tanto que el conjunto de las doctrinas derivadas de sus ideas se llamó *Academia platónica,* corriente de pensamiento que duró hasta el año 529 d. C.

Tomando el valor de 'lugar de ciencia', usamos la palabra para designar un centro docente, que puede ser privado (generalmente para perfeccionar idiomas o informática en los tiempos modernos), o público, como es el caso de la Real Academia Española (llamada, por cierto, así: Real Academia Española, sin añadir «de la Lengua»), o de la Historia, o de Ciencias Morales y Políticas, o de Medicina, o la General de Zaragoza, por citar algunos ejemplos.

acuarela Sea por la proximidad cultural y geográfica, sea por la intensidad y brillantez con que Italia ha cultivado siempre el arte, lo cierto es que parece infinita la nómina de términos artísticos que el italiano ha regalado al resto de idiomas circundantes.

Es el caso de esta voz, que ya en sus orígenes se hizo derivar de la palabra latina *aqua(m),* 'agua', bajo la forma de *acquarella* (*acquerello* en italiano actual), que tenía un valor diminutivo, como ocurre con las palabras *carboncillo* (técnica) *y carbón* (materia). Con parecido aspecto pero idéntico significado pasó al francés (*aquarelle*), al portugués *(aguarela)*, o al alemán *(Aquarell)*. En inglés la encontramos con la forma de *water-colour*, que viene a ser lo mismo: 'color al agua'.

agosto El actual octavo mes recibía antes el nombre de *sextilis* por ocupar el sexto lugar del año. Sin embargo, desde el año 24 a. C., debe este nombre a Augusto ('consagrado por los buenos augurios', 'digno de respeto'), sobrenombre del emperador Cayo Julio César Octavio (63 a. C.-14 d. C.).

Según se afirma, Augusto quiso llevar a cabo la modificación del calendario a imitación de la de Julio César (100 o 101-44 a. C.), quien ya en el año 45 a. C. había transformado el antiguo mes de *quinctilis* ('el [mes] quinto'), precisamente, en el mes de → *julio*. Para ello, Augusto no sólo propuso él mismo el cambio de nombre del mes sino también el aumento de un día más a los treinta que tenía, a fin de que *su* mes durara, al menos, exactamente igual que el anterior, quizá por ocultos motivos de cierta envidia. Para ello, sumó y restó días, especialmente a → *febrero*, para que los meses quedaran con la duración con que los conocemos hoy.

ajedrez El legendario y emblemático juego de la estrategia por excelencia, metáfora de metáforas bélicas y referencia de infinitas ideas sobre la táctica militar nos llegó, con otros muchos regalos culturales, de la mano de los árabes, quienes, a su vez, lo habían conocido y adaptado en Persia, si bien sus primeros orígenes se remontan a la India del siglo V.

En lo que respecta a la presencia del juego en España, podemos afirmar que ya en 1010 aparece citado un juego de *scachs* (forma antigua de *escacs*, 'ajedrez' en catalán) en el testamento de Armengol I (992-1010), conde de Urgell, y que en 1283, el rey Alfonso X el Sabio (1221-1284) escribió los *Libros de açedrex, dados e tablas*, inspirados en los originales árabes, y que constituyen realmente el mejor y más hermoso tratado medieval sobre este juego. Ya en el Renacimiento se divulgó por toda Europa hasta el punto de que llegaron a celebrarse *torneos* (palabra eminentemente militar), y desde entonces siempre ha sido considerado como una especie de duelo, de lucha entre dos mentes, quizá tenida por peligrosa, a juzgar por el hecho de que ya en el siglo XII la Iglesia lanzó anatema contra el juego, aunque parece que la razón auténtica eran las desorbitadas apuestas que llegaron a cruzarse sobre el tablero. Esta supuesta peligrosidad llegó a Cataluña y a Aragón en 1390, fecha en que se ilegalizó el juego, por las mismas supuestas razones. Un poco más tarde, en 1551, el zar Iván IV lo prohibía en Rusia. Sin remontarnos tanto, el 18 de diciembre de 1979 el ayatolá Jomeini lo consideró un delito penal en Irán, precisamente la moderna Persia. Este último hecho es especialmente significativo si tenemos en cuenta que las palabras *jaque mate* (→ *jaque*) provienen de las palabras persas *shal mat*, 'el rey ha muerto'...

Como era de esperar, y después de lo visto, el nombre de juego tiene que proceder del árabe, y concretamente de la palabra *ash-shataranch*, proveniente del sánscrito *shatur-anga*, palabra que significaba 'el que tiene cuatro cuerpos', en referencia a las cuatro armas del ejército índico, que eran las siguientes: infantería, caballería, elefantes y carros de combate, simbolizadas por los peones, los caballos, los elefantes o → *alfiles* y las torres, respectivamente.

alabar Aunque no lleguen a ponerse de acuerdo las diferentes teorías sobre esta palabra, se acepta como realmente posible la idea de que el origen se encuentre en la voz latina *alapa(m)*, que significaba 'bofetada, golpe dado con la mano', lo cual, en principio, parece un contrasentido con el valor con que nosotros la usamos. Pero si añadimos que era así como se llamaba especialmente la bofetada que propinaba el señor a su esclavo para darle la libertad o manumitirlo, parece que el término recupera su valor positivo de 'elogiar, decir [o hacer] cosas buenas de alguien o de algo'. → *manso*.

No obstante, también se afirma que el término procede del latín tardío *alapari*, 'jactarse, alabarse', que, unido al del ya citado de *alapa(m)*, podría más bien significar 'darse uno mismo golpes (en el pecho)', es decir, 'presumir'.

alarma Durante las campañas militares de España en Italia (siglos XVI y XVII) los soldados españoles oían que sus colegas de allí, cuando eran atacados, gritaban *«all'arme!, all'arme!»*, lo cual no significa otra cosa que '¡a las armas!'. Este grito se identificó como un aviso de peligro, y de ahí el significado actual.

álbum Esas interminables colecciones de fotografías (o cromos o postales) con que pasamos el tiempo o se lo hacemos perder a los demás suelen tener como soporte algo que llamamos *álbum*, cuyo plural nos empeñamos en pronunciar vulgarmente «álbunes». Etimológicamente, esta voz procede del latín, y no significa otra cosa que 'blanco'. La razón de usar esta palabra se debe a que precisamente de este color era la tabla encerada que los funcionarios romanos usaban para dar a conocer al pueblo las decisiones del pretor, los edictos y otras normas. Esas tablas, evolucionadas y convertidas en hojas impolutas cosidas o pegadas en forma de libro para recoger autógrafos o ilustraciones, recibieron en el alemán de mediados del siglo XIX el valor actual. De esta lengua pasó al francés y llegó, por último, a nuestro idioma con el significado conocido.

alcalde Cuando Lope y Calderón, allá por nuestro Siglo de Oro, escribían e inmortalizaban personajes que han pasado al acervo cultural de nuestra literatura, como vemos en *El mejor alcalde, el rey,* o en *El alcalde de Zalamea,* no tenían el concepto de *alcalde* que hoy tenemos en español. Todavía en aquella época, y durante algunos años más, esta voz conservaba el valor original de 'juez', pues ése era el significado primero que, en su nacimiento, tenía la palabra árabe *qädi* (del verbo *qäda,* que significa 'resolver, juzgar'). Sólo quedaba añadirle el artículo árabe *al-*, para que se nos convirtiera en *alcadi,* y terminar siendo el término que ahora conocemos.

No es extraño pensar que el antiguo *alcalde* tuviera las funciones de un juez municipal (→ *municipio)* para aplicar la justicia sin apelar a instancias mayores. Las sucesivas reorganizaciones del sistema político lo liberaron de dichas facultades, y le otorgaron las características con las que hoy se lo conoce.

alfabeto El *alfabeto* es, en rigor, el conjunto de las letras de la lengua griega, dado que las dos primeras reciben, como es sabido, los nombres de *alfa* y *beta,* respectivamente.

No obstante, y aunque sabemos que no se refieren exactamente a lo mismo, es muy común el uso de la palabra *alfabeto* como sinónimo de → *abecedario,* hasta el punto de que quien no sabe leer (es decir, no conoce las letras, ni siquiera las primeras) recibe el triste nombre de *analfabeto.*

alfil Este tecnicismo del juego del → *ajedrez* debe su nombre a la voz árabe *al-fil,* que significa 'el elefante' (→ *marfil),* tomada del persa *pil,* con el mismo significado. La razón de que ese animal preste su nombre a la pieza que mueve diagonalmente en el ajedrez estriba en el hecho de que, en sus orígenes, el ajedrez representaba al ejército índico, una de cuyas cuatro armas era precisamente la de los elefantes —análogo a la de la caballería en los ejércitos occidentales— y así se representaba en el tablero de los escaques o cuadros.

alfombra Tan antigua como la Humanidad, la *alfombra* debió su aparición a la necesidad de evitar la humedad y el frío del suelo y se sabe de su existencia desde hace más de treinta mil años.

Sobre su etimología, debemos decir que son dos las posibilidades barajadas. Sostiene la primera que la voz procede del árabe *al-jumra,* con el mismo significado, derivada de la raíz *jmr,* que significa 'cubrir, tapar', relacionada también con la hoja de palmera, usada por los árabes para este menester.

Sin abandonar a tan fascinante pueblo, la segunda hipótesis hace proceder la palabra de *al-húmra,* que produjo la forma *alombra,* documentada en el siglo XIV, convertida en *alhombra* para Covarrubias, quien, en su *Tesoro* (1611), dice: «*alombra* es lo mismo que tapete [...], vale *alombra* tanto como *colorada,* porque no embargante que está texida de muchas colores, entre todas la que más campea es la colorada [...]». Debemos, a este respecto, recordar → *La Alhambra,* y su etimología árabe de 'la roja', que haría más segura esta segunda teoría.

algarabía Un jaleo incomprensible y una confusión de ruidos o sonidos debía de parecer a nuestros antepasados castellanohablantes oír a dos o más árabes hablar en este idioma, y, según este criterio, la palabra *algarabía,* que significa precisamente 'la lengua árabe', 'el [idioma] árabe' *(al + arabiyyah)* pasó a adquirir el significado de esa confusión que se produce cuando no entendemos el ruido de voces o palabras que padecemos en reuniones sociales multitudinarias.

Alhambra (La) El irrepetible y fascinante palacio granadino de los reyes árabes nazaríes, construido en los siglos XIII y XIV, se llama así no por ninguna razón laudatoria —aun mereciéndolo— sino simplemente por su color, dado que su nombre árabe era *al-Qalá al-Hamrá,* que significa 'el castillo rojo', por el color del ladrillo visto de su muro exterior. Sin embargo, y a modo de posibilidad no exenta de interés, recordemos que en ruso, precisamente el adjetivo *rojo* se dice algo así como *krasívîy*, al tiempo que *hermoso*, se dice más o menos *krásiîy*, ciertamente parecido.

almanaque El origen de esta palabra, mucho más usada en el Sur que en el Norte de España (donde se prefiere → *calendario*), está en la voz hispanoárabe *al-manâj*, que significaba exactamente lo mismo que entre nosotros. Pero parece aceptado que tiene, a su vez, origen en la palabra del árabe vulgar *manâh*, donde significaba 'parada de un viaje, descanso'. Este valor se aplicaba también al recorrido, al viaje, que realiza el sol, de manera que adquirió el significado de 'signo del Zodiaco', es decir, 'parada del Sol, época del año'. La relación o la descripción de cada una de las paradas del Sol, de cada época del año, acabó por llenarse con el significado actual de 'calendario'.

almirante El nombre del cargo que desempeña en la armada el equivalente al de teniente general de tierra es uno de esos cientos de ejemplos de cooperación (no siempre consciente ni voluntaria) entre dos o más culturas en pro de una tercera. Estamos ante una auténtica mezcla de valores y de formas que producen un resultado aceptable y duradero. Porque parece que esta palabra procede de una forma más antigua, *amirate*, tomada en origen del término árabe *amïr,* 'jefe' (compárese con *emir),* derivado, a su vez, del verbo *ámar,* que significaba 'mandar'.

Pero ese arabismo no nos llegó directamente, como sí ocurre con otros. En su camino hacia el español, el término militar hizo uso de un vehículo que aportó su influencia: el griego bizantino y la voz *amirás-ados,* 'jefe'. Por último, como filtro final y casi lógico, la palabra pasó por el bajo latín, que aportó la forma *amiratus.* De la mezcla de las formas *almiral* y *amirate* nació el *almirante.*

almohada El nombre de la pieza de la cama donde apoyamos la cabeza revela claramente, aunque sólo sea por sus primeras letras, su origen árabe mediante ese artículo *al-*, tan presente en cientos de palabras de nuestra lengua. Traspasada la barrera del artículo, descubrimos que el resto de la palabra hace referencia a una de las partes más visibles de nuestro cuerpo, la mejilla, porque es esto, lo que apoyamos en la almohada, lo que nos da la clave de la etimología: esa parte de la cara en árabe hispánico y magrebí recibía el nombre de *mujádda* (*mijádda* en árabe clásico), por lo que *almohada* significa precisamente 'relacionado con, propio de la mejilla' (*jádda* en árabe).

alubia → *judía.*

amarillo El nombre del color del limón, el que se encuentra entre el verde y el naranja en la gama cromática, parece derivar del bajo latín hispánico *amarellu(m)*, 'amarillento, pálido', diminutivo de *amaru(m)*, que significa 'amargo', muy probablemente por el parecido cromático entre el «humor *amargo*» o bilis (que es «amarga y amarilla») y el tono que toman la piel y el blanco de los ojos de los enfermos de ictericia, que padecen alguno de los trastornos de la hiel. Puede ser interesante saber que en alemán el nombre de esta enfermedad es *Gelbsucht*, compuesto por las palabras *gelb*, que significa, exactamente, 'amarillo', y *sucht*, 'enfermedad, manía'.

Aunque algunos apuntan a una posible etimología árabe —quizá guiados por la similitud de formas—, a partir de la voz *hamra* o *hamrellah*, debemos decir que no parece muy acertada, habida cuenta de que en árabe no significa 'amarillo', sino 'rojo' como se ve, por ejemplo, en la palabra → *(La) Alhambra*. Bien es cierto que hay innumerables casos de desplazamientos semánticos, pero ocurre que esta voz árabe llegó a nosotros conservando ese valor incluso en algunas *jarchas*, que son esos pequeños estribillos escritos en romance hispánico, concretamente en lengua mozárabe, que aparecen cuajados de palabras y expresiones en árabe o en hebreo, de las que se conservan unas veinte, y que se escribían al final de las *moaxajas*, poemas árabes o hebreos de los siglos XI al XIV.

La *jarcha* que reproducimos aquí nos muestra, sin lugar a dudas, el auténtico valor ('rojo') de la palabra que nos ocupa:

> *¡Mamma ayy habibi!*
> *Suaal-chumela shaqrellah,*
> *el collo albo,*
> *e boquella* hamrellah.

La traducción podría ser, más o menos, la siguiente: '¡Mamá, qué amigo! / Su guedejuela (o cabellera) es rubia, / el cuello blanco / y [la] boquita *colorada*'.

amazona Es realmente discutida la etimología de esta palabra, que designaba a una mujer de algunas razas guerreras de la Antigüedad, originarias de Escitia, en un impreciso Norte, bien en el Cáucaso, o en la margen izquierda del Danubio, o, quizá, al Norte del mar Negro, por donde ahora situamos Ucrania.

La mitología nos cuenta que estaban guiadas por una reina, y que formaban un matriarcado guerrero, pues no en vano descendían de Ares (el terrible dios griego de la guerra), aunque también de Harmonía, una ninfa apasionada por la paz, y que rendían culto a Artemisa, la diosa virgen, gemela de Apolo, erigida en reina de los bosques y de la caza.

Dado que no toleraban la presencia de hombres

cerca de ellas, sólo cada cierto tiempo, y con el único fin de perpetuar la raza, se unían con extranjeros. Pero si la criatura nacida de esos encuentros era un niño, lo entregaban a su padre o lo mataban, y sólo criaban a las niñas, a las que cortaban (o quemaban) un pecho para que no les estorbase en el manejo de la lanza o del arco.

Señalan los historiadores que el inmenso río cuya cuenca se extiende por Brasil, las Guayanas, Venezuela, Colombia, Ecuador, Perú y Bolivia, y que hoy conocemos como Amazonas, recibió dicho nombre hacia 1541 porque el explorador español Francisco de Orellana (1511-1546) relató que había sido atacado por una tribu de mujeres guerreras en la región.

Respecto al origen de la palabra, cuatro son las posibilidades que se nos ofrecen:

La primera de ellas, la más extendida, es la que afirma que el nombre procede del latín *Amazones*, y éste del griego *Amazónes* como un nombre de un pueblo o gentilicio.

Otra etimología podría hacer derivar la palabra del griego *Amazon* pero con el significado de 'sin pecho', a partir de *a-* ('sin') y *mazon*, 'tetillas' (→ *mastodonte*), perfectamente aceptable si recordamos esa amputación voluntaria de una de las mamas de las guerreras.

En tercer lugar, hay quien afirma que, como las *Amazónes* aparecen citadas como una población de Escitia, se supone que su nombre procede del persa, pues algunos autores defienden la etimología *amaza-karan,* que significa 'hacer la guerra'.

Por último, también es posible que, tratándose de un préstamo al griego, quepa pensar que la —*z*— sea una transcripción aproximada, y así, es posible que tenga relación con la palabra *amaxa* 'carro', suponiendo que éste se aplicara al de combate, o más bien por el gran uso que hacían del carro los escitas, que eran llamados por ello «amaxobios» por Ptolomeo (aprox. 90-168 d. C.), y «amaxeúontes» por Filóstrato de Lemnos, hacia el siglo III d. C.

La actualidad nos trae el primer significado hasta el de 'mujer que monta a caballo', y especialmente referido a la que compite en pruebas hípicas.

amilanar El valor de este verbo, es bien sabido, no es otro que el de 'atemorizar o amedrentar' o, incluso, 'desanimar' a alguien, aunque también, en su forma pronominal *(amilanarse),* puede ser el de 'desalentarse, acobardarse'. Y lo traemos aquí por la imagen de ese conejillo o ratón, que descubre en lo alto cómo un *milano,* esa ave rapaz que todavía podemos ver en algunos lugares de España, cae en picado sobre él, con escasas posibilidades de huir y aceptando el destino fatal que, nunca mejor dicho, se le viene encima. Valga también decir que *milano* es cualquier ave capaz de producir esa sensación de miedo y de bloqueo que siente el débil ante el fuerte. → *azorar.*

Además, y ya no en el campo, sino en el mar, existe un pez llamado también *milano,* que mide unos veinticinco centímetros y que da unos espectaculares saltos sobre el agua, gracias a unas potentes aletas dorsales, lo que posiblemente produzca que algún pez próximo también se *amilane.*

Sea de tierra o de mar, sirva esta mínima referencia a la existencia en nuestra lengua de una voz que debemos, una vez más, a la naturaleza circundante.

amoniaco Es verdaderamente improbable que cuando tenemos la desgracia de sentir en nuestra nariz el repelente olor del amoniaco pensemos ni por un segundo que estamos ante algo relacionado con los dioses. Pero ocurre que este gas incoloro que los químicos conocen familiarmente como NH_3, y cuyo nombre nos llegó directamente del latín *ammoniacu(m),* '(sal) amoniaca', encuentra su origen en el griego *ammoniakós,* que significa literalmente '[del país] de Ammón'. Y este nombre era, nada menos, el de un dios egipcio, en sus orígenes sólo de la ciudad de Tebas, pero posteriormente incorporado al panteón de los dioses mayores, hasta el punto de que los griegos lo identificaron con Zeus, su dios máximo. Dado que este compuesto se traía de Libia, y se elaboró por primera vez cerca de un célebre templo dedicado a Ammón, se le dio ese nombre. Así es que, ya sabemos que, a pesar de todo, hay algo de divino en un olor como ése.

Andalucía Entre las infinitas formas que en nuestra lengua tenemos para llamar a los que de forma violenta o molesta hacen mal a la comunidad, algo nada nuevo, sino consustancial al género humano, recordamos la de *vándalos*, amén de otras no reproducibles aquí por respeto. → *vándalo*.

Pero si estudiamos un poco la Historia de nuestro pueblo, nos damos cuenta de que la palabra *vándalos*, ha sido un caso más de lo que llamamos *envilecimiento semántico:* una palabra se carga de valores negativos por circunstancias no siempre relacionadas con la lengua, como, por ejemplo, → *hortera*, → *idiota*, o → *pánfilo*, por citar casos conocidos.

Es verdad que *vándalo* denota a un hombre perteneciente a aquel pueblo germánico que invadió Galia e Hispania en los siglos IV y V d. C. y que saqueó Roma en el año 445 d. C. Y este sentido de 'invasor, saqueador, destructor' pasó inmediatamente a engrosar el valor de la palabra que, de designar un gentilicio más, llegó a usarse como insulto, capaz de producir un derivado, *vandalismo*, y un adjetivo, *vandálico*. Pero también es cierto que los *vándalos* (de la voz germánica *wandliaz*, 'el que va de un sitio a otro, el que vaga') habían establecido un reino en el siglo V d. C. en el Sur de la Península Ibérica, y tuvieron tiempo de dejarnos, aunque de manera involuntaria, quizá el único topónimo conocido (a diferencia de los visigodos y los suevos, que nos legaron una buena colección de ellos), que es precisamente la voz que nos ocupa. Serían los conquistadores bizantinos del Norte de África, vencedores de aquellos vándalos que estaban asentados en Mauritania, los que parece que llamaron al Sur de la Península 'la tierra de los vándalos, o tierra de donde procedían los vándalos'.

Por último, los conquistadores musulmanes del Norte de África tomaron y adaptaron esa forma de llamar a la Península Ibérica (más concretamente al Sur) de aquellos bizantinos y bereberes y, así, después de la conquista en el siglo VII, la parte dominada por los árabes recibió el nombre de *Al-Andalus* y, de ahí, *Andalucía.*

anfitrión El que practica el noble y difícil arte de recibir invitados a su mesa o a su casa recibe este apelativo de *anfitrión,* que nos habla de un origen griego, aunque sería inexacto omitir que fue a través del francés como nos llegaron su uso y su significado. La mitología nos cuenta que Anfitrión era un valiente soldado de Tebas, hijo de Alceo (rey de Tirinto) y de Hipponoma y, por tanto, nieto de Perseo. Pero, además, estaba casado con Alcmena, una griega de incomparable belleza con la que nada menos que Zeus se había encaprichado. Así, una noche en la que Anfitrión estaba guerreando, el dios de dioses se transformó en él y pudo, por fin, acostarse con Alcmena, convencida ésta de que lo hacía con su esposo.

Sería el poeta cómico latino Plauto (aprox. 254-184 a. C.) quien, sobre este episodio, escribiera, hacia el 214 a. C., una comedia titulada precisamente *Anfitrión*. Pero la aportación gala, la que —como decimos— realmente nos sirve de fuente, se la debemos a la pluma de Molière (1622-1673), autor de otra comedia, con el mismo título que la de Plauto, escrita en 1668, en cuya escena final, representando un banquete con todos los personajes importantes, uno de ellos, Sosia (→ *sosia)*, no sabe si está realmente con su amo Amphitryon o con Júpiter transformado en éste. Pero cuando el dios le invita a su mesa, dice que ya no le preocupa la duda, pues

> *[...] le véritable Amphitryon*
> *est l'Amphitryon où l'on dîne [...]*

Frase que podría traducirse como 'el verdadero Anfitrión es aquel en cuya casa se cena', idea que hizo fortuna en Francia, y así ese nombre propio se convirtió en un nombre común.

arcilla La breve historia de esta palabra no tiene más misterio que el que le proporciona su origen más remoto, y no el más próximo a nosotros, dado que, sin ir más allá del latín, encontramos inmediatamente la palabra *argilla(m)*, que con un mínimo cambio de una consonante por otra valía lo mismo que la nuestra. Sin embargo, si miramos un poco más atrás, nos topamos con una clarísima raíz indoeuropea **arg*-, con el significado de 'brillar', algo que, en principio, nada tiene que ver con la voz que nos ocupa. Pero ocurre que ya en griego descubrimos que, al lado de *árgyros*, 'la plata' (que heredaron el latín *argentu(m)*, el francés *argent*, 'dinero', el italiano *argento*, o el español → *argentino*, y que se usa para hablar de *argumento* cuando una idea es *brillante)*, existía la palabra *árgillos* —no podría negarse el parentesco— que los griegos usaban para designar una tierra blanca y brillante, exactamente como la plata, pues así era como llamaban a la *arcilla*. Vemos, pues, que la humilde arcilla es prima hermana de la noble plata.

Argentina La palabra *plata*, heredada de la supuesta forma latina *platta(m)*, que significaba 'lámina, hoja metálica', por diversas circunstancias con que nos sorprenden las lenguas, no siguió el mismo camino que su propio adjetivo, totalmente diferente en su forma. En efecto, la palabra *argentino*, con un primer significado exacto de 'de plata', nos llegó a partir de la palabra latina *argentu(m)*, heredada del griego *árgyros*, y ésta, a su vez, de una raíz indoeuropea **arg*-, que significaría 'brillante'. Pero sucede que al oír este cultísimo adjetivo es inevitable pensar en primer lugar en los habitantes de Argentina. La razón es que, desde 1602, a raíz de la publicación de un largo (10.000 versos) poema épico, escrito por el clérigo extremeño Martín del Barco Centenera (aprox. 1535-1605) y titulado precisamente *La Argentina y conquista del Río de la Plata, con otros acaecimientos de los reinos del Perú, Tucumán y estado del Brasil,* aquel inmenso país comenzó a denominarse *República Argentina,* lo cual no significaría otra cosa que 'país de la plata', adjetivación culta que vino a unirse con la de *Río de la Plata,* y que se aceptó como oficial, como ocurriría si alguien consiguiera extender la idea de llamar «República Ebúrnea» al país que se llama Côte d'Ivoire, y que en español conocemos como Costa de Marfil.

arquitecto Traer aquí el nombre del título que adquiere el licenciado en arquitectura no tendría demasiada justificación en sí misma por cuanto que el nombre no oculta ninguna «historia», sino más bien un modelo de evolución de una palabra culta que nos llega del latín *architectu(m),* y éste a su vez del griego bajo la forma de *arkitékton,* palabra que está formada por otras dos: *arki,* que significa 'el primero, el principal', y *tékton,* 'artesano, carpintero, constructor', lo cual vendría a poder traducirse como 'el obrero más importante'. Sin embargo, nos parece interesante, o, al menos curioso, que la etimología popular haya hecho derivar este término de algo, que, bien mirado, tendría su lógica, aunque no se acepte como científico. Algunas personas piensan que *arquitecto* significa y procede de *arco* y *techo*, por ser de enorme frecuencia e importancia en la tarea de estos profesionales levantar (y mantener) esos dos elementos constructivos. Quede así constancia del caso.

arriba La llegada de una nave a la costa o a la orilla de la tierra firme debió de entenderse siempre no sólo como el hecho de tocar lo seco, sino también de poder subir desde el agua hasta el puerto o hasta la roca, siempre más altos visto desde la embarcación. Y parece que llegar «a la orilla», que en latín se decía *ad ripa(m)*, contagió esa idea de subir, de llegar más alto, o, sencillamente, más *arriba.* → *arribar* y *llegar.*

arribar De significado derivado de → *arriba,* nos remontamos al origen marinero de este verbo que, si bien tiene un uso restringido, mantiene la idea de 'llegar a la orilla' (*ad ripa(m)),* de tal forma que el primer significado que recoge el *Diccionario* de la Academia es el de 'llegar la nave a puerto', mientras que en otros idiomas próximos, el significado se extendió mucho más, y así, encontramos, por ejemplo, *arrivare* en italiano, *arriver* en francés, *arribar* en catalán o *to arrive* en inglés. → *llegar.*

asesino El origen de esta voz, de significado tan desagradable, nos remonta al latín medieval bajo la forma de *assassinu(m)*, lo cual tampoco merecería más comentario. Pero todo empieza un poco antes cuando descubrimos que esta forma procede del árabe *hashshash* (y más exactamente de su forma plural *hashshashin)* que significa 'adicto al hachís' (en árabe *hashish)*, y es que, al parecer, los primeros *asesinos* propiamente dichos fueron los seguidores de un tal Shayj al-Ÿabal ('el Viejo de la Montaña'), un musulmán del siglo XI, cuyos seguidores eran habituales consumidores del extracto estupefaciente de las flores secas del cáñamo, bajo cuyos efectos cometían sangrientos *asesinatos*.

asesor El origen de esta palabra, que designa uno de los oficios más envidiables del mundo, ratifica la comodidad de su ejercicio, por el hecho de que, tomada literalmente, la voz proviene del verbo latino *assidere*, que significa 'estar sentado al lado', postura más proclive al consejo y al recado en voz baja. Así pues, *assesore(m)* era, en un principio, 'el que está sentado al lado', aunque las circunstancias hayan motivado que la simple indicación del lugar dé paso a un valor mucho más rico, completo e influyente que la mera proximidad. → *presidente* y *subsidio*.

ateneo Podríamos decir que la diosa griega Atenea, también conocida como Palas, estaba realmente ocupada en su divina labor. Recordemos que a su condición de ser una de las diosas más importantes del Olimpo e hija de Zeus, unía la de ser la diosa de la sabiduría (representada por su animal favorito, la lechuza) y de la victoria. Además, era madrina de la ciudad a la que le dio el nombre (Atenas, obviamente), fue considerada la inventora de la flauta y, por si fuera poco, se le atribuye el honor de introducir el helenísimo olivo en el Ática. No es de extrañar, pues, que uno de los monumentos más emblemáticos de aquella civilización, el Partenón, esté dedicado a ella.

Pero no sólo se le dedicó ese fantástico templo de la Acrópolis, mandado levantar por Pericles (aprox. 495-429 a. C.), sino también su templo en Atenas, el Atenaión, donde los poetas se reunían y leían sus obras y se enseñaba filosofía. Serían los romanos quienes, pese a identificar a la diosa griega con su propia diosa Minerva, conservaran la idea y dieran el nombre latinizado de *Athenæum* a un tipo de escuela destinada al estudio de las artes. De ahí a nuestros *ateneos* sólo hubo un paso, posible por la fundación de algunos de estos centros en la Francia de los siglos XVIII y XIX, gracias a los cuales seguimos conservando el nombre para esas instituciones literarias o científicas que se dedican a la difusión cultural. → *liceo*.

ático El significado más habitual y extendido de esta palabra, el que hace referencia a ese piso habitable que se encuentra inmediatamente debajo del tejado y, por tanto, en la parte más alta de los edificios, debe su nombre a la palabra latina *atticu(m)*, que, a su vez, procede del griego *attikós*, lo cual no significaba otra cosa que 'del Ática', es decir, perteneciente o relativo a esa región de la Grecia clásica que se encuentra en la península del mismo nombre y que en la actualidad es una provincia griega, compartiendo capital con el país (Atenas). Y la explicación del nombre no es otra que la que nos da el hecho de que dicha región está, precisamente, en la parte más alta de la antigua ciudad-estado de Atenas, y es famosa sobre las demás por su singular *Acrópolis*, palabra que, como no podría ser de otra manera, significa 'ciudad alta' o 'parte alta de la ciudad', como se recuerda en palabras como *acrofobia*, es decir, 'miedo a las alturas, vértigo'.

atril El utensilio —a veces del tamaño de un mueble— que sirve para sostener papeles o libros abiertos para poder leerlos se designa en español con un nombre que es el ejemplo claro de un error.

Esta palabra encuentra su origen en el bajo latín *lectorile(m)*, claramente relacionada con *lector*, y con el valor de '[mueble] de lector', es decir, 'atril'. Con su proliferación para usos religiosos y académicos, la palabra se instauró en español sin más problemas, aunque lo hizo bajo la forma, evolucionada, de *latril*. Pero no había acabado ahí su historia. Contra lo que podría pensarse ante una raíz tan claramente relacionada con la actividad de leer, la forma *latril*, ya documentada en 1310, comenzó a ser considerada una palabra que estaba acompañada de un artículo que, cuanto antes, había que eliminar para adaptarla al sistema gramatical normal. (→ *Este.*)

Así, sin más consideraciones, aquel *latril* fue haciéndose *l'atril*, hasta que perdió definitivamente el falso artículo y ya en torno a 1400 se convirtió en la actual *atril*, donde es imposible hallar apenas recuerdo de su digno origen.

augurio La capacidad de predecir el futuro, de prever el destino de las personas, de las obras, de los pueblos, ha sido una permanente obsesión de todas las civilizaciones, incluida la nuestra. Remontados a nuestros más importantes predecesores, encontramos en la antigua Roma a aquellos sacerdotes (*augures*) que mediante mil procedimientos se sentían capaces de interpretar las señales de la naturaleza para adelantar el futuro antes de que llegara. Ya entonces existía la palabra *auguriu(m)* y nosotros la recibimos sin más, con otras de la familia como *augusto*, que significaba 'consagrado por los augurios (favorables)' o, en otros casos, 'divino, majestuoso'.

Pero, a partir de ahí, y derivadas de aquélla, usamos voces como *agorero* y *agüero*, especialmente esta última en *pájaro de mal agüero*, sin duda debido a que una buena cantidad de esas señales usadas por los augures venía por las aves, por sus vísceras, por el dibujo de su vuelo, por su canto, por su plumaje, etc., como lo confirma la existencia de palabras con la misma idea como *auspicio, auspiciar,* del latín *avis* 'ave' y *specere* 'mirar'. Parece lógico, pues, que se use la expresión citada, pues de los pájaros nos venía la mayoría de los *augurios.*

Recordemos, por último, que el español usa la palabra *in-augurar* para referirse a deseos de buenos *augurios* cuando se abre al público cualquier obra, como un puente, un local, un edificio, o una carretera, y digamos, además, que existen en idiomas cercanos al nuestro palabras como *sciagurato* y *sciagura* en italiano, o *malheureux* y *malheur,* en francés ('desgraciado' y 'desgracia', respectivamente), y no falta quien afirma que la forma de despedida popular utilizada en vasco, *agur,* tiene su origen en la expresión de buenos deseos para la persona que se va.

ayuntamiento Quizá ya perdido por la evolución de la lengua, todavía es fácil recordar esa forma infantil que los niños tienen (o tenían) de señalar a los que eran y no eran de su «bando», diciendo, simplemente, «te ajunto» o «ya no te ajunto», cuando el otro caía en gracia o en desgracia, respectivamente, para el niño hablante.

Ya siendo mayores, las personas se *juntan,* se reúnen, y a esa acción se la llama *ayuntamiento* cuando se refiere al órgano de gobierno de una ciudad (y, por extensión, al lugar que ocupa). Y *ayun-*

tamiento también es pariente directo de *yunta,* ese par de bueyes o de mulas que trabajan juntos, y de *yugo,* el instrumento de madera que sujeta la yunta, y de *conjugar* o → *cónyuge* o *yugular,* que tiene su origen en el latín *iugulu(m),* 'la clavícula, el cuello, el lugar del yugo'.

azafata Esta hermosa palabra, que se ha impuesto por el uso a otras propuestas y frente a otras posibilidades extrañas (como ocurre en francés o en italiano, por ejemplo, donde se ha adoptado el término inglés *hostess),* encuentra su etimología en la palabra *azafate* (que era una forma de denominar una 'bandeja' en el siglo XV), procedente, a su vez, de la voz árabe *sáfat,* que tenía el valor de 'cestillo donde las mujeres ponen sus perfumes y otros objetos', debido a que este instrumento era utilizado por las doncellas para ayudar a sus señoras mientras éstas se vestían o se desnudaban en sus cámaras. De esta forma, el objeto dio nombre a la persona que lo portaba y así todavía hoy es posible ver en el avión, para intentar hacernos más llevadero el vuelo, a la *azafata* con su *azafate* ofreciéndonos su ayuda.

azar Mucho antes de que los tahúres se llamaran *ludópatas,* y de que se inventaran las infinitas formas modernas de perder hasta la camisa en una mala noche de juego, existían desde tiempos inmemorables objetos de mil formas, fabricados de cuantos materiales podamos imaginarnos, que representaban figuras, números, letras o colores, cuyas combinaciones propiciaban la riqueza o la ruina de un hombre. Esos *dados* que tiramos intentando adivinar con qué caras nos mirarán son, como los naipes, el símbolo del *azar*. Y lo son tanto que esta misma palabra procede del arabismo *zahr*, que significaba 'dado' pero también, como podremos ver si nos fijamos un poco en la palabra, era el nombre de la flor del naranjo, que en español denominamos exactamente *azahar* (de *az-zahar* y, éste, de *al-zahar*). La explicación es muy sencilla: el valor máximo del dado, lo que hoy llamaríamos el *as*, o el punto, estaba representado por el dibujo de esta flor en una de las caras del dado. No es extraño, entonces, que jugar a los dados sea la antonomasia de tentar al *azar*.

azorar Como ocurre con el verbo → *amilanar*, este casi desusado verbo se refería al efecto producido por un ave rapaz como el *azor* en los pequeños animales al sobrevolarlos o perseguirlos con la natural intención de incorporarlos a su dieta. Por una influencia formal y de significado, *azorar* comenzó a ser contaminado por el significado de *azarar*, 'inquietar, poner nervioso' (o, en la forma pronominal, *azararse*, 'torcerse un asunto'), hasta el punto de que la Academia da como sinónimos parciales ambos verbos, que comparten el significado de 'conturbar, sobresaltar'.

B

b Como el resto de las letras, debemos la *b* a los fenicios, que la llamaron *bet*, que significaba 'casa', y así, escribían este signo para no tener que dibujar siempre el objeto que representaba. Y aunque al principio se escribía hacia la izquierda porque los griegos, como los antiguos fenicios (y como aún en hebreo y en árabe) escribían de derecha a izquierda, lo cierto es que la *b* tiene este mismo aspecto desde hace casi 2.800 años, lo cual le confiere cierta categoría de abolengo (en hebreo se la considera un símbolo de la creación del mundo, y no a la *a*).

Digamos por último que, paradójicamente, y pese a que fueron los antiguos griegos quienes sirvieron de puente entre fenicios y latinos, sucede que los actuales hablantes del griego carecen de esta letra, y han tenido que recurrir a dos letras juntas, muy similares entre sí y a la *b* (MP) para poder representar el sonido propio de la *b*.

babieca No nos referimos aquí al nombre que recibía el famoso caballo del Cid, sino a la expresión *ser un babieca*. Hecha esta aclaración, no parece desacertado relacionar esta voz con *baba*, cuyo fluir descontrolado suele ser síntoma inconfundible de alguna deficiencia psíquica grave, que ha producido la expresión *ser un babieca* para referirnos al tonto, al lelo, al memo, al bobo, que en algunos lugares se especifica con la expresiva y un punto cruel locución *ser bobo de baba*. → *bobo*.

babor La parte izquierda del barco, mirando hacia adelante, recibe este nombre, que procede del francés *babord*. Pero lo realmente curioso es que el origen se encuentra en el neerlandés *bakboord*, donde, en sus principios, significaba 'lado *de atrás* del buque' o '*borda trasera*', en clara relación con palabras como la inglesa *back*, 'espalda'.

El cambio de significado vino dado por una evolución en las costumbres de la navegación: antiguamente, el piloto gobernaba el buque estando situado hacia lo que se llama → *estribor*, es decir, hacia el lateral derecho, de forma que estaba de espaldas al lado izquierdo del buque.

bacanal La acepción como sustantivo de 'orgía, fiesta desenfrenada' se explica perfectamente por la del adjetivo: 'perteneciente a Baco y a las fiestas organizadas en su honor'. En efecto, esta voz nos vino directamente del latín *bacchanale(m)*, derivado a su vez de *Bacchus*, el dios romano —equivalente al Dionisos griego— titular del vino y del delirio místico. Debemos al talento de Velázquez (1599-1660) la magistral representación de este dios en su óleo de 1628 titulado *Los borrachos*, conocido también como *El triunfo de Baco*.

bachiller Tanto el nombre del grado académico *(bachillerato)* como el del estudiante que lo consigue son dos palabras de vieja raigambre en nuestra lengua, y también aquí encontramos diversidad de pareceres. Por un lado, algunos afirman que el término procede del francés *bachelier,* con el significado de 'aspirante a caballero', que tendría su origen en un posible latín vulgar **baccalaru(m)* o **baccalariu(m)*, que podía significar 'estudiante avanzado' o 'propietario de una granja' *(baccalaria)*, quizá de origen céltico, como podría confirmar la palabra *bachlach*, 'campesino' en gaélico irlandés.

Pero existe otra teoría, quizá más segura y cierta, que afirma que la voz procede de la forma latina *baccae lauri(atus)*, que significaría 'coronado con bayas de laurel', planta noble donde las haya, al considerarse, ya entre los griegos, el símbolo de Apolo, dios de la belleza y de la juventud, y, entre otras cosas, famoso por haber sido el perseguidor de la ninfa Dafne, convertida para siempre en laurel para evitar sus acosos, lo que hizo que su nombre significara en griego, precisamente, 'laurel'. Se cuenta que Apolo, cuando la vio transformada en la planta, le dijo: «Al menos, tú serás mi árbol», de forma que éste se convertiría en el símbolo del alegre dios.

Pero también con laurel se coronaba en Grecia y Roma a los poetas y a los atletas, y a los emperadores y generales romanos. Y esa costumbre se extendió a la Edad Media, época en la que los artistas y doctores lucían coronas de laurel, como se conserva en el uso de llamar *laureado* a una persona galardonada. Por último, digamos que en Italia los estudiantes que leen su tesina de licenciatura reciben una corona de laurel, por lo que reciben el nombre de *laureati.*

bagué, baguet, baguette De modo similar a lo ocurrido con la → *chapata,* esta nueva forma de comer el pan, con menos miga que la barra tradicional, ha entrado desde los años ochenta con muchísima aceptación en lo que se han dado en llamar las *boutiques del pan,* que sustituyen en muchos casos a las castizas *panaderías* de siempre.

La palabra, que, a juzgar por su pronunciación y por los resultados de otras palabras francesas de terminación idéntica, nos aventuramos a escribir *bagué* como previsible forma oficial (no está recogida aún en la edición de 1992 del *Diccionario* de la Academia), procede de la voz *baguette,* que en francés significa cosas tan variadas como 'palo, vara' *(baguette magique* es la 'varita mágica' de las hadas y los prestidigitadores), 'batuta' *(baguette de chef d'orchestre)*, 'baqueta de una batería' *(baguettes de tambour)* y, entre otras varias, la 'barra de pan larga y delgada'.

Sin embargo, no sería de justicia ni de rigor omitir que el francés recibió tan rico térmico del italiano *bacchetta*, diminutivo de la palabra *bacchio*, es decir, 'bastón', recibida a su vez del latín *baculum*, voz que también pasó al español en palabras como *báculo*, *bacilo*, e, indirectamente, → *imbécil*.

baldaquín Aunque el más famoso sea el de la basílica de San Pedro de Roma, diseñado nada menos que por Bernini (1598-1680), pueden encontrarse *baldaquines* en muchas iglesias de todo el mundo, con la misma misión de coronar y dar prestancia al altar, y destacarlo sobre cualquier otra parte del templo, incluso estando abarrotado de fieles. Esta costumbre, de clarísimas raíces orientales (→ *persiana*) (en muchas sinagogas judías existe también una especie de *baldaquín*) también pasó a los palacios para cubrir los tronos reales, y llegó a estar presente en las casas de los nobles y personas adineradas, de forma que sus camas lucían esos doseles o palios, siempre lujosos por la madera y las telas usadas, para dar realce a sus distinguidos lechos.

Estrechamente relacionada con ese origen oriental, la palabra llegó a Europa, concretamente al italiano, como *baldacchino*, procedente de la voz *Baldac* o *Baldacco*, que era el antiguo nombre de la ciudad de *Bagdad,* la capital de Irak. Esto se debió a que de aquella lujosa ciudad provenía un tipo de tejido precioso oriental muy famoso en la Edad Media que recibía el nombre de *baldaquí o baldaquín.* El uso de esta tela para hacer los doseles hizo que éstos también recibieran el actual nombre de *baldaquín,* voz, por cierto, preferida por la Real Academia si bien admite también la de *baldaquino.*

banco El edificio que da cobijo a una empresa que presta dinero o que sirve para domiciliar nuestros pagos mantiene la palabra exactamente como su procedencia, dado que esta voz polisémica, es decir, con varios significados, toma su valor del mueble urbano que sirve para sentarse en jardines, parques y plazas. Y era precisamente en esos lugares donde se desarrollaban, como otras muchas, las primeras actividades de transacciones monetarias. Parece probado que fue san Carlos Borromeo —nada menos que arzobispo de Milán y sobrino del papa Pío IV— quien, allá por el siglo XVI, institucionalizó en Italia lo que conocemos como la *banca* actual, y es también del italiano de donde nos viene la palabra *banca,* si bien lo hace a partir de una voz germánica *bank*, ya asimilada en todo el Imperio Romano de Occidente en latín vulgar.

Fenómeno similar sufrió *banquete,* del francés antiguo *banquet,* que no es sino diminutivo de *banco* (también del germánico *bank),* porque la palabra se refería al principio a los *bancos* colocados alrededor de las mesas para celebrar una comida especial.

bárbaro La idea de 'incivilizado, tosco' ya existía en el latín *barbaru(m)*, donde significaba tanto 'inculto' como 'extranjero', de lo que se deduciría cierta sensación de superioridad sobre todo aquel que no fuera ciudadano romano, si no fuera porque también el término griego *bárbaros* denotaba 'extranjero, ignorante'. Y es más que probable que la palabra tenga algo que ver con alguna onomatopeya que reproduzca los intentos del foráneo por hablar otra lengua, casi balbuceando, en probable relación con el latín *balbu(m)* (origen de *bobo)*, y con el indoeuropeo **baba-*, raíz que imita la incapacidad de hablar, bien por los niños, bien por desconocimiento de un idioma extranjero.

barbitúrico El origen de esta voz, que da nombre genérico a una serie de compuestos químicos bien conocidos por quien sufre insomnio o tiene problemas nerviosos, se encuentra en la unión de los nombres de dos productos naturales: por un lado, un liquen, cuyo nombre científico es *Usnea barbata*, y, por otro, la *urea*, sustancia orgánica nitrogenada, presente en la orina, de la que se obtiene el *ácido úrico*. Este último, venenoso si se suministra en dosis masivas, posee, en pequeñas cantidades, funciones beneficiosas como sedante e hipnótico.

De la unión de *[U.] barbata* y *[ácido] úrico,* se deriva el vocablo *barbitúrico,* aunque no falta quien considera más científico traer el nombre del de una enfermera alemana de Múnich, llamada *Barbara,* que fue quien prestó su *orina,* para los primeros experimentos.

Los *barbitúricos* saltaron a la fama gracias al *Nembutal,* el último y mortal compañero de Marylin Monroe, quien en la noche del 4 al 5 de agosto de 1962 puso fin a su vida con una dosis masiva de ese *barbitúrico.*

baremo Usamos este galicismo para hablar de la 'escala de valores que sirve de base para evaluar datos', así como para denominar una 'lista de tarifas', valor comercial que toma del original de 'libro de cuentas realizadas'. Y es precisamente del francés *barème* de donde tomó este significado a partir del nombre del estudioso François Barrême, que vivió a caballo entre los siglos XVII-XVIII, y que tenía por costumbre anotar todos los resultados de sus experimentos y sumas en tablas interminables, pero ordenadas y presentadas de tal manera que su consulta era realmente práctica y hasta agradable. Se cuenta de él que en 1668 presentó ante el rey un primer estudio sobre contabilidad, escrito a mano, y titulado *Los libros de tarifas donde, sin pluma y sin pena, se encuentran las cuentas ajustadas,* de tal espesor intelectual que él mismo tuvo que adornarlo con esquemas, dibujos y notas que, unidas a su meticulosidad, le hicieron acreedor de la recompensa de ver su nombre convertido en palabra de uso.

barón Este título nobiliario, más extendido en Cataluña y Levante que en Castilla, y que se coloca oficialmente entre el de *señor* y el de *vizconde*, encuentra su origen en el germánico **baro*, con el valor de 'hombre libre, preparado para luchar', idea ratificada en el hecho de que todos los títulos mantengan algún tipo de relación con la guerra o la milicia. → *conde*, *duque* y *marqués*.

barriga La variante más familiar de palabras como *abdomen* o *vientre*, aparece en muchas ocasiones referida a los hombres con el plástico adjetivo de *cervecera* formando una expresión más etimológica de lo que podría pensarse.

Procede la voz *barriga* de la palabra *barrica*, emparentada con *barril*, y parece indudable un traslado del significado del 'recipiente que sirve para guardar bebidas y cierto tipo de comidas' hacia el vientre humano, creado expresamente para la misma función, en una comparación existente en otras muchas culturas. Respecto al origen de *barrica*, todo apunta a que se trata de la voz *barrico*, de origen gascón —la lengua hablada entre el río Garona y los Pirineos— , que pudo proceder de un posible *barrica* de origen galo, y relacionada, sin duda, con las formas latino-vulgares *barra* y *barriculus*, de donde procedería la palabra *barril*.

barroco El nombre de ese estilo recargado y profusamente decorado que triunfó en España entre los siglos XVII y XVIII procede, como otros muchísimos, del francés —compartidos con el italiano— *baroque*, donde también significa 'extravagante'.

Pero la historia de esta palabra es un poco más complicada. Para conocerla bien, debemos partir de aquellos juegos de lógica llamados *silogismos* que usaban los escolásticos, y que constaban de tres proposiciones, de las que la tercera tenía que deducirse de las dos anteriores. Uno de estos *silogismos*, tomado por los renacentistas como modelo del razonamiento formalista y absurdo, recibía el nombre de *Barocco*, como si, por ejemplo, dijéramos:

Los hombres son animales;
los hombres piensan;
luego, los animales piensan.

Vayamos ahora al portugués antiguo, donde descubrimos que el término *barrôco* (hoy *barroco*) designaba un tipo de perla que mostraba irregularidades en su forma, y que pasó al francés en la forma de *baroque*.

Tenemos entonces que *Barocco* y *baroque*, lo extravagante, lo exagerado y las formas irregulares de la perla deforme acabaron produciendo un concepto tan rico en matices como en adornos.

basílica Este cultismo religioso se aplica a las iglesias más grandes, más importantes o más antiguas, como son las → *catedrales*, por ejemplo, que reciben este nombre a imitación de trece iglesias de Roma, consideradas las primeras de la cristiandad por su categoría y dotadas de ciertos privilegios. En la antigua Roma, algunos edificios públicos que servían como tribunales, lugares de reunión (→ *sinagoga*) o, incluso, lonjas y mercados recibían el título de *basilica (domus)*, tomado del griego *basilikḗ*, que significa '[lugar] propio o perteneciente al rey', que en griego se decía *basiléus*. Con el aumento del número de los fieles que asistían a los cultos cristianos, y ante la necesidad de proveerse de templos cada vez más grandes, los papas optaron por convertir en iglesias muchas lonjas romanas, por sus grandes espacios interiores, como se hizo en España con mezquitas y sinagogas.

De aquel nombre primitivo de *basilica (domus)*, y dada la nobleza del significado, se empezó a llamar también *basílicas* a aquellos primeros templos. La palabra arraigó entre los cristianos con ese nuevo valor, de tal manera que, de designar lugares profanos, pasó a denominar a las mejores iglesias.

batería La fuente de energía autónoma que encontramos, por ejemplo, en los vehículos y que proporciona electricidad recibe este nombre; y también el conjunto de utensilios que usamos en la cocina para preparar los alimentos; e, igualmente, el instrumento musical de percusión que consta de bombo, cajas y platillos. Pero también llamamos así a un conjunto de exámenes o pruebas, usadas, por ejemplo, por los psicólogos. Y, así, hasta casi veinte acepciones que tiene esta voz en español.

Esta *batería* de significados tiene su origen en el francés *batterie,* de donde también nos vinieron sus múltiples valores. Pero este galicismo, cuyo origen se encuentra en el latín *batt(u)ere,* tomó de éste el valor de 'atacar, batir, golpear' que encontramos, por ejemplo en → *batuta,* de forma que una *batería* era originariamente el conjunto de las cosas y modos propios del ataque bélico, como *cacería* es la acción de *cazar* y el conjunto de personas, animales y cosas que hacen falta para ello. De este modo, ese conjunto de armas o de otro material propio para atacar pasó a significar 'cualquier conjunto de cosas que sirven para un mismo fin', incluso dentro de lo que llamamos *batería eléctrica,* donde están colocadas, en esa disposición, las placas que producen electricidad.

Sin embargo, cuando veamos un cartel que ordene «estacionamiento en *batería*», es decir, un coche al lado del otro (y no en fila o *en cordón*), no pensemos en la citada fuente de alimentación del vehículo. Sencillamente acordémonos de cómo se colocan la artillería y los soldados cuando atacan, cuando *baten:* uno al lado de otro, y así será fácil recordar el origen de la palabra (y habrá más sitio para aparcar, por cierto).

batuta La sutilidad y elegancia de las actuales *batutas* tenían realmente poco que ver con las originales. Según refieren los cronistas, hasta el siglo XVIII las *batutas* medían dos metros de largo y, en lugar de moverlas como se hace ahora, los directores golpeaban sonoramente el suelo con ellas con el fin de marcar el compás y mantener el ritmo. A este respecto, se cuenta que el filósofo francés Jean-Jacques Rousseau (1712-1778) se quejaba del ruido que hacían las *batutas,* hasta el punto de que apenas se oía la música. Quizá a modo de anécdota, se asegura que el compositor de origen italiano Jean Baptiste Lully (1632-1687), subintendente de música, maestro de capilla del rey Luis XIV (1638-1715) y padre de la ópera francesa, murió a consecuencia de una herida gangrenada en el pie, producida por un golpe dado por sí mismo con una de aquellas *batutas.*

Vista la situación, había que poner fin a tantos problemas, artísticos y humanos, por lo que empezó a cambiarse la forma de marcar el *compás musical,* que era lo que en italiano significaba la palabra *battuta* (literalmente 'batida, marcada'), del verbo *battere,* 'batir', que llegó al italiano procedente del latín *battere* o *battuere,* 'batir, golpear, marcar, atacar', y que también en español dejó voces como *batalla,* → *batería, batir,* etc.

bechamel O *besamel* (o *besamela),* que es como prefiere la Academia. Al igual que otras muchísimas voces de la cocina, la procedencia del nombre de esa salsa hecha con harina, leche y grasa es francesa, y, en este caso, se encuentra en la palabra *béchamel,* incorporada al francés en 1735, y tomada, a su vez, del nombre de su supuesto creador, Louis de Béchameil (1630-1703), marqués de Nointel, un financiero galo de exquisito gusto y con aficiones culinarias, que llegó a ser *maître d'hôtel* de Luis XIV.

No obstante, y como hipótesis alternativa, quizá sea oportuno considerar que el francés cuenta con el sustantivo *bêche,* que es el 'útil de jardinería compuesto de un hierro largo y cortante con un mango más o menos largo', y el correspondiente verbo *bêcher,* con el valor de 'remover la tierra [con un *bêche]',* acción imprescindible y mil veces repetida para que la *bechamel* no nos haga grumos.

bíceps Símbolo de la gimnasia de musculación y del culturismo, llamamos *bíceps* a cualquiera de los dos músculos que se encuentran tanto en la parte anterior y superficial del brazo *(bíceps braquial),* como en la parte externa de la región posterior del muslo *(bíceps crural).* Y reciben este nombre por un hecho muy simple: ambos están formados por dos porciones o *cabezas*, lo que les valió el nombre, tomado del latín moderno, de *bíceps*, lo cual no significa sino 'dos cabezas', a partir del prefijo latino *bi-*, 'dos', y *-ceps*, tomado de *caput*, voz latina que significaba 'cabeza' (→ *cabeza*), y que encontramos en palabras como → *municipio*, → *príncipe* o → *tríceps*.

bicoca Independientemente de su otro significado ('pequeña fortificación'), que será por otra parte el que explique el que nos ocupa, llamamos *bicoca* a una ganga, algo de mucho valor y que, proporcionalmente, cuesta poco esfuerzo o trabajo conseguir. Parece demostrado que la palabra procede del italiano *bicocca*, que toma su origen en la población de la Lombardía —cerca de Milán— llamada precisamente Bicocca, y especialmente de la batalla que allí tuvo lugar en 1522, en la que las tropas suizas y francesas fueron derrotadas por los soldados españoles, lo que supuso, entre otras consecuencias, que el ducado de Milán dejara de ser francés.

Quizá fuera la idea de facilidad de esta victoria, unida a la del valor original en italiano (similar al actual en francés) lo que otorgara a la palabra el significado más frecuente con el que se usa en español.

bidé Debemos el nombre de esta pieza sanitaria que tantos contagios secretos ha evitado a la palabra francesa *bidet*, que era la forma en que se llamaba familiarmente a un 'burro o caballo de poca alzada', debido a que los primeros *bidés*, como las primeras bañeras, se sostenían sobre cuatro patas. Este hecho y la forma en que debe utilizarse, es decir, a horcajadas sobre él, debió sin duda de recordar a los primeros usuarios a la acción de montar una cabalgadura, por lo que la pieza se ganó el nombre de *bidet*, que en el siglo XVI sólo significaba 'asno, burrito', tomado del antiguo verbo francés *bider*, es decir, 'trotar, cabalgar'. Ya en el siglo XVIII, por la similitud indicada, la palabra tomó también el otro valor, que es el que pasó al español.

bigote Entre los germanos, llevar barba y bigote era una especie de símbolo de honor. No había mayor insulto para un germano que el hecho de que alguien le tirara de la barba. Parece ser que, antes de entrar en batalla, se llevaban la mano al *bigote*, residencia del valor y de la hombría, y se encomendaban a su dios exclamando *«bî God!»*, 'por Dios'. Los habitantes de la Península asociaron estas palabras con el pelo que les crecía sobre el labio superior, que pasó a denominarse *bigote*.

bingo Legal sólo en España desde 1976, el *bingo* pronto alimentó las ilusiones de muchas personas que veían en él desde un inocente pasatiempo hasta la forma de salvar el negocio, pocas veces con éxito.

Recibimos en español esta popular palabra a través del inglés de Estados Unidos, país donde el juego empezó a ser muy conocido desde 1880, primitivamente bajo el nombre de *Keno*, y después bajo el actual de *bingo*. Parece que la palabra es una mera onomatopeya, es decir, que intenta imitar un sonido, en este caso el de una campana (en inglés *bing*, como en español *tan-tan)*, como expresión de algo sorprendente —y debido al azar— como es la aparición del último número de un cartón, necesario para recibir el premio, no sin antes haber gritado, a pleno pulmón, «¡bingo!».

biquini El popular atuendo femenino de baño formado por dos piezas debe su nombre al atolón Bikini de las islas Marshall, que se encuentran en el océano Pacífico. Sucedió que el 30 de junio de 1946, el Gobierno de Estados Unidos llevó a cabo unas pruebas nucleares en esas islas. Las dos explosiones atómicas allí efectuadas tuvieron tal repercusión, que un año más tarde, el 5 de julio de 1947, el ingeniero francés Louis Réard presentaba en la piscina «Molitor» de París la nueva prenda, una auténtica *bomba*, a la que había bautizado con el nombre del atolón. Quizá sea curioso saber que el atuendo en cuestión era tan audaz para la época, que las modelos se negaron a pasarlo, por lo que tuvo que ser una bailarina del Casino de París, Micheline Bernardi, quien lo exhibiera públicamente.

No obstante, en un mosaico romano de los siglos IV-V, encontrado en una villa de Piazza Armerina, en Sicilia, puede verse a una romana con dicho atuendo; y un poco más atrás, se han encontrado biquinis en pinturas minoicas y en otras fuentes de la Antigüedad desde el año 1600 antes de Cristo, lo cual viene a confirmar que está inventado casi todo.

birria Esta expresiva y castiza palabra que usamos para designar algo realmente mal hecho puede proceder del latín vulgar **verrea,* a través del leonés, y con origen en el latín *verres*, 'el verraco, el cerdo padre', quizá por el aspecto tan poco estético del puerco en cuestión, o quizá por el valor de 'cosa despreciable', a partir de un significado de 'terquedad, rabieta, *berrido*' (que nos recuerda al portugués *birra,* 'terquedad, tozudez'). Recuérdese que un animal tan fundamental en la alimentación tradicional española recibe, de manera injusta, todo tipo de vejaciones verbales por nuestra parte al utilizar sus múltiples nombres para referirnos a aspectos poco positivos del ser humano (*ser alguien un cerdo/guarro/ marrano...; hacer a alguien una guarrada; ser algo una cochinada/guarrería...*), si exceptuamos la muy plástica denominación tan de moda hace unos años de *ser alguien o algo pata negra* para referirse a lo más selecto dentro de un grupo.

Sin embargo, quizá sea interesante recordar que, en algunas zonas de la Tierra de Campos y de Zamora y Salamanca, la *birria* (o el *mamarracho,* o el *zangarrón)* son los personajes que reciben las burlas del pueblo durante las fiestas, especialmente en los Carnavales. Es muy típico que la *birria* se disfrace con calzones rojos —y otras ropas de colores estrafalarios— y quizá sea así porque en latín vulgar *birrus* significaba 'rojo', como las ropas del *esbirro,* palabra latina que llegó a través del italiano, y que designaba al → *verdugo,* fácilmente reconocido por tener que llevar siempre ropas de ese llamativo color. A este respecto, podría pensarse en una deformación popular de *rubeus,* 'rojo' *(rubis-birrus),* como pudo ocurrir con el caso de → *cursi.* Lo que es seguro es que en latín *rubeus* era 'rojo', como lo atestiguan voces como *rubí, rubicundo,* o *bilirrubina,* todas referidas a este color.

Pero sucede que también se considera posible que todo tenga que ver con que la palabra *birru(m)* significara 'especie de capote o capucha' en latín tardío, teoría que se afianzaría tanto por la existencia de palabras como *birrete,* tomada del provenzal *birret,* 'sombrero' y de innegable parentesco con otras como *birreta, birretina, barretina,* como por el hecho, también indiscutible, de la existencia en latín clásico de *biretum,* que significaba 'bonete'. Estaríamos ante un problema de causa-efecto, dado que no hay seguridad para afirmar si primero *birrus,* significó 'rojo' en latín vulgar y denominó así a la capucha por ser algunas de este color, o si, por el contrario, valió directamente 'capucha, gorro', sin más significados cromáticos.

bisiesto Esos años tan especiales que siempre han estado marcados por algún tipo de leyenda no son sino meros ajustes cronológicos que se instauraron para recuperar las seis horas anuales que se pierden en relación con el Sol y que, multiplicadas por 4, producen las 24 horas que forman el día. Y, en efecto, hay año bisiesto cada cuatro, excepto el último de cada siglo cuyo número de centenas no sea múltiplo de cuatro. Respecto a su nombre, digamos que procede del latín *bisextus*, es decir, 'dos veces el sexto' porque antiguamente se repetía un día entre el 24 y el 25 de febrero. Ese día era, según el cómputo latino, precisamente el sexto de las *calendas* (→ *calendario*) de marzo.

bisoño El soldado nuevo, el joven inexperto, el aprendiz reciben en español el poco halagador nombre de *bisoño*, exactamente igual que nuestros soldados del siglo XVI eran llamados entre sus colegas veteranos italianos. El apelativo procede del verbo italiano *bisognare* (francés *besoin*), 'necesitar', por lo que cabe pensar que nuestros soldados, carentes de lo más elemental, solicitaban una y otra vez aquello que precisaban diciendo, supuestamente, *io bisogno...* ('yo necesito...'), de forma que pasara a ser una forma de referirse a ellos ya entonces poco amable.

bit Esta nueva palabra que, sin embargo, ya aparece en la edición de 1992 del *Diccionario* de la Academia, procede de la misma palabra inglesa *bit*, formado como acrónimo (palabra formada con iniciales o partes de otras) de la expresión inglesa *binary digit*, es decir, 'dígito binario'. La voz fue creada por el norteamericano John W. Turkey hace ya cincuenta años, y, aunque en su origen designaba una unidad de información mínima equivalente a la elección entre dos posibilidades igualmente probables, en la actualidad se ha hecho muy popular porque sirve para hablar de la 'capacidad de memoria de los ordenadores': el *bit* es su unidad mínima. → *byte*.

bizcocho En cualquiera de sus formas y con los sabores y olores con que lo acompañemos, el *bizcocho*, la base elemental de la mayoría de las tartas, recibe su nombre del latín *biscoctu(m)*, palabra que no significa más que 'dos veces cocido', antes aplicado al pan que se «recocía» para secarlo más y que durara más tiempo, especialmente para usarlo en las largas travesías por mar. De esa técnica a la de la repostería sólo hubo un sencillo paso.

Es digno de mencionar el hecho de que el internacional *biscuit* significa, etimológicamente, lo mismo que nuestro bizcocho: *bis-cuit*, 'dos veces cocido'.

bobo La más sencilla de las formas de insulto que encontramos en nuestro idioma hace referencia, en su origen, a la dificultad de hablar, dado que encuentra sus raíces en el latín *balbu(m)*, 'el tartamudo, el balbuciente', lo que lo relaciona con la connotación negativa de → *bárbaro*, y se emparenta con → *babieca*, *baba*, y la expresión *ser bobo de baba*.

Sin embargo, es digna de mención la hipótesis, quizá no muy descabellada, que afirma que la etimología de *bobo* no es una alusión a la forma de hablar, sino al denostado carácter de un animal tan grande pero tan inofensivo como el *buey*, palabra que nos llegó del latín *bove(m)*. Así, al menos, lo creyó don Sebastián de Covarrubias, quien en 1611 escribió en su *Tesoro de la Lengua Castellana o Española*, que *bobo* equivalía a «hombre tardo, stúpido, de poco discurso, semejante al *buei*».

Sea el tartamudo, sea el bovino, sea una mezcla de ambos, lo cierto es que, pese al tiempo transcurrido, la palabra no ha perdido un ápice de su significado.

boicó O *boicot*, o, mejor aún, *boicoteo*, si seguimos las preferencias de la Academia. Las raíces del nombre de esta acción que se lleva a cabo contra una persona, una empresa, una institución o una nación para obligarlas a ceder en lo que se exige de ellas, llegan, como no es infrecuente, hasta un nombre propio. En este caso, el del capitán irlandés Charles Cunningham Boycott (1832-1897), que fue la primera víctima conocida de una acción de estas características.

Este hombre trabajaba como administrador de las fincas del conde de Erne, inglés, y en 1880 sufrió los ataques de los renteros —de origen irlandés— que se rebelaron contra los ingleses para exigir la independencia nacional, y lo hicieron contra la persona que representaba los intereses de los considerados invasores: el administrador Boycott. La lucha tuvo diferentes formas, desde negarse a venderle cualquier cosa en las tiendas hasta bloquearle el correo o atacar directamente su casa y sus bienes.

Cuenta la historia que el coronel Boycott acabó marchándose a Inglaterra, donde, paradójicamente, se convirtió en acérrimo defensor de los derechos de los irlandeses, hasta llegar a obtener el reconocimiento de aquellos que lo habían atacado.

bonsái Conocido en Europa desde la Exposición de Londres de 1910, el *bonsái* se hizo muy popular en España a mediados de los ochenta y se convirtió en la afición de muchas personas cargadas de paciencia y con tiempo para ello. Junto con el *ikebana* —el arte japonés de la ornamentación floral—, el *bonsái* es una excelente muestra de la infinita sensibilidad de los pueblos orientales hacia la naturaleza.

Consiste el *bonsái* en limitar el crecimiento de árboles mediante las técnicas precisas, para poder cultivarlos en bandejas o macetas, que es lo que le da el nombre: *bon* significa 'maceta, tiesto', y *sai*, 'planta'.

Aunque este auténtico arte se popularizó desde Japón, lo cierto es que los monjes budistas lo llevaron a este país desde China, donde ya se cultivaba desde el año 200 a. C.

braga La prenda interior inferior femenina, cuyo empleo en plural es analógico con *pantalones* o *calzoncillos,* no fue siempre patrimonio exclusivo de las mujeres. Esta palabra, que ya aparece en latín como *braca,* podría tener su origen en la voz **bra-qui* o **bráccari,* en lengua céltica, que era el nombre de una tribu, seguramente gala, que se asentó en el sureste de Francia y en el noreste de Italia, de cuya indumentaria formaban parte unos calzones de cuero que no usaba ninguna otra tribu de la zona y que los distinguían entre sus congéneres. La presencia de esta prenda fue suficiente motivo para que las otras tribus se refirieran a ella con el nombre de los que la llevaban, hasta el punto de que la palabra *braghe* en algunos dialectos del Norte de Italia sirve todavía para referirse a los pantalones. → *pantalón.*

Como evolución casi esperada, esas *bragas* se reforzaron en la parte más delicada, refuerzo que recibió el nombre de *bragueta,* y que se aplicó a las armaduras, como ostensiblemente aparece en toda la iconografía de la época, especialmente en los retratos de emperadores y nobles.

Quizá debamos también a aquella tribu celta los nombres de las ciudades portuguesas de *Braga* y

Bragança, como señal casi indudable de su estancia por el noroeste de la Península Ibérica.

brandy Bien por motivos legales de denominaciones de origen, bien por influencia británica en el mundo de las bebidas alcohólicas, lo cierto es que el *brandy*, recogida así ya por el *Diccionario* académico, es la forma inglesa con que hay que llamar al coñá elaborado fuera de la región de Cognac, en Francia.

Del origen de la palabra digamos que el inglés, allá por el siglo XVII, la recibió del neerlandés *brandwijn* o *brandwyn*, palabra que significa 'vino quemado', y pronto se convirtió en *brand(e)wine* para pasar a ser *brandy wine*, es decir, 'vino tipo *brandy*', aunque ya sólo se use la forma *brandy*.

bricolaje Otra de las modas que, con el → *bonsái*, ha cambiado los hábitos de los españoles de los últimos diez años, el *bricolaje* recibió su nombre del francés *bricolage*, palabra que significa lo mismo que en nuestro idioma, 'reparación, reforma o construcción casera', con mejor o peor resultado.

La palabra francesa, de reciente introducción (hacia 1940), realmente procedía del verbo *bricoler*, 'realizar pequeños trabajos, reparar averías domésticas', que se formó a partir de la vieja palabra *bricole*, admitida ya en el siglo XIV, y que significaba 'cosa pequeña, herramienta de poco valor, accesorio' y 'chapuza', quizá de una palabra italiana *brico-*

la que se usaba para designar un tipo de 'catapulta pequeña, hecha con correas, y de escasa precisión y fuerza'.

De la idea bélica de un arma casi casera y no demasiado buena, pudo pasar a las herramientas de casa, no profesionales, de donde, sin demasiado problema, llegaríamos al popular *bricolaje*.

brindis El escritor italiano Pietro Aretino (1492-1556), al describir un banquete en 1534, contaba con sorpresa cómo, al final, todos los comensales se levantaron de sus sillas, tomaron sus copas y las hicieron sonar unas contra otras mientras daban voces, imitando así una costumbre muy difundida en los pueblos germánicos. Unos años más tarde, en 1558, monseñor Giovanni della Casa, en su famosa obra *Il Galateo*, afirmaba con cierta mala intención —por la forma en que la moda se dio a conocer— que «la costumbre de hacer brindis es extranjera». Y no era para menos, porque la palabra llegó al italiano de la mano de unos soldados mercenarios alemanes que, en 1527, saquearon la ciudad de Roma. Así, cada vez que celebraban una victoria, comiendo y bebiendo como es natural, estos soldados levantaban su copa, la hacían chocar con la del compañero y decían «*Bring dir's*», lo que, más o menos, venía a significar 'te la doy/ofrezco a ti', como gesto de augurio de buena salud y de ofrecimiento, exactamente como hacemos ahora en nuestros *brindis*, que son siempre a favor de alguien o de algo. La forma alemana se convirtió en italiano en *brindisi*, que sencillamente quedó en *brindis* en español.

Pese a las apariencias, la noble ciudad italiana de Brindisi, unida a Roma nada menos que por la Via Apia, debe su nombre al latín *Brindisium*, de posible origen griego, dada la ubicación de la población, en la antigua Magna Grecia, y su condición de eslabón entre el mundo oriental y el romano.

brisca Este popularísimo juego de naipes recibe su nombre del francés *brisque* que, aunque en esa lengua se llame con más frecuencia *mariage*, encuentra su origen en la palabra *briscambille* o *bruscambille*, que se derivaría del nombre o del apodo de un actor francés del siglo XVII, más famoso por su intensa afición a los naipes que por su aportación a la escena. Cabe decir que el juego en cuestión se llama actualmente *bescambrilla* en catalán y en valenciano, *biscambra* en varios países de Hispanoamérica y *briscola* en italiano, lo cual refuerza indudablemente esta teoría.

Sin embargo, algunos estudiosos sostienen que la *brisca* es una deformación de la voz *gresca*, nombre de un juego de cartas documentado ya en catalán en la Corona de Aragón, nada menos que en el siglo XIII. Se sabe que estuvo perseguido por considerarse peligroso y propio de personas de mal vivir, lo cual afianzaría la idea del nombre primitivo, sinónimo actual de 'pelea, riña', y que nos llegaría del antiguo francés *griesche*, 'juego de azar', del adjetivo latino *graeciscus*, 'griego', por la fama de jugadores y viciosos (recuérdese el «amor griego») que tenían los griegos durante las Cruzadas. → *mus* y *tute*.

buhardilla La romántica *buhardilla*, cuna y nido del arte más romántico del cambio de siglo parisiense, debe su nombre, en cambio, a algo realmente poco romántico.

En efecto, *buhardilla* no es sino el diminutivo lexicalizado, es decir, ya convertido en palabra por sí mismo, de *buharda*, que es la normal y esperable evolución de *bufarda*, voz que se conserva aún en algunos pueblos con el valor de 'agujero abierto a ras de tierra como respiradero en el horno de carbón'. Y esto es así porque la *bufarda* deriva de *bufar*, es decir, la 'acción de resoplar el animal o el aire por un respiradero', como cuando decimos «Pepe está que bufa», porque nos recuerda al animal enfadado o a la chimenea en plena actividad.

En cuanto al origen del verbo, sólo puede decirse que se trata de una onomatopeya, es decir, que recuerda por su sonido a la cosa que significa, en este caso al aire soplando con fuerza, como ocurre, por ejemplo, con *borbotón*, palabra que parece imitar el ruido de un líquido que mana con fuerza.

Siguiendo con nuestra *buhardilla*, concluyamos diciendo que su presencia en el origen de la palabra se debe a que, como es lógico, la salida de humos de las estufas y calderas tiene que situarse en la chimenea (de un edificio, de una fábrica, o de un barco). Cuando los constructores ponían a la venta las partes menos habitables de la casa, el sótano y la parte superior, realmente estaban vendiendo, en este último caso, el lugar por donde el aire donde *bufa*, es decir, la *bufarda* o *buharda* que, contra inhóspita e incómoda, era pequeña, lo que le mereció el oportuno diminutivo de *buhardilla*.

bus La forma familiar de la palabra *autobús*, y que aparece recogida en el *Diccionario* de la Academia, parece la última expresión de una palabra que, pese a designar una realidad relativamente moderna, ya cuenta algunos hechos en su historia.

Los orígenes del *autobús* se remontan a la necesidad de los ayuntamientos de las grandes ciudades de comenzar a utilizar vehículos de transporte colectivo que facilitaran el tránsito de sus habitantes sin perder demasiado tiempo en los desplazamientos a pie y sin llenar (esto último con menos éxito) las calles de vehículos particulares. Surgieron entonces los *tranvías*, primero tirados por animales, y después con energía eléctrica, lo que los obligaba a ir siempre conectados a los cables como si fuera un nutricio cordón umbilical.

Pero si miráramos dentro de los habitáculos, veríamos que, ya desde el principio, el transporte colectivo se caracterizó por su razón de ser: servir de transporte público, sin distinción de clases o bolsillos, *a todo el mundo*. De aquí surgió el nombre primitivo, de *voiture ómnibus*, híbrida expresión entre francesa y latina que significaba 'coche para todos'. Parece que el primer *ómnibus* se puso en circulación a finales del siglo XVII en París, siguiendo las ideas del filósofo francés Blaise Pascal (1623-1662), si bien no sería hasta el primer tercio del siglo XIX cuando se popularizara. Sin embargo, algunos afirman que el origen del nombre y del invento se debe al coronel Stanislas Baudry, propietario de unos baños en la ciudad francesa de Nantes. Sería el propio coronel quien, en 1825, para facilitar la asistencia de los ciudadanos a los baños, pusiera a su disposición una especie de diligencia. Se cuenta que el nombre del nuevo transporte público (o semipúblico) le surgió cuando vio un cartel en unos grandes almacenes que decía *Omnes omnibus*, es decir, «[hay de] todo para todos». Sólo tomó la última palabra, y así hacía gala de una especial democracia higiénica de su negocio.

Las crónicas apuntan a la capital de Francia como la primera ciudad en tener un servicio estable de *ómnibus*, y así fue hasta que hizo su aparición el *autobús*, un gran avance para el transporte porque contaba ya con un motor de vapor que, por fin, lo liberaba de tener que ir conectado a un alambre. Esta idea de independencia le valió el descriptivo nombre de *automobile omnibus*, en el que se la añadía la característica de moverse 'por sí mismo', que es lo que significa el prefijo griego *auto*. Ya a principios de siglo la larga expresión se acomodó a los tiempos y se contrajo tomando el principio de la primera palabra y el final de la segunda, hasta llegar a la forma actual, por influencia del inglés.

Por último, señalemos que el *autocar*, un poco posterior y pensado para grandes trayectos, recibió su nombre a partir de *auto* más la palabra inglesa *car*, es decir, 'coche'.

byte Esta novísima voz del mundo de la informática, traída *en crudo*, sin más cambios, del inglés *byte*, tiene el valor de 'conjunto de ocho o dieciséis (o cualquier múltiplo de ocho) caracteres de letras o números (o → *bits*) que integran una unidad mínima de información'. Sin embargo, el término ha tenido mucha más difusión en su segunda acepción, de 'unidad de medida de la capacidad de memoria de los ordenadores'.

La vertiginosa velocidad de desarrollo de la informática ha obligado a usar mucho más voces compuestas como el *kilobyte*, es decir, 'mil (o, para ser más exactos, mil veinticuatro, por ser múltiplo de ocho) *bytes*', palabra que ha quedado reducida a su simple inicial, de manera que normalmente se habla de *kas*, por el nombre la letra, cuando se habla de *kilobytes*. Pero también éstos se han quedado pequeños, por lo que cada vez es más necesario hablar de magnitudes más y más grandes, como *megabytes* y *gigabytes* (o sólo *megas* y *gigas*), para referirse a 'un millón de *bytes*' y 'mil millones de *bytes*', respectivamente, lo cual verdaderamente ya desborda la comprensión de cualquier persona no versada en la tecnología del futuro.

C

c Cuando los etruscos entraron en contacto con los colonos de la isla helena de Eubea, que introdujeron el alfabeto griego en Italia, lo hicieron sólo parcialmente, de forma que, al no existir probablemente en etrusco el fonema /g/, pero sí el /k/, los copistas recurrieron a la grafía *c* de los eubeos para representar el fonema /k/. Cuando los latinos conocieron el alfabeto, y pese a que ellos sí establecieran diferencia entre los fonemas /g/ y /k/, optaron por usar sólo *c* para representar los dos, de manera que el nombre de *Caius Iulius Cæsar* sonaba algo así como /*gáius iúlius kaésar*/. Algunos cambios después hicieron posible la diversificación de sonidos para una misma letra (→ *k* y *q*). Así, del latín *centum* /kéntum/, nacieron pronunciaciones como el italiano *cento* (más o menos /chénto/), el francés *cent* /sã/, o el español *ciento,* aunque debamos reconocer que con ese sonido interdental sólo está presente en una parte muy pequeña de los hispanohablantes, lo cual no deja de ser un lujo.

cabeza Procede el nombre de esta importante parte del cuerpo, y, por analogía de otras cosas (la *cabeza* de un clavo o de un alfiler, de ajo, de familia, de la Iglesia, de puente, de partido, de turco, de chorlito, etc.), del latín *caput*, pero más directamente del latín vulgar hispánico *capitia*, y en sí no tendría más historia que ésta. Sin embargo, la voz es *cabeza* de tantas otras en nuestra lengua que, aunque sólo sea por ello, hemos querido darle un lugar entre estas páginas. Así, recordamos que se derivan, directa o indirectamente, de esta voz palabras con vínculo tan obvio como *cabecero* o *cabezada*, y algunas otras cuyo significado revela la relación —aunque por la forma no sea tan diáfana— como *cabildo*, → *cabo*, → *cadete*, *capataz*, *caperuza*, *capital*, → *capitán*, *capitel*, *capitolio*, *capítulo*, → *capicúa* o → *caudillo*, o incluso voces como → *bíceps*, → *jefe*, → *municipio* o → *tríceps*.

cabo Aunque son varios los significados de esta palabra, parece claro que todos derivan del latín *caput*, 'cabeza' (→ *cabeza*), pasando a través de una forma *capo*, palabra que se mantiene en italiano, por ejemplo, con el valor de 'jefe'. En el ejército, se llama *cabo* a quien, en su grado, está inmediatamente por encima de los soldados y que, en algunos casos, está al mando de un pelotón. Con este significado, debe recordarse su relación con la palabra → *capitán*, cuya etimología es, con permiso del estamento militar, la misma que la de *cabo*.

cachondo Aunque en la actualidad este adjetivo haya evolucionado en su significado, no cabe duda de que se trata de una de esas voces que hacen fortuna en la lengua y pasan a ser de dominio general, abandonando su primer valor.

De manera realmente precisa, el femenino *cachonda* se aplicaba casi exclusivamente a la 'perra en época de celo', y, a partir de ahí, a la persona con un estado similar. No haría falta explicar que en esa generalización se ha producido una ampliación de su significado, dado que, sin abandonar del todo el primero, se usa para designar a alguien muy bromista, alegre, gracioso y con ganas de fiesta, especialmente en el sustantivo *cachondeo*, que sólo comparte este último valor con el adjetivo.

Volviendo a su origen, se podría afirmar que la palabra guarda estrecha relación con *cachorro*, que procedería del latín *catulu(m)*, 'perrito, animal pequeño', como se mantiene en la palabra *cacho*, 'pez de 15 ó 20 centímetros', aunque de origen diferente a la palabra popular *cacho* 'pedazo', del latín *capulu(m)*, de *capere* 'coger', o de **caculu(m)*, de *caccabu(m)*, 'olla'.

caco No fue buena idea robarle los bueyes al propio Hércules, no. Y sólo esto se le pudo ocurrir a Caco, aquel monstruo de tres cabezas que vivía en Roma, y que era, sencillamente, un mitológico ladrón que robaba todo lo que podía y lo escondía en una cueva del monte Aventino.

Cuenta la leyenda que se encontraba Hércules durmiendo una siesta cuando el simpático Caco decidió robarle cuatro bueyes y cuatro vacas, ganados, legalmente por otra parte, a Gerión (→ *Gibraltar*). El robo, además, tenía premeditación porque el ladrón tuvo la genial idea de llevar a las reses andando al revés, de modo que las pisadas de los animales parecieran que salían de la cueva, en lugar de entrar en ella, argucia que, de momento, le salvó de la furia del semidiós.

Pero se afirma que esta historia pudo tener dos finales. El primero asegura que las vacas no robadas olieron a las otras y que así encontraron a sus compañeras secuestradas. La otra versión mantiene que fue la hermana del ladrón, llamada lógicamente *Caca*, quien lo puso en evidencia.

La indignación del héroe fue tal que Caco nunca más volvería a robar, dado que, según las versiones, o bien Hércules lo mató a golpes, o bien lo enterró vivo en la cueva del Aventino. Lo que Hércules no pudo evitar es que Caco dejara tantos hijos por todo el mundo.

cadera Igual que ocurre con muchos utensilios, muebles de la casa o prendas de vestir, que toman su nombre de la parte del cuerpo para la que están pensados (piénsese en la → *almohada* o en el *cuello* o el *puño* de la camisa o la *pata* del pantalón), nos encontramos aquí con un fenómeno idéntico —una simple metonimia—, aunque en sentido contrario: la cosa nombra al cuerpo. Sucede que esa parte tan especial de la anatomía que, según el canon femenino, debía medir 90 centímetros, toma su nombre del lugar donde se apoya al sentarse, es decir, de la silla, que en latín vulgar se llamaba *cathégra,* una variante del latín *cathédra,* que ya entonces había ampliado su valor al de 'nalga', por ese fenómeno del que hablamos. Si vamos un poco más allá, vemos que la voz latina procede, a su vez, del griego *kathédra,* que reunía los valores de 'asiento' y de 'trasero', originados ambos en la palabra *hédra,* que era el 'asiento', propiamente dicho.

Este mismo origen es el de las palabras cultas → *cátedra* y → *catedral.*

→ *glande, músculo, pantorrilla, pene, pómulo, tibia, tímpano, rodilla, úvula* y *vagina.*

cadete Como una de las muchísimas voces derivadas de → *cabeza,* el 'alumno de una academia militar' debe también su nombre a la palabra latina *caput,* 'cabeza', aunque en este caso a través de *capitellu(m),* es decir, 'caudillo (→ *caudillo*), jefe'. Esta forma latina parece que pasó a la lengua de la región francesa de Gascuña, el gascón, convertida en *capdet,* tomada por el francés como *cadet,* con el significado de 'joven noble que se preparaba para seguir la carrera de las armas'. El paso al español fue inmediato con el significado actual.

café Debemos a los venecianos del siglo XVI la llegada a Europa de una de las bebidas más populares del mundo, así como su nombre, que procede del italiano *caffè*. No olvidemos que, además, y entre otras muchas cosas, les debemos el *cappuccino,* y hasta las mejores máquinas para realizar esos expresos inigualables.

Pero el origen de la deliciosa bebida enraíza en el árabe, idioma en la que una misma palabra, *qahwah,* significaba, además de 'café', 'vino', y que, con el valor que nos ocupa, pasó al turco *kahve*.

Aceptado el hecho de que el árbol del café sea originario del Asia y del África tropicales, y que la bebida empezara a prepararse inicialmente en Etiopía, algunos autores apuntan la posibilidad de que unos oasis de una región del sudoeste de Etiopía llamada *Kefa* sean el auténtico origen de la palabra.

cafre Usada en la actualidad como sinónimo de 'bárbaro, gamberro, bruto', este arabismo encuentra su origen en la voz *káfir,* si bien su valor era exclusivamente religioso, dado que significaba 'infiel, incrédulo'.

Cuando este término entró en el *Diccionario de Autoridades,* el valor que se le asignó fue el de 'natural del Cabo de Buena Esperanza', acepción tomada del portugués, donde *cafre* designa 'cualquier individuo que no profesa el islamismo', por haberse aplicado a unos aborígenes de África Oriental, llamada posteriormente *Cafrería*.

El significado actual vendría, como parece claro, por una simple evolución desde 'incrédulo, infiel' hasta 'bárbaro, gamberro, bruto': el razonamiento o la explicación debió de estar en que un hombre que no creyera en Dios, en cualquiera que fuera, debería de ser eso: un *cafre*, es decir, poco menos que un animal.

calendario La mera sucesión de días, meses o años, expuesta de mil maneras imaginables, que es a lo que llamamos *calendario*, no fue en su origen tan inocente como puede serlo ahora, porque el origen de esta palabra se encuentra en el latín *kalendariu(m)*, donde significaba 'registro, libro de cuentas de un prestamista', por la sencilla razón de que el interés mensual de los acreedores debía pagarse exactamente en las *kalendas*, que no eran sino el primer día de cada mes de los romanos. La lista de las *calendas* sería nuestro *calendario*, con esa terminación *-ario*, del latín *-ariu(m)*, 'conjunto de, lista de', como encontramos en muchas palabras de nuestra lengua. → *abecedario*.

calzón O, más propiamente, *calzones*, hasta que la moda de principio de siglo impuso la costumbre de usarlos más cortos.

Cuenta Corominas que los romanos, que antiguamente no llevaban → *medias*, ni *calzas*, aprendieron de los germanos el uso de aquéllas, como ocurrió con las → *bragas* —quizá por la severidad de las temperaturas en los países nórdicos—. Copiado el objeto, no tomaron, en cambio, prestado su nombre, sino que las llamaron con un derivado del nombre que entre ellos designaba el calzado, *calceu(m)*, 'el zapato', que derivó al latín vulgar **calcea*, que sería 'la media', como hoy *calze* en italiano.

Andando el tiempo y cambiando los gustos, las medias en los siglos medievales se fueron llevando cada vez más altas, hasta convertirse en una prenda de vestir que ya llegaba hasta la cintura, aunque el nombre siguió siendo el mismo.

Sin embargo, sería hacia el siglo XVI cuando la prenda se dividió en dos partes, de modo que la parte de arriba (digamos, la «noble») siguió llamándose *calzas* o su aumentativo *calzones*, al mismo tiempo que la otra parte recibía el diminutivo y empezó a llamarse *calcetas*, *medias calzas*, o, simplemente *medias*.

El mantenimiento de la forma latina *cal-*, en lugar de su evolución esperada en *cau-* y *co-* (como *calce(m)*, que derivó en *coz*) quizá se deba a que en la Edad Media el uso de esas calzas estaba restringido a los nobles (mientras que el villano iba sólo con el sayo, largo hasta la rodilla) lo que explicaría la pronunciación más clasicista o clasista.

cama El mueble más deseado y disfrutado después de un largo día de cansancio es uno de los que más elogios recibe en forma de pregunta retórica y laudatoria sobre su afortunada invención («Pero, ¿quién inventaría la cama?»), y lo triste es que no haya respuesta posible, dado que, como el fuego, los besos, la mesa o el silbido son, más que inventos, descubrimientos, a los que en cada lengua, y esto ya sí es arbitrario, se los conoce con una forma.

Pero no avanzamos mucho más respecto al nombre de la *cama* porque es uno de esos casos en los que nos separamos e independizamos de nuestros vecinos de forma tal, que parece que el español tuviera otros orígenes distintos. Son casos como el de → *perro*, por ejemplo, que recibe en catalán el nombre de *gos*, o los de *cão, chien* o *cane* en portugués, francés e italiano, respectivamente, cuyo parecido con nuestra voz es inexistente (aunque digamos *hambre canina)*; o como éste de *cama*, que, si bien en portugués existe la misma forma, está siendo desbancada por *leito*, como en francés *lit* o el italiano *letto* (aunque nosotros también tengamos *lecho*, *litera* y hasta *letrina)*, todos ellos del latín *lectu(m)*.

El caso de la voz que nos ocupa es realmente extraño, porque no aparece en muchos diccionarios etimológicos, mientras que otros, en los que se incluye, sólo se le atribuye un «origen incierto».

Destaquemos, no obstante, que los primeros orígenes parecen remontarse al griego, idioma que nos ofrece dos posibilidades: por un lado, y por no hablar de la fantástica *cama* de Ulises, tallada sobre un tronco de olivo gigante que permanecía enraizado en la tierra, digamos que los griegos más normalitos disponían de unas camas portátiles para viajar, a las que llamaban *demya*. Pero aquellos que podían permitírselo usaban también otras, generalmente hechas con pieles, que colocaban en la sala principal de la casa para recibir a las visitas, por ejemplo. Este mueble se llamaba *chamadys,* que va pareciéndose más, aunque quizá estemos hablando más de un *sofá-cama,* lo cual tampoco tiene nada de extraño. La otra posibilidad del griego nos la ofrece la palabra *chamaí,* que significa 'por el suelo', lo cual, perfectamente podría haber producido una metonimia por contacto, porque es ahí, precisamente, donde se ponen las camas, y es el suelo la primera cama natural del hombre. En esta misma idea parecían estar san Isidoro (530-636) y sus famosas *Etimologías,* en las que, en el capítulo titulado *Sobre los lechos y los asientos,* afirma lo siguiente:

«[...] *Cama* est brevis et circa terram; Graeci enim *jamaí* breve dicunt[...]», lo cual significa más o menos que 'la cama es [un lecho] pequeño y a ras de suelo; y es que los griegos llaman *chamaí* a lo que es pequeño'. Como curiosidad, señalemos que el propio san Isidoro asegura que la voz *cama* generó la palabra → *camisa,* «porque con ellas dormimos en la cama», lo cual recuerda mucho a lo que ahora llamamos *camisón,* prenda derivada de las antiguas y amplias «camisas de noche» de nuestros antepasados.

Ciñéndonos, por último, a lo que nos es más próximo, digamos que la palabra nos pudo llegar por el posible latín hispánico **camba,* y después *cama.* La otra hipótesis es que se trate de una voz prerromana, quizá ibera o celtibérica, pero, como decíamos más arriba, con un origen realmente incierto.

camarada Aunque en la actualidad recibe este nombre cada uno de los compañeros de un sindicato o de un partido político, primeramente se trataba de un nombre colectivo que designaba a un 'grupo de compañeros', y más específicamente, de 'soldados que duermen y comen juntos', tomado del valor de *cámara,* 'el lugar, el aposento', del latín *camera* o *camara,* 'el cuarto con bóveda', directamente del griego *kamára,* 'bóveda, cuarto con bóveda'. Este valor de 'grupo de personas' relacionado con cámara también aparece en la voz → *camarilla.*

Debe mencionarse que de esta palabra española se tomaron la francesa *camarade* y la inglesa *comrade.*

camarilla Esos grupos de presión, esas pandillas (→ *pandilla)* de malhechores o cualquier otro grupo de personas que actúan de forma clandestina reciben este curioso nombre de *camarilla* por el lugar en el que se les supone reunidos, o, más exactamente, escondidos, y quizá con cierta lógica en algún lugar pequeño, una → *cámara* pequeña, oculta, en oposición a valores más nobles de 'salón de reuniones, 'asamblea legislativa', o 'pieza de la casa'. *Cámara* procede del griego *kamára,* 'bóveda, cuarto abovedado'. → *camarada.*

camisa Al igual que ocurre con otras palabras propias de las costumbres que eran desconocidas para los antiguos romanos (→ *bigote, braga* y *calzón),* esta prenda tan frecuente y común a hombres y mujeres podría encontrar su origen en una palabra de posible origen germánico que llegó al céltico y, de ahí, al latín tardío como *camisia.* Y no falta quien, como san Isidoro de Sevilla (530-636), afirma que, en el propio latín tardío, la palabra *camisa* (o su aumentativo *camisón)* procede de la voz → *cama,* «porque con ellas dormimos en la cama».

No obstante, creemos imprescindible no olvidar que, pese a lo tradicional de la teoría céltica, hay reconocidos autores que afirman que la palabra procede del griego *kámason,* con el valor de 'túnica' (así documentada hacia el siglo V a. C.) y que pasó al latín medio como *camisu(m),* variación de *camasu(m).* Apoyaría esta idea el hecho de que en árabe ya encontramos las formas *qámis* y *qámus,* con el valor literal de 'camisa', tomado del griego, y que en nuestro mozárabe —lengua que hablaban los cristianos que vivían en territorio musulmán— ya existía la voz *camíz,* con el valor de 'alba [prenda litúrgica]'.

campana El medio de comunicación a larga distancia más antiguo (además del cuerno hueco de los animales) y que, según el ritmo, inundaba los campos —antes más que ahora— tanto de tragedias como de alegrías, o convoca a los fieles al templo, debe su nombre a la región del Sur de Italia llamada Campania, por la sencilla razón de que el bronce que se usaba para fabricarlas procedía de allí. Así, ese bronce de Campania parece que tomó forma de vaso invertido a finales del siglo III de la mano de fray Bernardino, conocido como *de Nola*, pueblo situado en la provincia de Nápoles, en la citada región italiana. Y precisamente ese excelente bronce recibía el adjetivo gentilicio de *[aes]* (→ *estimar*) *campanus*, '[bronce] de Campania', hasta el punto que los propios instrumentos ya se llamaban en latín *vasa campana*, 'recipientes de Campania'. De aquí a nuestra *campana* sólo fue cuestión de tiempo.

campechano Aunque es fácil recurrir a *campo* para hacer derivar esta palabra, que alude a una persona afable, simpática y buena, podría ser difícil hacer coincidir el significado de un hombre de campo con el de un *campechano*, por la sencilla razón de que de ese tipo de personas no tiene la exclusiva el mundo rural.

Nos orientamos, pues, mejor, hacia la palabra *Campeche*, que es una región del Yucatán y un estado de la República de Méjico que alcanzó especial fama por sus fértiles tierras, lo que quizá favorecía una vida más agradable, y que, probablemente, generó la idea de unos habitantes más felices que sus vecinos. Un poco más atrás en la evolución, es posible que el nombre de la región y del estado provengan de una palabra en idioma maya, la lengua precolombina de aquella región, y que podría ser *Ah-Kin-Pech* que significa 'sacerdote' o, más exactamente, 'que viene del sol', lo cual haría que la democrática «campechanía» tuviera un origen divino.

Abundando en la idea de que *campechano* proceda de la región citada, recordemos que en algunas partes de Méjico y de Cuba, *campechana* significa 'bebida hecha de varios licores', y en Venezuela, 'hamaca', y, según el DRAE, 'prostituta', significados relacionados con la idea de vida muelle y agradable, que recuerda, por ejemplo, la dudosa pero existente calificación de 'mujeres de vida fácil'.

canapé Si bien la vida social, desarrollada últimamente como nunca pudo imaginarse, hasta el punto de hablarse ya de «política del canapé», ha desplazado el segundo valor de esta palabra a la primera posición por su frecuencia de uso, lo cierto es que etimológicamente hablando, debemos referirnos primero al valor de 'sofá, asiento corrido', para hablar después de 'pequeña porción de comida que se sirve sobre una galleta o pan', porque éste ha sido el orden seguido por la palabra.

Si nos remontamos al griego, tenemos que acercarnos a algo tan aparentemente desconectado del mueble en cuestión como es la voz 'mosquito', que se decía *kónops* en ese idioma. Esta palabra entraba en la composición de *konopéion*, que era como se llamaba al 'pabellón (→ *pabellón*) de cama', es decir al 'mosquitero'. Pues bien, esta voz griega pasó al latín como *conopeu(m)* con el mismo valor y así, a través del latín tardío *canapeu(m)* llegó al francés bajo la forma de *canapé*, siguiendo una tradición de galicismos especializados del campo semántico del mobiliario, como ocurre con palabras como *buró*, *chaise-longue*, *chifonier*, *secreter* o *sofá*.

El valor de 'aperitivo' es una mera comparación del pan o la galleta con la función que hace el sofá: sostener el cuerpo, o la porción de comida. Es curioso que el ámbito natural del francés *canapé* sea el también francés *bufé*.

Canarias La denominación de las islas no se debe a los hermosos y cantarines pajaritos; es más bien al revés: los pajaritos se llaman como las islas. El nombre procede del latín *cane(m)*, 'perro', ya que los antiguos las suponían plagadas de perros. No iban muy desencaminados, pues abundaba antiguamente una raza canina, hoy prácticamente extinguida, cuyos ejemplares, llamados *bardinos*, tenían un extraño pelaje verdinegro.

candidato Los antiguos romanos tenían la creencia (o querían tenerla) de que cualquier persona que aspirara a un cargo público o a algún honor debía tener el espíritu y la conciencia limpios, y más exactamente, blancos, por lo que de este color era precisamente la túnica que esa persona vestía al ser propuesta. Y se llamaban así porque la voz latina *candidu(m)* significa exactamente 'blanco', como se mantiene en palabras como *cándido, candor* o la menos afortunada *candidiasis,* enfermedad caracterizada por la presencia de manchas blancas. *Candidato* era, en fin, el 'blanqueado', es decir, el 'que está blanco, sin mancha'.

canguro No parece haber muchas dudas respecto al origen del nombre de este realmente extraño y simpático animal, propio de las tierras antípodas de España, y que ahora también significa 'persona que cuida a los niños de otra persona por horas'. Toda la información al respecto afirma que el nombre se universalizó a partir del siglo XVIII a través de la forma inglesa *kangaroo,* procedente, a su vez, de las voces *kanguru* o *kangooroo,* cuyo origen parece encontrarse en el nombre dado al animal por los indígenas de lo que después se llamaría Queensland ('la tierra de la Reina'), un estado de Australia.

Sin embargo, y quizá más perteneciente a la leyenda, siempre se ha hecho difundir la especie de que cuando los exploradores ingleses, entre los cuales destacaba James Cook (1728-1779), preguntaron a los habitantes de aquellas tierras por el nombre de tan sorprendente animal, éstos les respondían: «kan-goroo», que se interpretó como 'no lo sé'. Quede constancia de la anécdota.

capicúa Esos números que contienen las mismas cifras leídos en cualquiera de los dos sentidos, es decir, que tienen el principio igual que el fin, como, por ejemplo, 58785, deben su nombre a esta palabra de origen catalán que está compuesta por estos tres elementos: *cap* + *i* + *cua*, o lo que es lo mismo: 'cabeza + y + cola [iguales]'. Este uso, pese a ser el más frecuente, procede de una jugada del dominó en la que se gana la partida utilizando una misma ficha que puede colocarse en cualquiera de los dos extremos (en la *cabeza* o en la *cola*).

Quizá no esté de más recordar que para las palabras o frases que presentan esta misma estructura, como, por ejemplo, la forma verbal *somos*, los sustantivos *anilina*, *oso*, el nombre de la bailaora gaditana *Sara Baras*, o las conocidas frases *Anita lava la tina* o *Dábale arroz a la zorra el abad*, usamos la voz griega *palíndromo*, que significa 'que corre otra vez hacia atrás', a partir de *pálin*, 'de nuevo, otra vez', y *drómos*, 'carrera, acción de correr', para dar a entender que una vez leído el texto en su sentido normal, podemos volver a leerlo igual en sentido contrario.

capilla Una pequeña iglesia o un oratorio reciben este nombre en homenaje al conocido santo francés Martín de Tours (nacido allá por el siglo IV d. C. en Hungría, pero afincado en la ciudad francesa de Tours, que le dio el *apellido*), famoso por su acto caritativo de partir su capa para dársela a un pobre. La tradición afirma que ese pedazo de capa, a la que ya desde entonces se le atribuyeron propiedades terapéuticas (producía un extraño calor y curaba las heridas) y milagrosas (aunque se cortaban pedazos de ella, siempre volvía a crecer), fue produciendo pequeños trozos que rápidamente se consideraron reliquias que había que empezar a guardar en lugares especiales, protegidos, y sagrados. Teniendo en cuenta que en latín capa se dice *cappa*, no es extraño que a cada trocito lo llamaran *cappella* (es decir, 'capita'), palabra que pasó directamente al español como *capilla*, para designar también a esos lugares donde se veneraba la reliquia, en un fenómeno de metonimia (llamar al continente por el contenido como, por ejemplo, «el cocido es un *plato* muy típico»).

capitán Con el valor de 'principal, primero', etc., que ya tenía la palabra latina *caput*, 'cabeza', recibimos en español muchas voces que, como la que nos ocupa, guardan en su interior dicha connotación. Así, ya en latín tardío encontramos este origen en *capitanus*, procedente del latín clásico *capitaneus*, que no era sino un adjetivo con ese mismo valor de 'principal, capital'. Palabras como *cabildo*, → *cabo* (militar, geográfico, o de cuerda), *capataz, caperuza, capital, capitel, capitolio, capítulo*, → *capicúa* o → *caudillo*, o incluso voces como → *bíceps*, → *jefe*, → *municipio*, → *príncipe*, o → *tríceps*, etc., conservan esa significación.

carácter A ese conjunto de cualidades que distinguen a una persona o a una cosa de las demás lo llamamos con una palabra que procede del latín *character*, pero con un significado que nos anuncia ya su verdadero origen, situado en el griego. En nuestra lengua madre, *character* significaba no sólo 'carácter, cualidad distintiva, marca, señal', sino también 'instrumento para marcar reses'. En efecto, este valor tan gráfico y tan poco psicológico, procede del griego *jaraktér*, donde significaba 'hierro para grabar, grabador, marca señal', tomado del verbo *jarássein* 'grabar, hendir, hacer surcos, etc.' Así pues, cuando alguien tenga un «carácter muy marcado», podremos recordar que tiempo atrás también eso se diría del animal que recibiera con más fuerza el hierro incandescente de su propietario.

carajo Palabra con orígenes oscuros, es vieja compañera de nuestro idioma desde hace más de seiscientos años, aunque algunos aseguran que, bajo otras formas, ya consta como apodo poco honroso en un documento del siglo XIII, con lo que su pertenencia a nuestra lengua tiene más carta de naturaleza que otras muchas voces, quizá más pudibundas, y que no han necesitado recurrir a eufemismos, ridículos en muchos casos, como *canejo*, *caramba* o *caracoles*, etc.

Pues bien, esta forma de designar el órgano sexual masculino puede tener su origen en la palabra del catalán *quer*, que significa 'peñasco', que habría producido un aumentativo como *querall* o *carall*, de donde en español tendríamos *carajo*, en gallego *carallo*, y en portugués *caralho*. Parece lógico pensar que esta expresión tuvo que nacer como habla propia de la marginalidad, como ocurre actualmente con hablas jergales como el *cheli*, por ejemplo, o, sin ir más lejos, con el habla coloquial española que llama *olla* o *tarro* a la cabeza, o *piños* a los dientes. Bastaba con que una roca o un peñasco tuvieran forma alargada («fálica» para ser más exactos) para que sirviera como referente de una parte del cuerpo humano, similar en la forma y, quizá, en la dureza. El resto es fácil.

No falta, no obstante, quien afirma que *carajo* era el nombre de una tribu india de Brasil, hipótesis cimentada por la idea de que la terminación *-ajo* no es realmente española sino criolla, y por un documento en el que se habla de una misa en una isla desierta de Brasil celebrada en 1500, y en el que podemos leer: «[...] a empezó a impartir a las masas indias —los tiples, los caribes, los borrosos, los *carajos* y otras tribus— los elementos de la doctrina cristiana[...]». Lo que se ignora es si dicha tribu estaba o no especialmente caracterizada por el atributo que nos ocupa.

Pero hay más. Algunos hacen derivar la palabra del latín vulgar **characulu(m)*, 'palo pequeño', diminutivo de **charax*, a su vez procedente del griego *járax, -akos*, que significa 'palo, rodrigón'. En la misma línea, otros autores aseguran que la palabra procede del verbo latino *carere*, es decir, 'cardar lana', quizá por el movimiento de vaivén que recuerda el acto sexual, metonimia funcional del *carajo*, habida cuenta de que en catalán coloquial, por ejemplo, *cardar* significa también 'copular'.

cárdigan Es más que posible que el séptimo conde de Cardigan, el británico Mr. James Thomas Brudenell, oficial de caballería que vivió entre los años 1797 y 1868, quisiera pasar a la posteridad por sus éxitos militares, y no por haber prestado su apellido al nombre de una chaqueta deportiva de punto, con escote en pico y generalmente sin cuello, como así ocurrió.

Lo cierto es que existe constancia de su presencia activa en la Guerra de Crimea, y que, más exactamente, destacó sobremanera en la famosa batalla de Balaclava, desarrollada el 25 de octubre de 1854, y popularizada por la no menos conocida película de Michael Curtiz titulada en España *La carga de la*

Brigada Ligera, de 1936. Como en otros muchos casos, un hombre presta su nombre a una cosa y así hoy le debemos a este conde que implantara entre sus hombres la moda y la necesidad, de inapreciable ayuda en las bajísimas temperaturas del invierno de Crimea, de llevar siempre una chaqueta de excelente lana inglesa a la que acabó regalando, involuntariamente, su nombre, quizá con la ayuda de algún comerciante avispado que quisiera aprovechar la fama del oficial. → *pamela, pantalón, peluca* y *rebeca.*

caricatura Un dibujo o una descripción en la que se deforman a propósito los rasgos, exagerando determinados aspectos o partes recibe el nombre de *caricatura,* voz que debemos, como otras muchísimas del mundo de las artes, al italiano, y que entró en nuestro idioma en un tiempo muy tardío, sólo a principios del siglo pasado.

La voz que dio origen a la nuestra es la palabra —de igual forma— *caricatura,* creada a partir del verbo *caricare,* que procedía del verbo latino *carricare,* cuyo significado no era otro que el de 'cargar, recargar, exagerar'. Como ocurre actualmente con el adjetivo *recargado,* cuando hoy hablamos de un cuadro, una escena, un texto, etc., ya entonces se aplicaba al dibujo que, como decimos, exagerara los trazos con fines burlescos o pretendidamente artísticos.

Carmen Uno de los nombres más hermosos de mujer es, posiblemente, el de Carmen, tomado de la advocación mariana de Nuestra Señora del Carmen, es decir, Nuestra Señora del Monte Carmelo, en la Baja Galilea (Israel). Parece claro que esta advocación toma su nombre del hebreo *karm-El*, que significa la 'viña *(kerem)* de Dios', o, más genéricamente, 'jardín', uno de los parajes más fértiles de Palestina, según nos informa la propia Biblia en diferentes pasajes. De la antigüedad de la voz encontramos pruebas fehacientes, como comprobar que ya en latín medieval se encuentra, por ejemplo, la voz *carmelita*, tomada de *Carmel*, el nombre del citado Monte, donde se fundó esa orden católica hacia 1155. En 1220 se erigió allí una capilla en honor de la Virgen y muy pronto se empezó a llamar a los monjes con el nombre latino de *Fratres Ordinis Beatissimae Virginis Mariae de Monte Carmeli.* Cabe decir que la forma *carmen* parece deberse a la atracción de la palabra latina *carmen* 'canto, poema' y tal vez del *carmen* de los árabes, palabra que, con el significado de 'quinta con huerto, jardín', se mantiene en la actualidad en Granada con extendidísimo uso apelativo.

carnaval Las populares y tradicionales fiestas, muchas veces prohibidas, anteriores al ayuno de la Cuaresma toman su nombre del italiano *carnevale*, a partir de una forma *carnelevare*, es decir, *carne* y *levare*, 'quitar, eliminar la carne', entendiéndose ésta tanto por el alimento como por los placeres sexuales, dado que ambos son los significados que la palabra ya tenía en latín. Esta etimología parece coherente con la calificación que el propio papa san Gregorio I Magno (540-604) hizo del domingo anterior a la Cuaresma al llamarlo *dominica ad carnes levandas*, con el significado citado. La posibilidad de que se trate, sin embargo, de la expresión *carne vale*, es decir, 'carne, adiós', es remota y no parece sustentarse científicamente.

No obstante, y a modo de posibilidad, algunos autores sostienen que la palabra procede en realidad del latín *currus navalis*, es decir, 'carro naval', tomado de la costumbre romana de celebrar fingidas batallas navales, fiestas en las que hombres y mujeres cantaban y bailaban casi desnudos en las cubiertas de los barcos, en una especie de orgía pública de exultación por la llegada de la primavera.

Las otras denominaciones anteriores a carnaval existentes en España, como carnal o *carnestolendas* (*tollere* significa 'quitar' en latín), fueron poco a poco sustituidas por la forma italiana debido a la influencia de las fiestas venecianas, cuya fama invadió pronto toda Europa.

carné Reducido en la actualidad a una tarjeta de identidad, el *carné* tuvo hace algún tiempo el valor de 'cuadernillo, libreta, tarjeta para anotar', lo que el *Diccionario* académico define como 'librito de apuntaciones', como se mantiene en la expresión *carné de baile*, que era la libretita que guardaban las damas en las fiestas para anotar los nombres de los sucesivos compañeros de baile.

Fue de este añejo valor, precisamente, de donde vendría el origen de la palabra, debida al francés *carnet*, término de vieja raigambre en ese idioma desde hace más de cinco siglos, y que tenía el valor de 'cuaderno', a través de las antiguas formas *caern* o *quaer*, adaptación al idioma de la palabra latina *quaternio*, que significaba 'grupo de cuatro hojas', y que, por vía directa, es el origen de nuestro *cuaderno*.

casa Es reconfortante saber que el nombre más habitual para referirnos al lugar donde se desarrolla nuestra vida, por muy lujoso, palaciego y moderno que sea aquél, procede de la palabra latina *casa(m)*, palabra usada en latín para hablar de humildes 'choza, cabaña, casucha o barracón'.

Sin embargo, y una vez afincada la palabra en español, comenzó a crecer y a llenarse de significados, quizá como una suerte de compensación. Así, no sólo llamamos casa al → 'hogar', que puede referirse sólo a un piso, sino también, por extensión, a un conjunto de esos pisos, es decir, un 'edificio de viviendas', y a una casa aislada, como puede ser un → *chalé* moderno o una rústica *casa de campo.*

Pero no se para ahí el proceso de enriquecimiento de la *casa,* porque, como una consecuencia de los entrañables negocios familiares, que no distinguían muy bien lo puramente doméstico de lo industrial, la voz también comenzó a significar 'negocio', y no es difícil encontrar expresiones como «en esta *casa* los precios son precios netos» (rótulo de una pastelería), o «este plato es una especialidad de la *casa»,* y hasta «los postres son *caseros»,* estas dos últimas muy habituales en restaurantes que mantienen la idea de una cocina que tanto servía para alimentar a la familia como a los clientes.

Por la misma tendencia amplificadora, también decimos en español «la *Casa* Dior», y se usan expresiones como «pedir un recambio [del coche, de una máquina] a la *casa»,* con el valor de 'fábrica principal', valor que se mantiene entre algunas órdenes religiosas cuando hablan de «la *casa madre»* (→ *matriz),* sin olvidarnos de «la *Casa* de Dios».

Por último, se afirma que el verbo *casarse* procede también de la misma palabra *casa,* por un sentido original de 'poner *casa* aparte', idea que recordaría el refrán de «el casado *casa* quiere».

cátedra Aquel antiguo asiento elevado desde donde el maestro daba la lección a los discípulos, quienes, por cierto, no siempre podían sentarse, y que ahora significa el grado más alto para un profesor, toma su origen del latín vulgar *cathégra*, una variante del latín *cathédra*, que ya entonces no sólo significaba 'silla', sino también 'nalga', hasta el punto que llegó a significar 'cadera' (→ *cadera*) por aproximación de las cosas a que hacía referencia. Esta voz latina desciende, por vía directa, del griego *kathédra*, que reunía los significados de 'asiento' y de 'trasero', ya existentes en la voz *hédra*, el 'asiento'. Como parece obvio, este mismo origen es el del cultismo religioso → *catedral*.

A modo de observación, recordemos que *cathédra* es el origen de la palabra «silla» en idiomas como el catalán (*cadira*), gallego (*cadeira*, más bien 'sillón'), vasco (*kadera, katadera*), portugués (*cadeira*), inglés (*chair*), francés (*chaire* y *chaise*) o en algunos dialectos vénetos (*carega*).

catedral El adjetivo del latín tardío *cathedralis* se aplicaba a la iglesia que, con rango superior, guardaba en su interior la *cátedra* o trono del obispo, y así se mantiene en la denominación oficial de este tipo de templos: Santa Iglesia Basílica Catedral, donde se mantiene la función de adjetivo de las palabras *santa*, → *basílica* y, como decimos, *catedral*. La sustantivación posterior es sólo fruto de una elipsis de «la (iglesia) catedral».

Como ocurre con las palabras → *cátedra* y → *cadera*, *catedral* procede del latín vulgar *cathégra*, una variante del latín *cathédra*, la 'silla' (entre otros significados), tomado del griego *kathédra*, 'el asiento, la sede'.

caudillo Se llamaba así —cargos honoríficos y políticos aparte— a quien dirigía o mandaba a un grupo de gente, normalmente armada aunque no necesariamente formando ejército (→ *duque*). Y, como sucede con palabras tan semánticamente próximas como → *cabo*, → *capitán* o *cabecilla*, procede del latín *caput*, que no significa otra cosa que, precisamente, 'cabeza, parte principal o sobresaliente de algo', a través de una forma intermedia del latín tardío *capitellu(m)*, con ese mismo y preciso significado de 'cabecilla', y que, siguiendo otras vías, llegó también a convertirse en el español *capitel*, es decir, la 'cabeza de una columna'.

Por calco semántico, el vasco utiliza la palabra *buruzagi*, derivado de *buru*, que significa, literalmente, 'cabeza', y que es el origen de la familiar expresión *caerse de bruces*, es decir, 'caerse de cabeza'.

cencerro No le llegó al cencerro la nobleza de la → *campana* (nadie acusa a otro de «estar como una campana» pero sí de «estar como un cencerro»), si bien, aunque no usado para fines tan elevados, el cencerro se hace imprescindible en labores como el pastoreo o la ganadería como auténtico precursor de las alarmas antirrobo o de los sensores de movimiento, aunque con mecanismos bastante menos complicados que los de aquéllos.

No está muy claro el origen de esta palabra, y, como tendencia general, se atribuye al antiguo vasco *zinzerri* (hoy, *zintzarri*), como podrían demostrarlo la presencia de las palabras vascas actuales *zintxa*, 'campanita' o *zintz*, 'onomatopeya del ruido de sonarse la nariz'.

centeno Esta planta, la *Secale cereale* en su denominación culta, es realmente modelo de adaptación al medio y de fertilidad, no sólo porque sea un cereal que puede crecer en los terrenos más pobres y fríos, sino porque incluso en estas circunstancias, es capaz de producir abundantemente con una semilla mínima. Y de esta característica recibe el *centeno* su nombre, porque procede de la palabra hispanolatina *centenu(m)*, que se lo debe a *centeni*, lo cual no significa otra cosa que 'de ciento [en ciento]', porque se pensaba que, dada su capacidad productiva, de cada grano sembrado se obtenían cien, es decir, una *centena*.

cereal Sustitutivos modernos de las tradicionales magdalenas, los bizcochos o el pan migado, los cereales han transformado los desayunos de muchos españoles que no han querido perder el tren de este nuevo hábito alimentario y los hace estar más en la onda que nunca. Y, sin embargo, se mantiene el aforismo de que nada hay más moderno que lo clásico, al menos etimológicamente hablando, pues no podemos evitar que sea la diosa romana *Ceres*, diosa de la agricultura, del crecimiento, de la Naturaleza, la que produjera el adjetivo latino *cerealis*, con el valor de 'propio de la diosa Ceres' y 'propio del grano, del pan, de las mieses', origen inmediato de nuestra palabra.

cerveza Todos los historiadores están de acuerdo en afirmar que los orígenes de la cerveza se pierden en lo que se llama «la noche de los tiempos», entre Historia y leyenda. Así, se dice que los egipcios la hacían nacer de un capricho de Osiris, y es revelador contemplar esa famosa pintura sobre piedra caliza, fechada hacia 1350 a. C., en la que se ve a un sirio de la guardia del faraón bebiendo cerveza (*zythum* para ellos) de una vasija usando una caña larga. Más atrás aún, parece que la primera mención se encuentra en unas tablas de arcilla escritas en lenguaje sumerio, cuya antigüedad se remonta a 4.000 años a. C.

Más próximo a nosotros, en la Europa medieval, serían los monjes quienes se erigieran en artífices de las mejores cervezas (las llamadas *cerevisiae monacorum)*, como se mantiene todavía en muchos países europeos, como en Bélgica, por ejemplo, donde existen las llamadas «cervezas de abadía», consideradas de las de mejor calidad.

Admitida su antigüedad, también se acepta que ya en español antiguo existía *cervesa*, procedente del latín *cervesia* o *cerevisia*, casi con total seguridad de origen galo, y quizá de la misma familia del irlandés antiguo *cuirm* ('cerveza') o el galés *cwrw* ('cerveza'), si bien ya san Isidoro de Sevilla la relacionaba con el nombre de la diosa Ceres, de donde procede, por ejemplo, la voz → *cereal*. Sin embargo, y curiosamente, nuestros vecinos franceses optaron por el uso de *bière* (antes habían utilizado *cervoise*, del mismo origen que nuestra palabra), los italianos prefirieron *birra*, y los ingleses, *beer*, derivadas, según algunos, del neerlandés *bier*, o, según otros, directamente del latín *bibere*, 'beber'.

Digamos por último que el nombre de esta bebida en vasco es *garagardo*, de *garagar*, 'cebada' y *ardo* 'vino', en una denominación claramente descriptiva.

cesárea El nombre de la cada vez más frecuente operación toco-ginecológica de abrir el abdomen y útero de la madre para sacarle el feto nace del latín medieval *cæsarea*, con el mismo valor actual, que deriva del latín clásico *cæsarea*, adjetivo femenino de *cæsarus*, 'de César', debido todo a la fusión de dos leyendas no comprobadas. Según la primera, Julio César habría nacido mediante esta operación y habría recibido ese sobrenombre por haber venido al mundo *a cæso matris utere*, es decir, 'del útero cortado de [su] madre', dado que *cæso* es el ablativo de *cæsus*, participio del verbo *cædere*, 'cortar'. Sin embargo, la Historia —no la leyenda— nos dice que esta intervención sólo podía practicarse legalmente cuando la madre hubiera muerto o estuviera moribunda antes del parto: por el propio César (nacido en 100 a. C.) sabemos que su madre vivía todavía en la época de la Guerra de las Galias, es decir, entre los años 58 y 49 a. C., lo cual dificulta seriamente la hipótesis.

La otra leyenda afirma que no fue Julio César sino un antepasado suyo (cuya madre sí habría muerto antes del alumbramiento) quien recibiera ese nombre, que llegó a convertirse en el apellido de la familia *juliana*. Así, si esto fuera verdad, César habría nacido de forma natural pero debería su nombre a la *cesárea*, aunque sólo fuera de una manera indirecta.

chabacano Lo que entendemos normalmente por 'grosero, sin gracia y, por supuesto, de mal gusto' recibe el nombre de *chabacano*, que, además de significar esto y 'albaricoque' en Méjico, se usa para referirse a la 'lengua hablada en Mindanao y otras lenguas filipinas, mezcla de español, inglés y dialectos indígenas', como fruto híbrido esperable después de la especial historia vivida por aquel país que debe su nombre de → *Filipinas*, a un rey español.

Del origen de la palabra debemos decir que hay pocas seguridades, y algunos autores la relacionan con la palabra *chavo*, que es una deformación de la voz *ochavo*, es decir, 'cosa de poco valor', a partir del significado de 'moneda de cobre de poco valor que valía un octavo de onza'. Según esto, *chavo* tenía un valor general de 'cosa de poco precio, ruin', sentido que se ha aplicado con mucha frecuencia a las 'frutas de aspecto poco apetecible o de especies inferiores a las normales', quizá por la expresión 'fruta de a *ochavo*', la más barata y peor. Por otra parte, ya en 1661, Covarrubias en su *Tesoro* define *chavacano* como 'hombre grosero, vulgar e impertinente', con lo que se confirma el valor negativo del término, extendido desde un valor general hasta las frutas de escasa calidad, el hombre grosero, y, como vimos, a la forma de hablar el español en la antigua colonia.

A este respecto, y a pesar del siglo transcurrido desde la consecución de su independencia, el *chabacano* es mayoritariamente español, en un grado que llega hasta a un setenta por ciento, al que hay que añadir el treinta por ciento restante de mezcla de tagalo, los dialectos y el inglés, como puede verse en este texto, transcrito por el periodista español contemporáneo Manu Leguineche: «Te pregunta ti Juan, si tiene tu posporo, luz, pogon, cigarillo. Ya lliga tu na casa, después tire tu calenta agua para templa cafe. Luego ya el answer ('respuesta', en inglés).»

Quizá sea bueno recordar que nuestra lengua aún se emplea para un buen número de actividades cotidianas, que van desde contar, nombrar los días, los meses o las profesiones, hasta comer, construir y amueblar una casa, saludarse, decir la hora e incluso palabras altisonantes. Además, y no sólo de una forma activa, el español se mantiene, a pesar de la distancia geográfica y temporal, en dos aspectos que se conservan y transmiten sin apenas contaminación: por un lado, los nombres (entre los que destaca el de *Juan*) y los apellidos (*Marcos* y *Ramos* han sido los de los dos últimos presidentes), a veces tan expresivos como *Jarabe*, *Boquerón* o *Dineros*, y, por otro, los topónimos de muchos pueblos y ciudades que se llaman *León*, *Valencia*, *Getafe*, *Toledo* o *Madrid*.

Por último, y como algo quizá menos visible, se considera que en un país con 87 dialectos e idiomas, muchas palabras españolas comunes son utilizadas como vehículo de traducción entre ellos, lo cual no debe extrañar si tenemos en cuenta que las primeras gramáticas de los dialectos autóctonos fueron escritas por españoles.

Fuera de lo puramente lingüístico, y a modo de curiosidad, digamos que todavía en Filipinas se bailan jotas, que se ejecutan con castañuelas de bambú, y se cantan zarzuelas siempre acompañadas por una rondalla, como formas de una cultura popular que celebra las fiestas de la Virgen de la Peña de Francia, de Guadalupe y del Pilar, en el único país mayoritariamente católico de Asia.

chalé Todavía rodeado de cierta idea de 'casa de lujo en el campo', recibimos la voz *chalé* del francés *chalet*, aunque hay que decir que se trata de una modalidad específica del francés, la que se habla en Suiza, pues de allí parece haber surgido la palabra.

Se acepta como indudable que fue el pensador francés Jean-Jacques Rousseau (1712-1778), nacido precisamente en Ginebra, ciudad suiza francófona, quien utilizara por primera vez en la literatura esta palabra en 1723, aunque hay diversidad de opiniones sobre el origen exacto. Algunos afirman que se trata de la voz franco-suiza *cala*, es decir, 'cueva, refugio en la montaña', que era el valor original.

Por otra parte, otras teorías hablan de la forma *chasel*, es decir, 'granja', a partir de *casale* (voz existente en italiano con el significado de 'grupo de casas rurales'), formado sobre la voz latina *casa*, 'choza, cabaña', lo cual no parece estar carente de lógica.

chaleco Llevado y traído por modas, más o menos serio, de este o de aquel tejido, la referencia al *chaleco* lleva entre nosotros tanto tiempo como la primera edición de *El Quijote* (1605), y parece que, bajo la forma *gileco*, más etimológica que la actual, es allí donde aparece por primera vez escrito, aunque en forma de diminutivo: «acordamos que el renegado se desnudase las ropas del turco y se vistiese un *gilecuelco* o casaca de cautivo que uno de nosotros le dio luego, aunque se quedó en camisa» (capítulo XLI).

En efecto, esta palabra procede del turco *ielék* (compárese con el francés actual *gilet,* tomado de una antigua forma española *jileco),* si bien llegó a nosotros a través del árabe *yalíka,* con el significado de 'casaca del prisionero'. Como ocurre con otras prendas o modas, esta palabra antiguamente podría referirse también a otra prenda, en este caso más larga y con mangas cortas hasta los codos, más parecida a lo que por aquí llamábamos *casaca.* Sin embargo, y aunque lo cierto es que tuvo que pasar bastante tiempo hasta que, en la segunda mitad del siglo XVIII, se fijaran la forma y hechuras con que ahora lo conocemos, parece que la palabra de entonces no varió y se aplicó a una prenda nueva.

champú Parte fundamental de la higiene más visible, el lavado del cabello ha sido una constante en la Historia de la Civilización desde sus orígenes, si bien la palabra no tiene en las lenguas occidentales más que cien años de existencia.

Debemos la palabra al inglés *shampoo,* nombre que procedía del verbo *to shampoo,* con un valor primitivo que se relaciona directamente con la acción de lavar la cabeza. Lo que ese verbo significaba era '*masajear,* aplicar un masaje', valor copiado de la lengua de donde procedía, que fue el hindi —uno de los idiomas oficiales de la India— donde existía la voz *shampo*, con el mismo significado de 'masaje', y que sería el imperativo del verbo *shampna*, 'apretar, sobar, masajear', lo que hizo que, por extensión, se llamara así al jugo jabonoso de la corteza del árbol quillay, que era utilizado para el lavado del cabello. La unión de ambos significados se extendió a través del inglés y sustituyó en cada lengua a cualquier palabra anterior que hubiera significado lo mismo.

chándal Pocas prendas de vestir han experimentado un cambio tan brusco e inesperado como el popular *chándal*, auténtico uniforme de las generaciones presentes y venideras, que equipara e iguala (precios, diseños y marcas aparte) al deportista con el dominguero y al jubilado con el ejecutivo. Porque esta ropa que nos llegó como algo exclusivo de deportistas de elite, traía, en los inicios de su popularización, el germen de una transformación inesperada. Debemos al francés (casi no haría falta decirlo) el nombre de esta palabra que toma su origen, por extraño que parezca, de la palabra *chandail*, abreviatura popular de dos palabras unidas: *[mar]chand* y *d'ail*, o lo que es lo mismo, 'vendedor de ajo[s]', y, genéricamente, 'verdulero, frutero', en alusión a su atuendo. Así pues, puede ser curioso recordar el origen humilde de la prenda, especialmente ante algunos modelos muy alejados de esta procedencia.

chao Esa forma tan habitual y familiar de despedida no tuvo un origen tan familiar, sino más bien feudal, porque hacía referencia más a fuertes distinciones sociales que a relaciones de igual a igual.

No parece haber duda de que *chao* (o *chau*) entrara en español a través de Argentina, país donde la palabra se hizo muy popular por la considerable presencia de italianos, dado que es precisamente de su idioma de donde nos llegó la forma *ciao,* que tanto significa 'adiós' como 'hola' (como ocurre con *aloha!* en hawaiano), usado primeramente en la Italia del Norte, y procedente del veneciano *ciao,* con los mismos significados que en italiano. Y es aquí donde encontramos el auténtico origen, porque la voz procede de una anterior *sciao* o *sciavo,* forma dialectal del italiano *schiavo,* lo cual se parece ya mucho a su primer valor.

En efecto, *sciavo* significaba 'esclavo' (del latín medieval *sclavus),* pero se usaba —quizá bajo la forma *s-siàvo*, 'su esclavo'— como una muy respetuosa expresión de despedida o como saludo, en oraciones semejantes a otras en muchas lenguas próximas (→ *esclavo*). Así, sin ir más lejos, todavía se usan en español fórmulas de respeto como «*servidor* de usted», o «su seguro *servidor*», mientras en portugués, por ejemplo, se dice: «Disponha de este seu *criado»*, con el mismo sentido que la expresión francesa, ya anticuada, de «Je suis votre *serviteur»*, o que la antigua fórmula de despedida inglesa «I have the honour to be, Sir, your obedient *servant»*, con lo que parece que no hay duda de este uso.

chapata Después de una época de absoluta simpleza con tintes casi de posguerra en lo que se refiere a las formas de comer el pan, parece que, influidos por la presencia de modalidades integrales y otras muchas, estamos asistiendo a una eclosión panificadora que nos ha traído nuevas posibilidades para consumir el llamado «primer alimento».

Reconocemos entre estas nuevas formas las de la → *baguette* y la *chapata,* un italianismo reciente que todavía produce dudas ortográficas entre los panaderos, pero que se ha hecho muy popular. Según parece, el origen de esta palabra está en *ciabatta,* que (aunque habría dado un esperable **chabata)* se convirtió en la forma que conocemos, no sin antes abandonar su significado original, que no era otro que el de 'zapatilla de estar en casa, chancleta', lo que sirvió para denominar, por ejemplo, esos enormes zapatos que usan los payasos. De esa forma aplastada de los clásicos y entrañables *zapatos* tenemos hoy la *chapata,* palabra con la que, bien mirado, mantiene un innegable parecido también en cuanto al sonido. → *sabotaje.*

chaqueta Si la teoría es cierta, debemos el nombre de una de las prendas más comunes de nuestro vestuario a los campesinos franceses del siglo XVI, llamados *jacques* por el nombre propio Jacques, 'Santiago', del latín eclesiástico *Jacobus,* quizá por la abundancia de este nombre entre ellos, fenómeno similar al del español con la denominación despectiva de *maruja,* forma familiar de → *María.*

Al parecer, estos campesinos y criados usaban con bastante frecuencia una prenda que recibía, por esto, el nombre de *jaque* o *jaquette,* y que pasó al español con la forma conocida actual (y al inglés, por ejemplo, bajo la forma *jacket),* lo cual parece estar directamente relacionado con el hecho de que en la lengua de los maleantes de los siglos XVI y XVII, llamada *germanía,* la voz *jaque* tenía el valor negativo de 'matón, pendenciero', quizá también por usar la misma prenda, o por analogía con los significados antes mencionados.

cheque No es posible encontrar, para algo tan internacional como el dinero —aunque, como en este caso, sea en forma de documento—, una única etimología que satisfaga plenamente la necesidad de conocer la historia real de esta voz.

Las teorías más sencillas apuntan hacia el inglés como única lengua origen de esta palabra, dado que desde el siglo XVII ya aparece la palabra *check* con el valor de 'comprobar o comprobación', significado que habría producido el que ahora nos ocupa: la acción de comprobar el documento bancario pudo perfectamente transferir su valor al propio documento, especialmente por el hecho de que el originario *cheque* podría hacer referencia a lo que ahora se llama → *matriz*, es decir, esa parte del cheque que no se entrega y que sirve, precisamente, para comprobar y guardar memoria de lo entregado.

A este respecto, y sin ir más lejos ni salirnos del ámbito financiero, en español encontramos que un verbo *(pagar)* en futuro (muy propio para un compromiso), creó el documento (el *pagaré*). Así, un *cheque* sería un documento bancario que, de una u otra forma, ha sido *comprobado*, dándole carácter de válido (y, por tanto, convertible en dinero).

Pero existe la teoría de que *cheque* puede proceder del turco *chek*, tomado anteriormente del árabe *shakk*, palabra con la que en Egipto se llamaba a una letra de cambio o, precisamente, a un cheque.

Otras hipótesis apuntan a la posibilidad de una palabra inglesa *chek* derivada del francés antiguo *eschec, eschac*, que en francés actual produjo *échec*, 'ajedrez, jaque', del árabe y del persa *shah*, 'rey, jaque'. La relación semántica estaría en la gradación del valor de comprobación-control-dominio-poder. Pero es sólo una hipótesis. → *ajedrez, jaque*.

chicle Con múltiples sabores y virtudes odontológicas, los *chicles* han conocido un auge ciertamente espectacular, debido al cambio experimentado por la sociedad española relativo a sus hábitos gastronómicos y laborales, que obligan a muchas personas a comer fuera de casa, con la consiguiente dificultad para seguir una higiene bucal adecuada. Ante esta situación, se ha producido un incremento en la venta de este producto, que el *Diccionario* de la Academia define como «masticatorio que se expende en forma de pastillas o bolitas aromatizadas», y que no es, ni mucho menos, nada moderno si observamos el origen de su nombre.

Procede la palabra *chicle* del nahua, lengua hablada en Méjico y en otras partes de Centroamérica, y en la que existía la voz *tzictli* o *txictli* (del verbo *tzic-*, 'estar pegado, detenido'), que en su origen se aplicó a la resina, de textura gomosa, de un árbol de esa zona llamado *chicozapote*, al que le hacían unas hendiduras para obtener el auténtico y primer *chicle*, dado que ya entonces se masticaba como hoy hacemos con los de clorofila, fresa ácida o regaliz y menta, aunque es conveniente aclarar que lo que ahora mascamos y saboreamos no proviene de un árbol, sino que suele estar hecho de parafina —un derivado más del petróleo—, debidamente aromatizada, coloreada y empaquetada.

chico Tanto el adjetivo con valor de 'pequeño' como el nombre, con el de 'niño, joven', proceden de la palabra griega *kíkkos*, calcada directamente al latín *ciccu(m)* que, si bien en la forma mantiene un considerable parecido, en el significado no tanto. Esta palabra tenía el significado preciso de 'membrana que separa los granos de la granada'. En efecto, esa piel blanquecina o amarillenta que envuelve y separa esos granos recibía dicho nombre, y pronto transfirió el valor de 'poca cosa, cosa sin importancia', hasta el punto de que ya en latín la expresión *ciccum non interduim* significaba 'me importa un bledo/ un comino', valor que quizá esté íntimamente relacionado con el de 'grano, especialmente de maíz, de arroz o de uva' que tiene en italiano la palabra *chicco.*

Aplicado el valor de 'pequeño' al género humano, no es ilógico pensar que llegara a tener el significado que hoy le damos, aunque no está de más recordar de dónde viene.

chin-chin Quizá compartido en un cincuenta por ciento con la onomatopeya del cristal de una copa al chocar con el de otra, existe una hipótesis de etimología para explicar el origen de esa palabra que pronunciamos (quizá antes más que ahora) en el mismo momento del cristalino brindis.

La idea es que esta voz procede del inglés *chinchin*, que, a su vez, es la adaptación al inglés de la forma china pequinesa *ch'ing ch'ing*, variante del chino cantonés *ts'ing ts'ing*, que significaría 'por favor, por favor' y también es una educadísima expresión de invitación, muy propia de este pueblo, considerado uno de los más corteses del mundo. La repetición de la forma es un recurso intensificador, tan propio del lenguaje hablado. En la China actual *chin-chin* tiene todavía el valor de 'a tu/su salud', y su llegada desde tan lejos se la debemos a los marinos ingleses, que la hicieron muy popular entre ellos durante todo el siglo pasado, hasta que la Primera Guerra Mundial le dio la difusión universal de que ahora goza.

chip El universal nombre dado a un 'microprocesador', que designa una pieza de silicio (u otro material semiconductor) sobre la que se imprimen circuitos integrados usados en informática y electrónica, no puede deber su nombre más que al inglés *chip*, que es una antiquísima palabra del siglo XIV, época en la que significaba 'pieza pequeña y estrecha de cualquier material duro', que podía ser desde una piedrecita, hasta una astilla de madera, o un trozo de corteza de pan.

Este valor, que encontraremos a mitad de camino, con la invención de las patatas fritas cortadas en láminas muy finas y que forman parte de esa especie de plato típico inglés llamado *fish and chips* ('pescado —generalmente bacalao— y patatas fritas'), fue el que prevaleció cuando se usó el nombre de *chip* para usos informáticos, como si se quisiera recordar que está todo inventado.

chirona Muchos son los diccionarios de romanó caló, la lengua de los gitanos españoles, que recogen la voz *chirona* con el significado de 'cárcel', en un uso extendido entre todos los hablantes, quizá ahora sustituido por *trullo, banasto, trena, maco, grilo* u otros similares. Y lo cierto es que desde hace más de un siglo se usa con este significado, sin duda asentado y permanente, a diferencia de muchas voces de las hablas jergales o marginales que tienen una vida tan efímera que no llegan a ser conocidas sino por una minoría no representativa.

Pese a que se han querido encontrar difíciles etimologías para este gitanismo, todo parece indicar que se trata tan sólo de una popularización del nombre en catalán de la ciudad de Gerona, *Girona,* tristemente famosa por los asedios de principios del siglo pasado (en 1808 y 1809), verdaderas represalias de las tropas napoleónicas en castigo a los levantamientos de la ciudad contra el poder francés en la guerra de la Independencia. Por otra parte, parece posible que Gerona se hiciera famosa por albergar uno de los centros penitenciarios más frecuentados por los gitanos, prostitutas y otros detenidos en las calles, en virtud de la franquista «Ley de Vagos y Maleantes», de triste memoria.

Sin poder asegurarlo totalmente, no parece extraño que los gitanos catalanes o próximos a la zona identificaran en su lengua esa situación de asedio de Gerona con la situación de una cárcel, sin que pueda descartarse la posible conexión con la palabra *encerrona*, aunque sólo sea una hipótesis no demasiado descabellada.

chocolate El origen de esta palabra azteca está, si se nos permite el juego de palabras, algo espeso. Lo cierto es que no habría demasiado problema en encontrar su etimología, si bien es la evolución lo que causa más dificultades, a no ser que se acepte —tampoco sería tan extraño— una intervención radical de la lengua de los españoles de entonces para transformarla de tal forma que, como afirman algunos lingüistas, sigue siendo hoy percibida como palabra no genuina por los indios de Méjico.

Atendiendo a su origen, parece verosímil la idea de que la palabra proceda de dos raíces diferentes: por un lado, *pochótl,* es decir, 'bebida de ceiba', un árbol gigantesco con flores rojas que produce unos frutos también muy grandes y que contienen seis semillas envueltas en una especie de espuma que recuerda al algodón; por otro, *kakáwatl,* o sea, 'bebida de cacao', por la sencilla razón de que las primeras noticias que tenemos sobre este manjar indican que los antiguos mejicanos lo hacían con partes iguales de semilla de ceiba y de cacao. No sería nada extraño que la palabra proviniera de *pochó-kakáwa-atl,* o lo que es lo mismo, 'bebida de ceiba y cacao', simplificado por los españoles en algo que sonaría parecido a **chocahuatl* o **chocohuatl.*

Por otra parte, no se descarta tampoco la presencia del elemento *xococ,* del nahua o náhualt —el idioma hablado en México y otras zonas de Centroamérica—, que significa 'agrio', unido a la palabra *atl* 'agua, bebida', que podrían formar la voz **xocoatl* ('bebida agria'). Si a esto añadimos que no es difícil sospechar una alteración de la palabra por el nombre de otras bebidas mejicanas como *pocholatl,* 'bebida de maíz cocido', *chilatl,* 'bebida de chile', o *pinolatl,* 'bebida de pinole', quizá tengamos definida la historia de la palabra, aunque ciertamente oscura.

chófer Mucho ha cambiado el trabajo del chófer desde su origen hasta hoy, al menos en limpieza. Porque esta palabra no significaba más que 'calefactor, fogonero', algo fácil de suponer si tenemos presente cómo eran los vehículos en sus orígenes, bastante diferentes en casi todo a los de hoy, menos rudimentarios, menos peligrosos y con menos necesidades que los de entonces, que eran auténticas estufas de vapor que había que mantener con mimo y con cuidado. Y quien lo hacía, quien llevaba a cabo labores de *calefactor,* no era sino un *chauffeur*, derivado de *chauffer,* palabra francesa que procede directamente del latín popular *calefare,* es decir, *calefacere,* o sea, 'hacer, mantener el calor'.

A modo de refuerzo, digamos que actualmente en portugués existe con absoluta presencia de uso la palabra *motorista,* que no es el que conduce una moto, sino el 'conductor de un autobús', por ejemplo, como apelación a su dedicación también al motor, algo que, afortunadamente, muchos conductores de autobuses saben hacer perfectamente.

chovinismo Ese amor exagerado por las cosas del propio país frente a lo extranjero se llama con esta palabra de origen francés gracias a la actitud de un soldado al servicio de Napoleón. Al parecer, Nicholas Chauvin, natural de Rochefort, sentía veneración por Bonaparte y no le importó sufrir la amputación de tres dedos, una grave mutilación en la frente y nada menos que diecisiete heridas en combate, con tal de seguir luchando al lado de su general. Fue a raíz de la famosa representación, en 1831, de la obra de teatro de los hermanos Cogniard, titulada *La Cocarde tricolore. Épisode de la guerre d'Algérie,* que glosaba las acciones de este soldado, cuando su apellido se convirtió en *chauvinisme,* con ese valor de 'patrioterismo', valor que conservó en español adaptando mínimamente la palabra hasta la forma actual y oficial de *chovinismo,* recogida así por el *Diccionario* académico.

chulo Este ambivalente adjetivo que tanto sirve para hablar de algo bonito, como de alguien pretencioso o descarado o, como sustantivo, del explotador de prostitutas, es incapaz de poner de acuerdo a etimologistas, lingüistas y otros estudiosos, dado que le han buscado familia árabe, mozárabe, gitana, aimará, etc. Lo que parece claro es que se trata de un modelo de reducciones, diminutivos y acortamientos a partir de una etimología que, casi sin duda, podría estar en el latín. Reconstruyamos la historia de adelante atrás para ir viéndola mejor.

El primer paso que damos nos lleva al italiano donde encontramos la forma *ciullo*, ya en desuso, que significaba 'chico, niño'. Siguiendo un poco más, vemos que este *ciullo* no era sino un acortamiento de otra palabra italiana que los aficionados a la música conocen bien, pues da título a una ópera y un aria de Giacomo Puccini (1858-1924). La palabra es *fanciulla*, la ópera, *La fanciulla del West*, es decir, «La chica del Oeste», estrenada en 1910, y el aria, una de las más hermosas del *bel canto*, es «O soave fanciulla», de la ópera *La Bohème*. Avanzando un paso más, descubrimos que *fanciullo* (que en italiano actual es origen de palabras como *fanciullesco* o *fanciullezza*) es la forma del diminutivo de la voz *fante*, acortado —nuevamente— del latín → *infante*, es decir, 'niño'. Vemos, pues, que *infante* se redujo a *fante*, que derivó en *fanciullo*, que se acortó a *ciullo*, y que, por fin, llegó a nuestra lengua, adaptando la grafía a la pronunciación italiana.

Por lo que hace al proceso de modificación de sus significados, debe partirse del valor original de la palabra, que era el de 'joven, muchacho, chaval', y del hecho de que se desarrolló intensamente en la germanía (la jerga de los malhechores) y ambientes marginales del Siglo de Oro. A partir de aquí, la palabra empezó a producir dos significados diferentes: por un lado mantuvo el primitivo 'chico, joven' pero cada vez más relacionado con registros vulgares, hasta el punto de que la palabra se envileció, se cargó con valores negativos, hasta aproximarlo al de 'hombre que acompaña a las prostitutas', en un proceso que siguió hasta el valor de 'rufián, proxeneta' actual, lo que le valió la connotación conocida de 'desvergonzado, descarado'. → *rufián, proxeneta.* Por otro lado, el *chulo* iba generando, especialmente en sus trajes y hábitos, cierto valor de 'riqueza, novedad', de forma tal que, también entre la prostitución, eran trajes y enseres *chulos,* hasta llegar al valor de 'atractivo, llamativo', pero manteniéndose en contextos familiares y coloquiales.

Sin embargo, y para intentar exponer una visión lo más completa posible de la complicada historia de esta palabra, no podemos obviar las teorías que le otorgan un origen árabe, a través de la voz *chulapo,* 'muchacho', que antes se aplicaba tanto al gracioso, al pícaro, como al que asistía en el matadero para ayudar al encierro de las reses mayores, y al que en las corridas de toros ayudaba a los toreros y caballeros, si bien hay textos que demuestran cómo en tiempos anteriores esta palabra alcanzó el mismo significado de 'proxeneta' que ahora tiene. Así, don Francisco de Lugo y Dávila, escritor madrileño del siglo XVII, dice en su novela *De la hermanía,* imitación de la cervantina *Rinconete y Cortadillo:* «A este punto entraron la Marfusa y la Zaragozana, cada una con su *chulo,* su cesta y su bota», ante lo cual es necesario aclarar que ambas mujeres no eran sino dos famosas prostitutas.

Por último, se ha querido ver un origen gitano a la palabra en la forma *chuló,* 'gordo', pero tanto por su significado como por la escasa presencia de gitanismos en las hablas de germanía, no parece ser muy adecuada esa etimología.

chusma La forma que tenían los griegos para decir 'orden, voz de mando' era *kéleusma,* tomada del verbo *keléuo,* que significaba 'ordenar, mandar'. Pero, además, esta misma palabra se usaba también en las galeras para designar el 'ritmo con el que los jefes de los remeros marcaban la cadencia de la boga'. Con este valor pasó al latín vulgar *clusma,* que llegaría al italiano como *ciusma,* con el valor de 'conjunto de remeros' de las antiguas embarcaciones. Dada la extracción social habitual de dichos galeotes (muchos de ellos condenados a esa cadena perpetua), no parece difícil comprender el deslizamiento semántico, por generalización, a 'personas de bajo nivel' y, por último, a 'cualquier grupo de gente poco honrada o recomendable'.

cicerone Expertos en arte, historia, lengua, gastronomía y, en resumen, en la cultura de su país, o de una obra, o de lo que fuera necesario mostrar al visitante, los guías han recibido desde hace siglos el sobrenombre de *cicerones*, llegado al español directamente desde el italiano, en clarísima alusión al elocuente orador y político romano Marco Tulio *Cicerón* (106-43 a. C.). Fue famoso Cicerón por la perfección de sus discursos, puestos al servicio de la justicia, dado que llegó a ser abogado de causas públicas y políticas que en muy pocos años le dieron fama y riqueza, aunque también se ganó la enemistad de un sector de la vida pública romana, por lo que se retiró de ésta, circunstancia que aprovechó para escribir modélicos tratados sobre la elocuencia o la política, a los que hay que unir las ejemplares cartas *Ad Attico* y *Ad familiares*, dirigidas a su amigo Tito Pomponio Attico. → *dieta.*

cigarro Quizá pronto sólo visible en algún museo dedicado a la intolerancia, es posible que el *cigarro* deba su nombre a la palabra del maya —la lengua hablada en la región del Yucatán— *sik'ar* o *jiqar* que significaba 'fumar', formada a partir de *sik'* (o *si'c*, o *ciq*, incluso *jic)*, una raíz estrechamente relacionada con esta actividad, dado que podía significar tanto 'tabaco' como 'cigarro, puro' o 'pipa'. → *tabaco.*

A juzgar por los cronistas, es indudable el carácter sagrado que, en la citada región de Yucatán, poseía la acción de fumar, actividad que se practicaba de todas las maneras posibles, desde masticar las hojas del tabaco, hasta aspirarlo usando diferentes artilugios, o fumarlo desmenuzado y envuelto en canutos hecho de hojas de la planta del maíz, lo cual también recibía el genérico nombre de *sik'*, que, por contaminación con el propio verbo citado de *sikar*, daría origen a la palabra *cigarro*.

Pero esto es sólo una teoría, realmente verosímil, y únicamente rechazada por quienes consideran mucho más posible que *cigarro*, exactamente el *cigarro puro*, provenga, sin más, del nombre de uno de los animales más castigados por la literatura, la *cigarra*, por una mera y simple comparación formal con el cuerpo del insecto, ambos cilíndricos, ambos terminados en punta, y ambos de color oscuro. Ante la eventualidad de que esta idea sea cierta, la evolución no estaría completa sin reseñar que *cigarra* procede del latín *cicada(m)*, a través de una posible forma *cicara*, contaminada por una forma mozárabe *shiqâla*. Y no falta quien le concede también un origen anterior, griego, en la palabra *zeigará*, con el mismo significado.

Sea la primera o la segunda teoría la auténtica, lo que parece indudable es que la forma española *cigarro* fue la fuente de esta palabra en el resto de los idiomas europeos.

cínico Este tan negativo adjetivo de nuestra lengua es realmente un modelo de cambio semántico no demasiado frecuente. Pero veamos primero su origen y después hablemos de dicho cambio.

La palabra *cínico* es muy antigua en nuestra lengua (está documentada antes de finales del siglo XV) y procede del latín *cynicu(m)*, donde tenía dos significados: 'propio de los perros' y también 'de la escuela [filosófica] cínica'. Esta aparente disparidad de valores se explica perfectamente por el último de ellos. Ocurre que en la Grecia del siglo IV a. C., Diógenes, Hiparco y Antístenes (discípulo de Sócrates) fundaron una secta que defendía que la virtud era el supremo bien y el único modo de conseguir la felicidad, despreciando riquezas y honores. Esto, llevado al extremo, les hacía aparecer como personas que pretendían volver a la naturaleza, despreciando las convenciones sociales, la opinión pública y la moral admitidas comúnmente. De aquí sólo había un paso para que empezaran a ser considerados como hombres que expresaban sin contemplaciones ni miramientos sus sentimientos, las opiniones contrarias a la moral recibida, a las conveniencias morales. Es decir, que se manifestaban sin más decoro que el que tiene un perro cuando físicamente necesita manifestarse, haciendo gala de una ignorancia absoluta de las normas sociales: impúdicamente. Y de esta idea del perro recibieron el nombre en griego de *kynicós*, que es como se llama a este animal.

Pero retomando el principio de nuestro comentario, descubrimos que en español llamamos también *cínico* al que oculta sus ideas, al que simula que llora ante un problema que realmente no le afecta, al que rechaza en público lo que en privado defiende y practica, es decir, ha pasado a ser sinónimo de su antónimo *hipócrita*. Este fenómeno se aprecia en palabras como *enervar*, por ejemplo, que ha pasado de significar 'tranquilizar' (de *ex- nervare)*, a usarse hoy con el valor exactamente contrario, de 'poner nervioso, poner de los nervios'. La razón o razones no son siempre diáfanas y, como hipótesis, podríamos decir que en el caso de los *cínicos*, simplemente podría haber ocurrido que la sinceridad, la honradez son también convenciones sociales que ellos, como tales *cínicos*, tienen a gala no aceptar y actúan en consecuencia.

cla (clac, claque) Aunque la Academia sólo admite las formas *clac* y, especialmente, *claque*, no parece descabellado pensar que, dada la inusual existencia de una *-c* final y, por supuesto, la pronunciación mayoritaria de la palabra, antes o después la forma *cla* termine imponiéndose y hasta haciéndose oficial.

Problemas formales aparte, son muchos los que aseguran que el nombre de cualquier 'grupo de personas que asisten gratis a un espectáculo para aplaudir' procede del francés *claque*, si bien se debería a

Monsieur *Claque*, un personaje que aparecía en la obrita menor titulada *Molière ante el tribunal de Talía*, estrenada en París en 1782.

Sin embargo, hay otras teorías que, simplemente, defienden la posibilidad de una mera onomatopeya, es decir, una imitación del sonido que representa la palabra, tomada también del francés, pero del verbo *claquer*, que significa, sin más, 'aplaudir, hacer ruido', origen también del nombre del baile llamado *claqué*, y de la → *claqueta* cinematográfica. *Claquer* aparece ya registrado en francés nada menos que en 1508, bastante antes de la representación de la citada obra sobre Molière, lo cual dice mucho a favor de esta segunda teoría, aunque sea por una mera cuestión de tiempo.

Más allá de la etimología, en 1820 se establecía en París la primera empresa de *cla*, con una organización ciertamente modélica, dividida por especialidades que iban desde los «reidores» hasta las «lloronas», pasando por los «pedidores de bises», las «sollozantes» o los «señores que se suenan la nariz».

claqueta Se trata, sin duda, de uno de los símbolos del cine, y, aunque ahora se usan pantallas digitales, la *claqueta* tradicional consiste en una tablilla de madera, generalmente negra, en la que se anotan con tiza los datos de cada toma, y que se hace sonar contra otra tablilla, unida a la anterior, para anunciar el inicio del rodaje.

Debemos su nombre al francés, a la palabra *claquette,* con el mismo significado que en español, y que a su vez procede del verbo *claquer,* 'hacer ruido, sonar con fuerza, aplaudir' (→ *cla*), y de donde también tomó el nombre el baile conocido como *claqué.*

clan La peculiar forma de organización familiar de los pueblos escoceses recibía el nombre en idioma gaélico de *clann,* es decir, 'familia o estirpe escocesa' (→ *eslogan*), si bien se aplicó después a cualquier familia numerosa no necesariamente escocesa, y no es infrecuente utilizarlo para algún grupo de presión político, social o económico.

No son pocos los etimologistas, especialmente ingleses, que aseguran que la voz *clann* procede del antiguo irlandés *cland,* palabra que significaba también 'planta, retoño, tronco común', y que realmente se trataría de una deformación del latín *planta,* en el sentido de 'renuevo, retoño, vástago'.

clementina Esta modalidad de la → *mandarina* es una variedad híbrida entre las mandarinas tradicionales y naranjas agrias, hecho que se mantiene de forma diáfana en su nombre en italiano, donde se dice *mandarancio,* síntesis perfecta de *mandarina* y *arancio* ('naranja').

En lo que hace a su nombre en español, parece que se debe al francés *[orange] clementine,* '[naranja] clementina', llegado a ese idioma gracias al nombre de un fraile francés llamado *Clemente*, dedicado a las misiones en Argelia y que, en los primeros años del siglo XX, descubrió la planta en estado natural y más tarde la reprodujo mediante injertos en la misión de Misserghin, cerca de Orán.

clonar Uno de los avances más fantásticos de la «llamada ingeniería» genética que, sin perturbaciones hitlerianas, puede abrir la puerta de la esperanza a muchas enfermedades, ha encontrado en la *clonación* celular su expresión más espectacular y conocida, especialmente desde la *clonación* de la oveja *Dolly*, gracias a la manipulación de los genes.

Procede el verbo del nombre griego *klon*, palabra que significa 'brote, botón de una planta, yema', y se aplica a cada uno de los individuos de una misma raíz celular, y que son absolutamente iguales entre sí.

coche Por extraño que pueda parecer y pese a tratarse de una de las palabras de mayor frecuencia de uso en nuestro idioma (aunque compite con *carro* y *auto* en diferentes países de Hispanoamérica), esta palabra no proviene de ninguna lengua de las que podemos considerar habituales proveedoras de etimologías, sino que tenemos que desviarnos hasta el húngaro, la lengua magiar, idioma de difícil clasificación entre los demás. Todo apunta a que en los siglos XV-XVI empezó a hacerse muy popular la ciudad húngara de Kocs, situada a unos 70 km al Oeste de Budapest, entre Viena y Pest, y convertida en parada obligatoria en los viajes entre una capital y otra. En esta ciudad, por la circunstancia apuntada, comenzó a hacerse famoso un tipo de carruaje, especial por contar por primera vez con un sistema de suspensión, bastante más cómodo y agradecido por los viajeros, hasta el punto de que empezó a hablarse del *kocsi szekér,* o sea, del 'carruaje de Kocs', como del carruaje por excelencia. Ese *kosci* (pronunciado, más o menos, [kóschi]), pasó al alemán como *Kutsche,* al italiano como *cocchio,* o al francés y al español como *coche.* Digamos que la acción de 'dar un paseo en coche' se dice en serbocroata actual *kocsikázik,* lo cual confirmaría nuestra teoría.

cóctel Más usado ahora para hablar de una pequeña fiesta que precede o sustituye a un banquete más importante, el *cóctel* era, en principio, un combinado de licores y otras bebidas, muchas veces artesanal y realizado por un experto camarero que se guarda bien de desvelar el secreto de su composición.

Sobre el origen de la palabra, se cuenta que una camarera llamada Betsy Flanagan, que trabajaba en un pequeño bar de Nueva York, se hizo famosa por remover sus combinados usando una larga pluma de la cola de un gallo. Un día fue vista por un soldado francés, presente en aquel país con motivo de la Guerra de la Independencia norteamericana, y como le gustó tanto el combinado que le acababa de preparar la famosa camarera, exclamó, mezclando francés e inglés: 'Vive le *cock's tail!*', o, lo que es lo mismo, 'viva la cola del gallo', dado que es exactamente eso lo que significan en inglés las palabras *cock* ('gallo') y *tail* ('cola').

Sea o no verdad, la leyenda se ha mantenido desde entonces y no se ha podido encontrar otra explicación más convincente para la etimología del *cóctel.*

cojín Del mismo modo que ocurre con otras muchas palabras de muebles o prendas que, por un proceso de metonimia, toman su nombre de la parte del cuerpo con la que están en contacto (recuérdese: → *almohada, cuello* [de la camisa], *pata* [del pantalón], o, en sentido inverso, → *cadera,* por ejemplo), el *cojín,* esa almohada que solía usarse para sentarse más cómodamente en el suelo y que ahora adorna los sofás o los sillones, también recibe su nombre de la parte de la anatomía que soportaba, dado que procede del latín vulgar *coxinu(m),* derivado directamente de la palabra *coxa*, que no es sino 'anca, cadera', como se mantiene en el italiano *coscia,* 'anca, muslo', y en los neologismos médicos derivados de *coxa,* como *coxis* o *coccix, coccialgia, coxal, coxalgia, coxartrosis* o *coxitis,* cuyo origen primero se encuentra en el griego *kókkys,* 'la rabadilla'.

cojo La persona, animal o cosa que tiene algún defecto en sus piernas, patas o pies recibe este nombre, tomado del latín vulgar *coxu(m)*, que procede de la palabra *coxa*, es decir, 'anca, cadera', considerada esta la parte más importante de las piernas y el inevitable movimiento característico de la misma en cualquier tipo de cojera. Aunque el español estándar apenas mantiene ejemplos de esta raíz latina, sí los tiene en los neologismos médicos citados bajo la voz → *cojín*.

colonia No nos referimos aquí al territorio de un país ubicado en otro lugar, que debe su nombre al latín *colonia(m)*, a partir de la palabra *colonus*, 'granjero, campesino, colono'. El valor de *colonia* que nos ocupa es el del nombre del regalo femenino por excelencia, que tiene en la corbata su complementario masculino, y que es viejo compañero de la Humanidad, dado que se encuentran pruebas del uso de la *colonia* en infinidad de testimonios y restos literarios y arqueológicos, remontados al Paleolítico.

Centrados en el *agua de colonia* como perfume más moderno, se afirma que nació en Italia, en el siglo XVII, con el nombre de *Acqua Mirabilis*, es decir, 'agua milagrosa', dado que por entonces se consideraba poco menos que una poción mágica, de virtudes ciertamente apreciadas, debido, sin duda, a la presencia de plantas y esencias y al alcohol, empleados todavía hoy como febrífugos o como desecantes de la piel grasa, por ejemplo.

Al parecer, y por los constantes viajes de los mercaderes italianos, entre los que destacaba el barbero Giovanni Battista Farina (1685-1766), esta *Acqua Mirabilis,* llegó a la hermosa ciudad alemana de Köln, en español *Colonia.* Esta próspera ciudad, situada al Oeste del país, a orillas del Rin, y conocida también por su excepcional catedral gótica, ya era famosa entre los romanos por haber nacido allí la emperatriz Agripina la Menor (¿15?-59 d. C.), por lo que la ciudad recibió el nombre honorífico de *Colonia Agrippina* (o *Agrippinensis).* En la Edad Media el nombre de la ciudad se revitalizó por la leyenda de que entre sus muros se encontraban los sepulcros (o relicarios) de los Reyes Magos de Oriente, y posteriormente volvió a ser famosa por el hecho que nos ocupa, y que se debió a la invasión de la ciudad por las tropas francesas durante la llamada Guerra de los Siete Años (1741-1748).

Ciñéndonos a la historia de la palabra, aquella *Acqua Mirabilis* se convirtió en «el agua de Colonia», o, más exactamente, en *eau de Cologne,* dado que el barbero Farina y sus paisanos italianos encontraron en los soldados franceses a sus mejores clientes, que iniciaron la moda de regalarla, enviando a su país frascos del perfume, compuesto por una mezcla de alcohol, zumos de frutas y otros ingredientes, con lo que lo hicieron mundialmente famoso: como suele ocurrir, con la cosa viajaba el nombre y ambos corrieron la misma buena suerte.

Parece que la primera marca de esta *eau de Cologne* se llamaba *4711 Original Eau de Cologne* (elaborada por la casa Mülhens), nombre debido al número del portal de la calle donde se levantaba la fábrica que elaboraba el producto, mientras que la segunda más antigua se llamó *Eau de Cologne Impériale*, elaborada por la casa Guerlain para Eugenia de Montijo (1826-1920), la mujer española de Napoleón III, y emperatriz de Francia, lo que explica el nombre.

Con los cambios correspondientes (de envase y quizá de contenido), lo cierto es que ambas marcas siguen en el mercado, pioneras de una interminable sucesión de ellas, combinando entre sí los diferentes tipos de colonias que los expertos establecen según la cantidad de esencia o extracto de plantas que contengan: *eau de parfum*, *eau de toilette*, *eau fraîche* y la genuina *eau de cologne*, diferenciadas por ser aromas frescos y de menor permanencia que el auténtico → *perfume*.

compañero De vital importancia en cualquier actividad social, llamamos *compañero* a la persona que está con nosotros en trato de igualdad, de solidaridad, de cierta complicidad, preferiblemente *a las duras y a las maduras*. Y es *compañero* el que nos hace compañía, palabra tomada de una posible forma del latín vulgar *compania* con un significado realmente entrañable. Porque *compania* es un calco de la voz germánica, quizá gótica, *gahlaiba* compuesta por las palabras *ga-*, 'con', y *hlaifs*, 'pan', de forma tal que el significado de ambas palabras haga que compañero sea 'el que come el pan con otro', algo realmente significativo en la relación de dos personas.

Recuérdese que, a este respecto, el español conserva dichos como *no se es de donde se nace, sino de donde se pace,* aludiendo a la importancia del lugar donde una persona come, por no citar esa reacción en forma de pregunta recriminatoria y negativa de «pero, ¿cuándo hemos comido usted y yo del mismo plato?», usada para marcar las distancias que uno de los dos interlocutores quiere eliminar para sentirse más próximo al otro.

compenetrar Aunque hoy debe utilizarse en forma pronominal *(compenetrarse)*, y actualmente no es otra cosa que 'ponerse de acuerdo', parece que su origen se encuentra en el prefijo *con-*, más el verbo latino *penetrare,* 'entrar en, penetrar en', y éste está formado a partir del adverbio *penitus,* que significaba 'hasta lo más hondo, profundamente' a partir de otro adverbio, *penes,* que se usaba para querer decir 'en, en el interior de, en casa de', exactamente igual que ocurre con la actual palabra francesa *chez,* literalmente 'casa', pero con los valores citados del latín, que se encontraban en expresiones como *penes te culpa est*, es decir, 'en ti está la culpa, la culpa es tuya'.

Como curiosidad, digamos que durante algún tiempo, se pensó que el significado mencionado de 'ponerse de acuerdo', se refería en sus orígenes a otro acuerdo mucho más íntimo y particular: con este verbo se hacía alusión al perfecto acuerdo al que llegan los aparatos genitales masculino y femenino durante el acto sexual. La razón es que se creía que la palabra procedía de la frase latina *cum pene entrare*, o sea, 'entrar con el pene', hipótesis muy atractiva y jocosa pero muy difícil de mantener, tanto por razones de significado como de forma. → *pene*.

conde Este título nobiliario europeo de categoría inferior a la del → *marqués* y superior a la de *vizconde*, debe su nombre al latín tardío *comite*, que era el nombre de la persona que era miembro del séquito, y, más concretamente, desde el siglo II d. C., el acompañante del emperador. La forma española actual, que a veces aparece como *cuende*, ya puede verse así en el *Cantar de Mio Cid*, lo que nos habla de un cargo realmente arraigado en nuestra cultura.

Del mismo origen, pero mucho más reciente y, por tanto, poco o nada evolucionada, es la palabra *comitiva*, formada a partir de la expresión clásica *comitiva dignitas* o 'dignidad, categoría de conde', que mantiene el mismo valor actual de 'acompañamiento oficial, séquito', etc.

Digamos, por último, que no debe relacionarse ni confundirse con la palabra *comité*, que tiene su origen en el verbo latino *mittere*, 'enviar' y, más exactamente, *committere*, 'encomendar (el mismo origen de *comisión*, *cometido*), llegado a nosotros a través del inglés *committee* y del francés *comité*.

condón Uno de los nombres más populares del profiláctico masculino preserva su etimología de modo envidiable, y son varias las hipótesis etimológicas que existen. Según algunos autores, el artilugio debe su origen al nombre del médico inglés que lo estudió, lo modernizó y le confirió las características que consideramos actuales, habida cuenta de que su existencia es casi tan antigua como la de la Humanidad. Parece claro que su historia etimológica es más próxima, pues, como decimos, se debería al galeno británico conocido como Dr. Condom que, en el siglo XVIII, por expreso encargo del rey Carlos II, habría diseñado un capuchón especial que fue rápidamente popularizado en toda la corte, de manera que se fomentó la producción de un preservativo más perfeccionado para facilitar las relaciones sexuales sin riesgos de embarazos no deseados y evitar el contagio venéreo.

No debe, por tanto, usarse la palabra *inventor* porque es absolutamente imposible atribuir dicho mérito a nadie en particular. Sin ir muy atrás en la Historia, encontramos que podrían erigirse con dicho honor personajes que van desde un obrero que trabajaba en una fábrica de carnes como tripero en Condom, un pueblo del Armagnac (Francia), hasta un coronel, pasando por un médico inglés de los siglos XVII y XVIII llamado Daniel Turner, sin olvidar, por supuesto, la arraigada teoría de que el famoso anatomista italiano Gabriel Fallope o Fallopius —conocido por dar nombre también a los tubos que conectan el útero con los ovarios (las «trompas de Falopio»)—, que vivió entre 1523 y 1562, describió el preservativo como «un manguito de tela» en su obra *De morbo gallico,* es decir, *Del mal francés,* denominación con que se conocía la → *sífilis* en muchos países, hasta el punto de que en inglés actual existe una forma muy significativa y jocosa de llamar al condón: *french letter,* 'carta francesa', por asociarlo con el citado nombre latino y supuesto origen de la enfermedad, y por la forma en que vienen presentados, metidos en un *sobrecito* de plástico.

Por otra parte, hay autores, como Marcuse (1898-1979), que hacen derivar la palabra del latín *condu(m),* que significa 'receptáculo, recipiente', quizá del persa *kondu*, nombre de un recipiente hecho a base de intestinos de animales. Y la verdad es que se tienen noticias de *condones* sorprendentemente antiguos, fabricados con la tripa de animales, con badana, con lino o con seda, y algunos aseguran que hasta de ganchillo bien prieto, sin olvidarnos de que, ya en la Francia del siglo XVIII, Luis XVI presumía de que sus condones estaban forrados de seda y terciopelo.

conejo El simpático y voraz roedor de orejas, patas e incisivos largos se ha convertido en símbolo de muchas manifestaciones alegres y festivas, entre las que recordamos el icono de *Playboy*, el famosísimo *Bugs Bunny*, o las supuestas propiedades benéficas de su pata, que, curiosamente, otorgaron al anterior el nombre de «El Conejo de la Suerte», por no recordar el peyorativo apelativo de *coneja* a la mujer que es madre de muchos hijos. Debe este animalito el nombre al latín *cuniculu(m)*, palabra que significaba 'galería o cavidad subterránea', relacionada con el vasco *untxi*, 'conejo', lo que podría reflejar el origen ibérico de la palabra latina. De este primer significado parece fácil hallar el valor actual por una simple metonimia (similar a la que encontramos entre *hura* y *hurón* por ejemplo), el mismo proceso por el que, inevitablemente, llegamos al otro valor de esta palabra. En efecto, la denotación sexual de la palabra *conejo*, es usada, como se sabe, para referirnos de manera vulgar al órgano genital femenino. Estaríamos, pues, ante una evidente combinación de los dos significados mencionados (→ *coño*), en lo que se llama simplemente «designaciön directa» por razones obviamente comprensibles.

Digamos por último que sería el nombre dado por los cartagineses a este animal, según algunas teorías, el que diera nombre a nuestro país (→ *España)*, si bien es sólo una hipótesis.

convento Llamamos *convento* al lugar en el que vive una comunidad religiosa, y la palabra debe su origen al latín medieval *conventu(m)*, con el mismo significado, heredado por vía directa del latín clásico donde, más que el lugar, significaba el hecho de reunirse, es decir, 'reunión, asamblea, concentración', y todo ello a partir del verbo *convenire*, es decir, 'juntarse, agruparse, asociarse, estar de acuerdo', como recuerda el sustantivo *convenio*, 'acuerdo general'.

No deja de ser interesante la similitud entre esta idea de *con-* y *venir*, es decir, 'acudir varias personas al mismo lugar', con la palabra griega → *sinagoga*, en la que vuelve a mantenerse la idea de 'reunión, asamblea', que no es otra que la que se encuentra en el origen de la voz *iglesia*, del latín tardío *ecclesia*, pero procedente del griego *ekklesía*, 'congregación, asamblea', derivado del verbo *ekkaleín*, 'convocar, juntar'.

coño Expresiva palabra donde las haya, quizá la más de nuestro idioma, y más concretamente en España (en Chile llaman *coños* a los españoles), cuya traducción al inglés *(cunt)* es la palabra más prohibida y tabú, con diferencia, que existe en esa lengua. De extensión absoluta en la lengua y de tradición tan antigua como el siglo XIII en documento escrito, nosotros se la debemos al latín *cunnu(m)*, palabra que tenía exactamente el mismo significado y las mismas connotaciones expresivas que en español.

Como observación curiosa, repárese en que la forma latina *cuniculus* nos ofrece significativas aportaciones semánticas. Por un lado, podría pensarse que se trata de un diminutivo de la palabra que nos ocupa, si no fuera porque precisamente así se llamaba en latín al 'conejo' (→ *conejo*), el animalito mamífero de largas orejas, y que da nombre vulgar a lo mismo que la voz que comentamos. Pero, además, sucede que *cuniculus* tenía el significado de 'madriguera, galería subterránea, cueva', relacionado por metonimia semánticamente con *conejo*, amén de ser una de las referencias descriptivas más comunes y vulgares del órgano sexual femenino. Convengamos, pues, en que tampoco en esto hay casi nada nuevo.

cónyuge Cada una de las dos partes de un matrimonio recibe este nombre (y no el de **cónyugue* aunque el adjetivo sea *conyugal*) por una idea no demasiado romántica del estado marital sino más bien práctica, económica y productiva del mismo. Y puede afirmarse esto porque si bien la voz en cuestión viene del latín *coniuge(m)*, del verbo *coniungere*, 'unir en matrimonio', todo esto debe su origen a la palabra *iugu(m)*, 'yugo', esa herramienta de labor que se les coloca a las bestias (bueyes, mulas, o cebúes en otras culturas) para aunar fuerzas y que tiren ambas del carro, del arado o de lo que se crea conveniente. Así, si → *compañero* tiene el valor positivo de 'el que comparte el pan', el *cónyuge* sólo comparte, según la etimología, el yugo, la labor, el esfuerzo.

corbata Procede esta palabra del italiano antiguo *corvatta* o *crovatta*, es decir 'croata, habitante de Croacia', porque las primeras *corbatas* (usos romanos o suecos anteriores aparte), entendidas como una especie de pañuelos largos, generalmente rojos, atados al cuello —y a veces en la punta de sus lanzas—, formaban parte del uniforme militar de los jinetes croatas, y, por tanto, les servían de distintivo (una de las dos funciones del uniforme). Este italianismo (hoy convertido en *cravatta* en italiano actual), no obstante, tiene su origen en el propio adjetivo del serbocroata *hrvat*, es decir, 'croata, de Croacia' (hoy, *hrvatski*).

Sin embargo, y aunque a nosotros nos llegara a través del italiano, parece que fue el francés la primera lengua que divulgó la moda de la *corbata* cuando, en 1668, el rey Luis XIV llevó a Francia un regimiento de jinetes croatas que traían su famosa *corbata* al cuello, y fue tal el efecto producido que su regimiento recibió el nombre de *Royal-Cravate*. Serían los dandis ingleses quienes, doscientos años después, le dieran el toque final con el nudo y acabaran de popularizarla, si bien hay que aceptar que ahora no pasa precisamente por su mejor época.

A modo de curiosidad, digamos que en serbocroata actual, *corbata* se dice *kravata*.

corchete Tanto los referidos a la escritura, llamados también paréntesis cuadrados ([ ]), como los broches usados en costura, y que son los dos usos más habituales de la palabra *corchete,* deben su nombre (mediante una metátesis o cambio de orden de algunas letras), al francés *crochet,* 'gancho', tomado del francés antiguo *crochet,* es decir, el diminutivo de *croche,* o *croc,* 'gancho', que pudo haber llegado hasta el francés procedente del antiguo idioma franco o fráncico **krok,* con el mismo valor de 'gancho', que es con el que la palabra entró en español.

Sin embargo, ya a principios del siglo XVII, y como voz propia de las hablas marginales de la germanía, ese sentido de 'gancho que agarra, que sujeta', empezó a usarse contra los 'oficiales de la justicia, alguaciles, guardas' por su labor de llevar agarrado al preso entre dos de ellos, a ambos lados y sin holgura posible, o sujetándolo físicamente por los brazos, exactamente igual a como el *corchete* escrito parece que constriñe el texto.

De la idea de 'gancho' nació el término musical *corchea,* nota que dura la mitad de una *negra* y la octava parte de una *redonda.* El nombre procede de la expresión también francesa de *crocher une note,* es decir, 'hacerle un ganchito a una nota', debido al rabillo que la caracteriza.

coronel Este importantísimo grado militar, el de oficial superior de un regimiento, no guarda, según muchas teorías, ninguna relación etimológica con la *corona,* sino que procede del italiano *colonnello,* y que llegó a nuestro idioma con un fenómeno que se llama disimilación, que consiste en que un sonido igual a otro en la misma palabra se hace diferente, como *cárcel,* del latín *caRceRe,* o *mármol,* del latín *maRmoRe.* Quizá como refuerzo de las teorías aludidas, la palabra en italiano es un diminutivo (en *-ello)* de la palabra *colonna,* que significa 'columna' en el sentido militar. Así pues, el *coronel* era el oficial al mando de la primera compañía de un regimiento, es decir, de una *columna* de hombres.

correo → *postal.*

cotilla Definido por la Academia como 'persona amiga de chismes y cuentos', esta palabra debe su origen al latín pero no nos llegó directamente así, sin más, sino que sufrió algunas modificaciones, dado que partimos de la voz *cautu(m),* que significaba 'terreno defendido, limitado', de donde tenemos en español *coto, coto de caza, coto truchero, poner coto a algo,* etc., siempre con esa idea de 'lugar cerrado, delimitado'. Es a partir de aquí de donde el español crea la forma despectiva *cotarro*, que significa 'recinto para dar albergue nocturno a pobres y vagabundos', pero más actualmente 'reunión de personas en especial estado de inquietud, sea positiva o negativa', como puede ser un grupo de vecinos, de compañeros, una fiesta popular, etc. Pues bien, todo apunta a que la persona *cotilla,* por derivación regresiva de *cotarro,* era quien pertenecía a alguno de estos ambientes, no demasiado elevados culturalmente (recuérdese el sufijo *-arro),* de donde empezó a tomar el valor de 'alcahuete, chismoso', etc., por la generalizada actividad, propia de estas reuniones, de criticar a los demás, acción a la que muchas personas —practicantes de esto mismo, claro— se refieren con el eufemismo de *comentar.*

Como refuerzo a esta teoría, digamos que la voz *cotorra,* 'pequeño papagayo', proviene de *cotorrera*, 'mujer parlanchina' (→ *urraca),* de una forma anterior *cotarrera,* que significaba 'mujer que anda de cotarro en cotarro', con el primer valor que mencionábamos arriba.

Quizá más perteneciente a la leyenda popular, hay quien asegura firmemente que existió una mujer llamada María de la Trinidad, y conocida por el alias de *Tía Cotilla* y por haber sido ejecutada, acusada de haber cometido varios asesinatos políticos el 15 de agosto de 1853, lo que habla de un carácter ciertamente inmoral y cruel, y que acabó siendo el paradigma de una mujer sin demasiados prejuicios para hacer y deshacer, decir y desdecir, con tal de obtener sus objetivos.

Existiera o no una auténtica *Tía Cotilla,* lo que no puede asegurarse es si lo hizo antes que el nombre o si fue ella el origen de éste.

cruasán Este delicioso bollo de hojaldre, típico por su característica forma de media luna, debe su nombre precisamente a eso, a la «Media Luna» musulmana, símbolo homólogo a la «Cruz» de los cristianos.

Toda la información referente al origen del *cruasán* coincide en afirmar que éste se encuentra en un histórico asedio que sufrió la ciudad de Viena en 1683 a manos de los turcos. Una vez derrotados los musulmanes, quiso recordarse para siempre la victoria mediante un invento de los ya entonces famosos pasteleros vieneses —aunque algunos lo atribuyen directamente a un soldado llamado Kulyezisky, de origen polaco pero residente en Viena— y que consistió en un bollo de hojaldre hecho con la forma de la «Media Luna» de los turcos, o, lo que es lo mismo, en forma de dos cuernecillos, lo que en alemán se llamó *Hörnchen,* de manera que cada vez que un vienés se comiera uno de esos nuevos bollos, sería como si lo estuviera haciendo con uno de los enemigos recién derrotados.

El sentimiento que alimentó la invención pasó a los también excelentes cocineros franceses que, aunque mantuvieron el bollito con su forma, prefirieron llamarlo, muy acertadamente, «[media] luna creciente», o, más exactamente, *[lune] croissant,* lo que quedaría ya para siempre como su nombre, adaptado, más o menos, a cada idioma.

cuchara No parece haber duda en admitir que el cubierto para la sopa recibió su nombre de la palabra latina *coc(h)leare(m),* que significaba 'cuchara terminada en punta', y que está vinculada a *cochlea,* lo que significaba 'caracol' o 'concha', relacionadas ambas palabras de dos formas diferentes.

Por una parte, algunos afirman que el instrumento *coc(h)leare(m)* recibía su nombre porque servía para comer *cochleas,* es decir, los caracoles, para lo cual haría falta un instrumento como el descrito. Esta teoría se reforzaría con el hecho de que en griego ya existía la palabra *kokhlías,* 'bígaro, caracol marino', derivado de *kókhlos,* 'caracol terrestre'.

Por otra parte, se asegura que el nombre del utensilio se debió a que las primeras *cucharas* eran, en realidad, conchas marinas, no de caracol, sino planas, de vieira, o de ostra, dado que sirven perfectamente para llevar líquidos a la boca, lo que, sin el más mínimo problema, habría llevado al invento de la *cuchara*.

cursi La afectación en las formas, el gusto por lo → *ñoño* o extremadamente delicado fuera de contexto define en español la palabra *cursi*, ejemplificado en esa comparación coloquial de serlo alguien o algo *más que una coliflor con lazos* o *más que una perdiz con ligas*, imágenes bastante clarificadoras del concepto.

Son varias las hipótesis que intentan dar cuenta del origen de esta voz, entre las que se encuentra la que afirma que procede del inglés *coarse* o *coarsish*, 'ordinario, grosero', pronunciado a la andaluza manera del inglés próximo a Gibraltar, lo cual explicaría la pérdida de *-sh*, y la forma actual de la palabra, hipótesis no del todo documentada.

Otra de las posibilidades, quizá más atractiva aunque no por ello necesariamente correcta, es la que ubica el origen de la palabra en la deformación popular del apellido de una extraña familia francesa afincada en el Cádiz de mediados del siglo XIX. Cabe mencionar el dato de que en esa época las modas del país vecino no estaban suficientemente aceptadas en España y producían esa reacción ante el «exceso de elegancia» que todos conocemos. Según esta teoría, dicha familia se apellidaba Sicur, y así aparecen en un sainete de F. Javier de Burgos *La familia de Sicur*, representado con música en

Madrid en 1899, y en que se presentaba a una familia con actitudes y gustos *cursis*. Lo que no sabemos es si el sainete es un reflejo de una realidad ya existente, o si el apellido es el auténtico origen de la palabra —mediante esa deformación mencionada—, aceptando que dicho patronímico fuera auténtico.

Para terminar de completar el cuadro, Corominas refiere que el maestro de compositores de coplas, don Rafael de León, le habló de una estrofa del Carnaval gaditano cuya letra era cantada por unas tales señoritas apellidadas Tessi Court, y que combinaba las sílabas de ambas palabras: *tesi-cur - si-cur - si-té - cur-si - tesi-cur - si-cur*, como excelente muestra de uno de los innúmeros juegos de palabras que caracterizan esas canciones populares festivas.

Por último, y pese a no ser tan llamativa, pero puede que más correcta, es muy posible que la voz provenga del árabe *kursî*, pronunciado en Marruecos *kúrsi*, que tenía un valor de 'asiento lujoso, de personaje importante', que pasaría a señalar, por envilecimiento semántico, los gustos y actitudes de personajes importantes o potentados pero no necesariamente elegantes, lo que en español entendemos perfectamente con la expresión «nuevo rico».

D

d La cuarta letra de nuestro abecedario procede del latín, como casi todas ellas, si bien en este caso podríamos decir que por casualidad, dado que los fundadores del Imperio Romano, al tomar de los etruscos su escritura, no habrían podido tomar la *d*, sencillamente porque éstos no conocían el sonido de esa letra. Debemos a la profesionalidad de algún escribano etrusco la inclusión de esta extraña letra en su abecedario, quizá para representar ese sonido que apareciera en palabras dialectales del Sur de Italia.

Pero donde la letra tuvo importancia fundamental fue en griego (allí llamada *delta)*, y que ellos representaban como un triángulo (recuérdese el *delta* del Nilo o del Ebro, o, más modernamente, el vuelo en *ala-delta)*, por un antiquísimo valor simbólico que representaba el órgano sexual femenino y, por ende, la fertilidad, protegida bajo el amparo de *Deméter* (obsérvese la inicial), diosa griega de la tierra y la agricultura. Remontándonos aún más atrás, veremos a la *d* convertida en el *daleth* fenicio con el hermoso valor metafórico de 'puerta [de la vida]' o del *dad* hebreo, con el valor de 'seno de la mujer'. El paso de ese triángulo simbólico a nuestra tripuda *D* mayúscula sólo se debió a la modernización de las técnicas de escritura: en el papiro se puede dibujar mejor que en la dura tablilla.

debacle Este sinónimo femenino de 'desastre, derrota' proviene del francés *débâcle*, con el mismo significado, también figurado como en español, dado que procede del verbo *débâcler*, que literalmente significa 'quitar la barra de cierre', es decir, *bâcle*.

Sucede que el verbo *bâcler* significaba ya en el francés del siglo XIII 'cerrar una puerta o una ventana por medio de un bastón', tomado de la palabra *bâcle*, 'bastón', a partir del latín *bacculum*, que también dio *báculo* en español. De ese valor de abrirse por la fuerza una puerta o una ventana bien cerrada, con la idea de 'ruptura', empezó a usarse la palabra *débâcle* para referirse también al hielo que se rompe por un golpe o por efecto del peso sobre él.

Pero su significado más conocido y exportado a muchas lenguas se alcanzó cuando se produjo la derrota napoleónica a manos del Imperio Alemán, en 1870. A partir de ese momento la palabra comenzó a ser usada para referirse en concreto a *esa* derrota, es decir, a la idea de que el Imperio Alemán había quitado las trancas del orgullo del país para entrar así a saco en él. La utilización de la palabra con este último sentido se hizo todavía más popular gracias a la famosa obra de Émile Zola (1840-1902) titulada, precisamente así, *La débâcle*.

déficit Este latinismo, forma latina no evolucionada, no es otra cosa que la tercera persona del singular del pretérito indefinido del verbo *deficere* ('faltar'), es decir, 'faltó', y se usa cuando en un balance económico faltan ingresos para cubrir los gastos, o, dicho de otra manera, cuando éstos son mayores que aquéllos.

Como su antónimo → *superávit*, entró en nuestra lengua como tecnicismo del mundo de la economía a finales del siglo XVIII o principios del XIX.

El plural **déficits* no está admitido por la Academia, que propone la misma forma del singular: *el déficit, los déficit*.

delco Una de las palabras del mundo de la mecánica más conocidas entre los conductores es, sin duda, ésta de *delco*, de misión fundamental en el motor del coche, para distribuir la corriente de alto voltaje hasta las bujías y poder arrancar el motor.

Este imprescindible aparato del encendido fue creado y diseñado por la norteamericana «Sociedad de los Laboratorios de Ingeniería Dayton de Ohio», que en inglés se decía *Dayton Engineering Laboratories Company [o Corporation], Ohio*, palabras de las que, si tomamos la correspondiente inicial, obtendremos el acrónimo *DELCO*, que acabó convirtiéndose en el nombre internacional del aparato de encendido. → *láser, radar* y *sonar.*

derbi Aunque en la actualidad se llame *derbi* a un 'encuentro, generalmente futbolístico, entre dos equipos de la misma ciudad o de ciudades próximas y rivales', el auténtico *derby* inglés poco tenía que ver con el fútbol y mucho con los caballos.

Fue en 1780 cuando lord Hertley Durham, duodécimo conde de *Derby,* quiso celebrar por todo lo alto su matrimonio con lady Elizabeth Hamilton, para lo cual organizó una espectacular carrera de caballos de tal resonancia que consiguió que, año tras año, se siga celebrando lo que en inglés se llamó el *Derby Day,* es decir, 'el día de[l duque de] Derby', y que consiste en una famosa carrera de caballos anual, que hoy en día tiene lugar en Epsom, en el condado de Surrey, al Sur de Londres, el miércoles inmediatamente anterior a la Pascua de Pentecostés, entre los meses de mayo y junio.

Muy pronto esta expectación por un evento deportivo y, por supuesto, social, comenzó a extenderse a otros lugares y deportes, pero, como podría esperarse, fue el mundo del fútbol el que acaparó para sí el uso mayoritario de la palabra.

derecha Las nociones de *derecha* e *izquierda* como conceptos políticos se deberían a una mera cuestión física de ubicación, remontada al inicio de la Revolución Francesa cuando, en la Asamblea Constituyente, los representantes del nuevo Estado empezaron a agruparse según su afinidad política, sentándose a la *derecha* y a la *izquierda* del presidente de la Asamblea. Así, la mera colocación física de aquel 28 de agosto de 1789 en las Tullerías de París se haría simbólica y permanente. Y es que aquel debate sería clarificador: el asunto de la discusión no era otro que el del veto del rey. Los diputados del lado derecho, básicamente pertenecientes a la nobleza, estaban a favor del mantenimiento de la ley que permitía a Luis XVI decir la última palabra en materia legislativa, mientras que los representantes sentados en la parte izquierda, que recibirían el nombre del Tercer Estado, mantenían que el veto real debía tener el mismo fin que el de la soberanía «por la Gracia de Dios»: la desaparición radical sin más concesiones. La identificación de la *izquierda* con los más revolucionarios y de la *derecha* con los conservadores sería, según esta historia, un puro azar, pero esta forma de contraponer las opiniones ha llegado hasta nuestros días para representar las dos formas de discusión democrática.

No obstante, y aceptada esta explicación, no debe olvidarse que ya en la Biblia, miles de años antes de la famosa reunión de París, se habla de que Dios sentará a su derecha a «los justos», identificados durante siglos con los conservadores, mientras que serían condenados «los inicuos» y malos, colocados a la izquierda divina. Lo que no sabemos es si en el mismo momento de empezar a colocarse en la Asamblea parisina, no se mantenía en las mentes de aquellos franceses este modelo de antigua segregación, y si lo que aquello trascendió fue una mera modernización de un esquema demasiado antiguo como para cambiarlo sin más.

En lo que atañe a la etimología de *derecho*, y como relativización de la historia relatada, digamos que procede del latín *directus*, que produjo en español el doblete *derecho-directo*, y que llegó a nuestra lengua ya cargada de valores positivos, como se observa en palabras como *enderezar* o *derecho* (como complemento positivo del *deber)*, identificación esta última que se mantiene en el inglés *right*, o en el francés *droit;* sin olvidar la palabra → *diestro*, 'experto, hábil', del latín *dextrum*, 'hábil' y 'derecho, a la derecha'. Por el contrario, la palabra → *izquierda* se la debemos al vasco *ezker, ezkerra* que se impuso a la latina *sinistru(m)*, palabra ya cargada en latín de connotaciones negativas que sí pasarían al español como en → *siniestro*.

desastre La creencia de la influencia de las estrellas en la vida de tierras, animales y personas, es tan antigua como la existencia de la Humanidad, ahora revitalizada por la eclosión de un ejército de adivinos, astrólogos, augures y pitonisos que nos hacen la carta astral a la primera de cambio. Asimismo, son legión los que todas las mañanas se ciernen sobre el así llamado «horóscopo» de los periódicos, a fin de saber qué les depararán los astros para ese día, esa semana, ese mes o ese año. Y así, cuando una desgracia se cebaba en una familia o en un pueblo, lo inmediato era culpar a los astros, casi con la misma naturalidad con la que ahora se dice que alguien es tozudo porque nació en mayo y, por tanto, es *tauro*. La voz que nos ocupa se la debemos al antiguo provenzal *desastre*, compuesta por *des-*, prefijo negativo, y *astre* 'estrella', del latín *astru(m)*, 'astro, cuerpo celeste'. Así, el valor de *desastre* no es otro que el de 'desgracia debida a la influencia dañina de un cuerpo celeste'.

Añadamos, por último, que el significado clásico se ha ampliado con el de 'persona poco cuidadosa, torpe, incapaz', en frases como «Pepe es un desastre en la cocina».

despabilar Que no *espabilar*, forma que, aunque aparece recogida en el diccionario de la Academia y se usa más frecuentemente que la culta, remite a ésta donde se define. Y allí vemos que, además de otros valores apenas ya usados pero de gran utilidad, este verbo nos recuerda los significados actuales de 'avivar y ejercitar el entendimiento o el ingenio de alguien, hacerle perder la timidez o la pereza', 'sacudirse el sueño o la pereza', 'apresurarse, darse prisa en la realización de una cosa'. Si nos fijamos en la forma de palabra, no es difícil descubrir un prefijo negativo *des-*, y la forma *pabilar*, con la terminación verbal del sustantivo *pábilo*, que nos llegó a través del latín vulgar *papilu(m)*, del latín *papyrus*, traída directamente del griego *pápyros*, es decir, '[la planta del] papiro', porque las mechas se hacían con sus hojas, y que hoy significa la 'mecha que está en el centro de la vela' y, más exactamente, 'parte carbonizada de esta mecha'.

Pero, ¿dónde está la relación semántica entre la vela y el perezoso? Precisamente en el *pabilo*. Veamos por qué. Cuando una candela o hachón empiezan a lucir menos, a hacer su llama corta y mortecina, la única solución posible es la de practicar un pequeño corte en el *pábilo* ya quemado, esto es, *despabilarla* un poco, a fin de permitir a la llama que pueda quemar una parte nueva de la mecha y así emitir más luz. Aplicado a las personas, parece que cuando queremos *despabilar* a alguien lo que tenemos que hacer es quitarle de encima esa pereza o morosidad, inútil como la mecha quemada, para que actúe con más brío y ganas.

desperdigar La acción de separarse las cosas o las personas de manera dispersa procede, según algunos autores, de un tecnicismo del llamado «deporte» de la caza, que hace referencia a algo que saben bien los practicantes de la actividad cinegética, y es la forma en que las *perdices*, quizá la presa por antonomasia, escapan volando ante la presencia de los cazadores. Así, cuando las cosas que estaban juntas formando un todo (como nuestro grupo de *perdices)* se separan y disgregan parecen recordar inevitablemente la forma en que estas (y otras) aves huyen asustadas. Pero no faltan autores que aseguren que el verbo en realidad proviene simplemente del latín *dispergere,* 'esparcir por todas partes, dispersar'. Por último, no sería demasiado descabellado pensar en una contaminación mutua de ambos orígenes.

Para matar dos pájaros de un tiro, digamos que la sufrida → *perdiz,* además, presta su nombre a su asesino, porque el mortal → *perdigón* se llama así precisamente por el ave, lo cual no deja de tener su gracia, aunque quizá no para la perdiz, que si debe su nombre a alguien es al latín *perdice(m),* del griego *pérdix,* que podría ser el nombre de Pérdix. Este personaje, llamado también Acelo, era el primo de Ícaro, es decir, sobrino y ahijado de Dédalo, y alguien realmente listo (cualidad que también se le atribuye al ave que nos ocupa), mucho más que su tío, que se sentía realmente herido en su orgullo por esto. Y esta inteligencia de su sobrino lo ofendía en tal grado que, según afirma la tradición, arrojó por una torre a su sobrino Pérdix que, a buen seguro, habría muerto estrellado contra el suelo. Sin embargo, inesperadamente, la diosa Minerva, Atenea en la mitología griega, intercedió por él y lo salvó. El precio que pagaría Pérdix por este rescate fue el de ver transformado su cuerpo para siempre en una *perdiz*.

desván Esa pieza más alta y no habitada de la casa, que va recogiendo desde las cosas inservibles hasta los productos de la matanza, o hace las veces de secadero, recibe en nuestro idioma, entre otros nombres (como el de *sobrado)*, el de *desván*, sustantivo que procede de un verbo ya perdido: *desvanar*, proceso nada anormal y que descubrimos en la palabra *hilván* ('el hilo vano') y su verbo *hilvanar*. Significaba *desvanar* no otra cosa que 'vaciar', obviamente derivado de *vano*, 'vacío' (como el latín *vanus*, 'vacío'), con el valor de 'lugar vacío [para vivir] entre el tejado y el último piso', con un valor arquitectónico que se mantiene actualmente en una de las acepciones de *vano*, con el valor de 'hueco [para una ventana, una puerta]'.

Obsérvese que cuando ese piso se habita, ahora le damos el clásico nombre de → *ático*, o el mucho más moderno (y con menos sabor) de *piso bajo-cubierta*.

detective Sin duda popularizada por la profusión de películas de cine y de televisión sobre ella, la profesión de *detective* alcanzó hace algunos años una popularidad tal que consiguió idealizar peligrosamente un oficio que normalmente tiene poco de televisivo.

La palabra entró en español a través del inglés *detective*, idioma en el que antes se usaba siempre en la expresión *detective police,* es decir, 'policía que descubre, que investiga', procedente del verbo *to detect,* o sea, 'detectar, descubrir'. Este verbo, a su vez, había sido heredado del latín *detegere,* con el mismo significado.

Digamos, por último, que, mucho antes que las series norteamericanas, la palabra se hizo muy conocida en español gracias a la aceptación que tuvieron las inmortales figuras de famosos *detectives,* entre los que destacan, tanto *Sherlock Holmes,* protagonista de las novelas del británico sir Arthur Conan Doyle (1859-1930), como el detective belga *Hércules Poirot,* y la inglesa *Miss Marple,* creados ambos por la indiscutible dama del suspense, la también británica Agatha Christie (1891-1976).

diamante Son interminables las leyendas narradas en torno al rey de los minerales, la más pura de todas las piedras preciosas que, pese a todo, no es más que un mero carbono cristalizado en diversas formas, y, como carbón que es, arde, aunque, por su extrema pureza, nunca deje cenizas.

Del *diamante* se dice, por ejemplo, que ya aparece nombrado en la Biblia (bajo la forma *chamir),* lo cual habla ya de una existencia conocida de, al menos, cinco mil años, iniciada en la misteriosa India, y más concretamente en un valle secreto plagado de diamantes custodiados por miles de serpientes. Sólo un héroe como Alejandro Magno

(356-323 a. C.) sería capaz de burlar tan inexpugnable protección mediante una combinación de astucia, valor y muchos espejos, con los que consiguió su diamantino botín. De muy lejos de allí, en Brasil, se tienen noticias de que usaban los *diamantes* como fichas para diferentes juegos (→ *joya*), y también se sabe que en Sudáfrica, el otro paraíso de los diamantes, los niños los usaban como piedras en sus juegos callejeros.

La etimología de la palabra empieza a cristalizar en el sánscrito, la lengua sagrada de los brahamanes hindúes, donde se encuentra la voz *dyu*, con el valor de 'ser brillante', pero es el griego el que nos proporciona la forma *adamántos*, palabra, a su vez, formada por la *a-* negativa (o «alfa privativa») y el verbo *damáo*, 'yo venzo, yo domo', de forma tal que, literalmente, la palabra significaba 'indomable, invencible', en referencia directa a la dureza del diamante. Y, en efecto, en gemología el *diamante* alcanza el grado 10 de la Escala de Mohs, lo cual equivale al máximo de dureza, de forma tal que no puede ser pulimentado más que por otro *diamante*. Hay que decir, no obstante, que esta forma tanto se aplicaba a este mineral como, por ejemplo, al acero, con el que comparte esas características, como puede verse en la etimología de la palabra → *imán*.

Del griego *adamántos* pasó al latín directamente como *adamante(m)* que terminó por convertirse en latín vulgar en *diamante(m)*, y de su acusativo, como casi siempre, llegó hasta nosotros como *diamante*.

diciembre El último mes del año y, por tanto, el duodécimo, no siempre lo fue, sino que durante muchos años ocupó el lugar décimo, lo cual nos ayuda a pensar en la razón de su nombre. En efecto, *diciembre*, palabra que en latín era *december(m)*, significaba 'el [mes] décimo', obviamente entendido en el antiguo año romano que, hasta el año 153 a. C., comenzaba en el mes de → *marzo* (precisamente cuando empieza la → *primavera)*. Según este esquema, los meses de → *julio*, → *agosto*, → *septiembre*, → *octubre* y → *noviembre* eran los meses quinto, sexto, séptimo, octavo y noveno, respectivamente, hasta el punto de que *julio* y *agosto* se llamaban en un principio *quin(c)tilis* (de *quin(c)tus*) y *sextilis* (de *sextus*), o sea, 'el [mes] quinto' y 'el [mes] sexto', respectivamente.

Todos estos cambios parecen arrancar de un primitivo → *calendario* romano, vigente desde el remoto siglo VIII hasta el año 680 a. C., cuya medida anual no estaba compuesta por doce meses sino por diez, empezando —como decimos— por el mes de marzo y acabando por el mes *décimo*, llamado lógicamente, *december*.

Pero las reformas llegarían enseguida: con los progresos en la astronomía y el desarrollo de estudios sobre el tiempo, en 680 a. C. el año pasó a tener ya de manera oficial doce meses, mantenido el de marzo como primero y, por tanto, el de → *febrero* como el último.

Después de propuestas y sugerencias de los estudiosos, formuladas en diferentes ocasiones (como la del año 590 a. C.), se llegó, en 153 a. C., a la conclusión de que necesitaban adelantar el inicio del año a → *enero*, decisión plenamente confirmada y ratificada bastantes años (107) más tarde, en 46 a. C., para poder corregir errores de cálculo y, dicho sea de paso, adaptar el tiempo natural a las necesidades humanas: lo que se hizo fue nada menos que conseguir que el año que ahora conocemos como 46 a. C. correspondiese con el año solar (el *enero* de entonces caía en otoño) añadiendo a ese año un total de noventa (90) días, lo que produjo que la primavera del año siguiente (el 45 a. C.) empezara en marzo. El efecto conseguido fue que el primero de marzo de ese año del calendario republicano romano —de tipo lunar— se convirtió en el primero de enero de un nuevo calendario, el *juliano* —de tipo solar—, introducido por el propio *Julio* César.

diestro El que es experto o hábil en algo recibe este semiculto nombre, tomado directamente del latín *dextru(m)*, palabra que ya entonces tenía dos valores que el español heredó, y conservó así el de 'hábil, experto, bueno, favorable', con el de 'derecho, de la parte derecha', otorgando a este último significado una connotación positiva (→ *derecho* y *mono)*, negada radicalmente a su contrario → *siniestro*, que ya en latín se refería a algo 'negativo' y a 'la parte izquierda de algo', originariamente a la dirección de las aves usadas para adivinar el futuro.

Con un valor típicamente español, *diestro* es también el matador de toros que pueda ostentar este nombre, es decir, el que ya haya demostrado su *habilidad* en el llamado arte de los toros, por lo que es un error llamar *diestro*, por ejemplo, a un novillero o a un mero aprendiz, por entender que todavía no posee la *destreza* de los *diestros*.

dieta Entendemos por esta palabra fundamentalmente dos conceptos diferentes, siendo uno de los cuales lo que se llama también *régimen* (como en *estar a régimen*, expresión que sustituyó a la antigua *estar a plan)*, mientras que la otra idea, que se deriva de la primera, se refiere al 'dinero diario que recibe una persona para pagar el viaje, las comidas, y otros gastos por desplazarse de su puesto de trabajo habitual'. Hallamos el origen de esta palabra en el latín *diæta*, aunque debido al griego *díaita*, voz que tenía el valor de 'regla de vida, modo de vida', del sustantivo *diaitán*, 'gobernar, arbitrar, regirse'.

El uso de la *dieta* con carácter terapéutico, es decir, recetada por un médico, no es, ni mucho menos, moderno, como leemos, por ejemplo, en una carta del gran orador y político latino Cicerón (106-43 a. C.) (→ *cicerone)* a su amigo Tito Pomponio Attico en la que le dice:

> *[...] Pero ahora voy a empezar a curarme con una* dieta, *dado que no soporto la cirugía.*

El segundo significado al que nos referimos recoge el valor de 'cantidad que debe comerse', inevitablemente contaminado con el significado de *día,* con lo que se reforzó la idea de tomar la jornada como medida de esa cantidad de dinero o especie que se paga diariamente.

diploma Llamamos así a esos documentos que coronan un curso o cursillo y que certifican que sabemos más o que ya podemos hacer lo que antes de aquél nos estaba vedado. Y tienen en la actualidad tanta importancia que los estiramos, los enmarcamos, los protegemos con un cristal y les hacemos presidir nuestras habitaciones y despachos para dejar constancia de lo que decíamos más arriba. Debemos la palabra a los romanos (del latín *diploma(m))* que, a su vez, la recibieron de los griegos bajo la forma de *diploma,* que, antes del valor conocido, significaba 'tablilla o papel doblado, algo doblado', del verbo *diploún,* 'doblar', de *diplóos,* 'doble', como se conserva en palabras españolas cultas como *duplo* ('doble'), *duplicar,* etc., llegadas a través del latín. La vinculación semántica entre el verbo griego y nuestros certificados se establece a partir de la realidad original: se llamaba *diploma* a un certificado que se daba a los soldados al licenciarse, y que constaba de dos placas de bronce unidas y dobladas una sobre la otra, y en la que se explicaba la nueva situación, derechos y privilegios del recién licenciado.

A este respecto, debemos recordar que otro término oficial como *pliego*, que aparece en expresiones como *pliego de condiciones, pliego de cargos, pliego de descargo*, etc., no significa sino 'papel plegado', del latín *plicare*, esto es, 'doblar' (→ *llegar*), por la forma en que se entregaban dichos documentos, cerrados y, normalmente, sellados. Como curiosidad, digamos que *replicar*, con su valor de 'contestar, responder a un argumento', es sólo un derivado de *plicar*, haciendo referencia esta burocrática forma de diálogo entre la Administración y el administrado.

do-re-mi-fa-sol-la-si El nombre de las notas musicales que, como se sabe y aunque parezca extraño, son de género masculino (*un* «do sostenido», *el* «do de pecho») por ser el tono a lo que aludimos, no es, pese a lo que podría pensarse, el mismo para todos los países. Así, por ejemplo, los ingleses, los norteamericanos o los alemanes llaman a las notas como lo hacían los antiguos griegos, usando las letras del alfabeto, pero empezando por la C, que corresponde a *do*, de esta forma: C = *do*, D = *re*, E = *mi*, F = *fa*, G = *sol*, A = *la* y B = *si*.

Por el contrario, en países latinos como España, Portugal, Francia e Italia, las notas musicales tienen su origen en un poema, en un himno de vísperas, exactamente el que dedicó Juan el Diácono a san Juan Bautista. Y fue allá por el siglo XI cuando el monje benedictino Guido d'Arezzo, excelente músico italiano, tomó las primeras sílabas de algunas de las palabras de la primera estrofa de dicho himno y bautizó esos tonos que él había establecido, de forma que quedaba constituida la escala musical.

La famosa primera estrofa del Himno a san Juan Bautista era así:

Ut queant laxis resonare fibris
mira gestorum famuli tuorum
solve polluti labii reatum
Sancte Iohannes.

Lo que, más o menos, viene a querer decir: «San Juan, para que tus siervos puedan cantar a plena voz las maravillas de tus hechos, libera sus labios impuros.» Sólo quedaba ordenarlas y ya estaba hecho. El genial invento era perfecto, si no hubiera sido porque se descubrió que una nota más equilibraría el sistema, y eso también se hizo. En el siglo XVI se añadió una última nota, cuyo nombre no presentó problemas: se tomaron las iniciales de las últimas palabras de la estrofa y había nacido la nota *si*. Por último, hacia 1600, otros músicos, paisanos de fray Guido, cambiarían el primitivo *ut* (conservado en Francia, no obstante) por *do*, quizá por parecerles éste más suave.

dólar Aunque el nombre de la auténtica «moneda única» llegó al español directamente del inglés *dollar*, el origen de ésta no es inglés sino que llegó a esta lengua proveniente del alemán, a través de una historia ligeramente complicada.

Existía en la Alemania de 1519, en la zona conocida como Erzgebirge (o 'Montes Metálicos') una región llamada *Sankt Joachimsthal*, es decir, 'el Valle de san Joaquín' (hoy Jáchymov, en la República Checa), especialmente famosa por sus minas de plata con la que ya en aquella época se acuñó una moneda que recibió el lógico nombre de *Joachimsthaler*, es decir, 'la [moneda] del valle de [san] Joaquín'. Con el paso del tiempo, y pese a ser habitual en alemán la existencia de palabras muy largas, el nombre de la moneda se fue acortando hasta quedar en *Tahler* o *Taler*, nombre del que ya hay testimonios escritos desde 1540. La moneda siguió siendo de curso legal pero el nombre de *Taler* cambió pronto a *Daler* (documentado ya en 1553), no sin antes dar nombre a una antigua moneda italiana llamada *tallero* y a otras de países próximos. Ese *Daler* pasó a llamarse *Dolar*, que era el nombre de la moneda que aparece así citada en escritos alemanes de 1660.

Con las sucesivas llegadas de centroeuropeos a las nuevas tierras de Estados Unidos, pronto arribaron también formas vacilantes como *doler*, *dolor*, influidas por nombres similares de las otras monedas europeas aparecidas en el siglo XVI, y hubo que esperar al siglo XVII para que, después de la casi definitiva *dollo*, se llegara a la forma fijada de *dollar*.

dolmen Esas estructuras prehistóricas hechas de piedra en forma de mesa y que eran monumentos funerarios, recibieron su nombre del francés *dolmen*, formado a partir de las raíces *tol* y *men*. Pertenece la primera al bretón *tol* (o *taol*), y significa 'mesa', quizá influido por el latín *tabula*, *'mesa'*, que se mantiene en inglés y en francés *table*. La segunda, *men* (o *maen*), encuentra su origen en el celta, en la palabra *magino*, que significaba 'piedra', y que se encuentra en la etimología de la palabra → *menhir*.

Dolmen fue introducido por el arqueólogo francés Legrand d'Ausay en el siglo XIX.

domingo El paso del judaísmo al cristianismo oficial supuso, entre otras muchas reformas, el traslado, por orden del emperador Constantino en el año 321, del día sagrado hebreo al domingo, al que había que llamar de alguna manera especial, por lo que se tomaron las palabras latinas *Dominicus dies* para crear el 'día del Señor' *(dominus)*.

El carácter especial de este día puede observarse en otras culturas, como la británica o la alemana, en las cuales este día está dedicado al astro rey, el Sol, indiscutible protagonista de nuestro sistema solar, y así, dicen *Sunday* y *Sontag*, respectivamente.

ducha El auténtico despertador matutino que nos hace despedirnos del mundo de los sueños para empujarnos al otro recibe su nombre del francés, idioma en que la palabra se dice *douche*. Pero, pese a ser esa lengua tan prolífera también en voces de aseo *(bidet, toilette*, etc.), en este caso debe el nombre al italiano *doccia*, 'tubería, caño, cañería', y, por supuesto, 'ducha'. Esta voz procede de un anterior *doccione* que fue tomada directamente del acusativo *ductione(m)* de la palabra latina *ductio*, 'conducción', como vemos en voces como *con-ducto, conducta, oleo-ducto*. El nombre derivó del verbo *ducere*, 'guiar, conducir' (→ *duque)*, y son múltiples las voces españolas que lo conservan: *de-ducir, ab-ducir* y hasta *e-ducar* ('guiar [al niño]'), por ejemplo. → *pedagogo*.

duque Este título de honor europeo, el más alto de todos los nobiliarios (aparte de los propios del Toisón de Oro) (→ *barón)*, es una herencia del cargo asignado en el Bajo Imperio Romano a algunos altos dignatarios de las provincias. Su nombre en español, no obstante, procede del francés antiguo *duc,* que lo tomó del latín *duce(m),* acusativo de la palabra *dux,* 'guía, conductor, comandante'. Su verbo *ducere* aparece en palabras como *con-ducir, de-ducir, ab-ducir,* incluso *e-ducar* ('guiar'), etc., siempre con la idea de 'llevar', mantenida plenamente en sustantivos como *acueducto* y, más evolucionado, → *ducha.*

Es interesante recordar que el dictador italiano Benito Mussolini tomó para sí el cargo de *duce,* con el valor etimológico que comentamos, si bien debe aclararse que la voz italiana para *duque* es *duca* (femenino: *duchessa*). Pero no fue el único. Como algo propio de esa ida de guía espiritual de sus respectivos pueblos, el dictador español general Franco se asignó el título de → *caudillo,* es decir, 'jefe, cabeza'; igüalmente, el dictador alemán cabo Hitler se atribuyó el honor de ser *Führer,* palabra que en alemán no significa otra cosa que 'guía, conductor, piloto', del verbo alemán *führen,* 'llevar, guiar, dirigir'; por último, el dictador rumano Nicolau Ceausescu se nombró a sí mismo *conducatore,* es decir, 'el conductor [del pueblo]'.

E

e La segunda vocal más frecuente de nuestro idioma (después de la *a)* no comparte este uso con otras lenguas como, por ejemplo, el árabe literario, que sólo dispone de *a*, *i* y *u*.

Más drástico era el fenicio, el idioma al que le debemos, en primera instancia nuestro abecedario, dado que en aquella lengua no existían más que consonantes, lo que explica el hecho de que la letra *e* naciera como consonante, y no como vocal.

Fueron precisamente los fenicios los que dieron a la *e* el nombre de *he*, que significaba 'verja de ventana', y quizá de ahí proceda su forma en el alfabeto fenicio, en el que la letra era una línea inclinada hacia la izquierda, de la que salían tres pequeñas líneas hacia abajo, formando así, como era costumbre, algo parecido a lo que significaba. Por lo que podemos saber, la pronunciación era, más o menos, como la de una *jota* española, como ocurre actualmente en hebreo, árabe y etíope.

La transmisión de esta letra no estuvo exenta de dificultades, surgidas, sobre todo, por las diferencias existentes entre los alfabetos fenicio y griego, con la paradoja de que sería éste el que difundiera aquél. Como decimos, los fenicios podían expresarse perfectamente sin vocales (como ocurre, por ejemplo, con el hebreo clásico), pero esto para los griegos era algo realmente incomprensible, pues su lengua llegaba y llega al extremo opuesto de disponer de palabras formadas exclusivamente por vocales, como, por ejemplo, *aei* ('siempre'), *eáo* ('permitir'), *eú* ('bien') o *aiei* ('dónde'). La otra gran diferencia entre los dos idiomas era que el fenicio estaba lleno de sonidos guturales (los que se producen en la garganta, como una *jota* fuerte), mientras que en el griego escaseaban, por lo que, por decirlo de alguna forma, sobraban muchos de los signos fenicios, como le ocurría al citado *he*. Así, cuando los griegos vieron aquella especie de *reja* de tres rayas que no correspondía a ninguno de sus sonidos, le dieron el significativo nombre de *épsilon*, o, lo que es lo mismo, 'e desnuda', es decir, 'sin aspiración, sin sonido gutural'.

Asentada la letra (y su sonido) en el griego, de aquí pasó al alfabeto etrusco, de donde la tomaría el abecedario latino.

Digamos, por último, que en la Edad Media era frecuente que la *e* estuviera unida a otras letras, si bien sólo se conserva el más frecuente, en la conjunción *et* ('y' en latín), que se mantiene en el signo &, en el que la *t* se inclinó hacia atrás hasta unirse del todo a la *E* mayúscula anterior de *Et*.

embelesar Este cultísimo, poco frecuente y poético verbo encuentra un lugar entre estas páginas por su curiosa procedencia. Decimos que algo nos *embelesa* cuando nos encanta, nos fascina, casi nos atonta, como una música, un aroma o unas imágenes que nos transporten a otros mundos. Y a otros mundos, o, más concretamente, al *otro mundo* era a donde casi iban los peces, víctimas de un narcótico usado por los pescadores, que obtenían de una planta llamada, precisamente, *belesa*, conocida desde hace siglos por sus propiedades hipnóticas. Los pescadores, sabedores de estas cualidades, arrojaban belesas al río, de modo que, al poco tiempo, los peces se adormecían —*se embelesaban*— y se dejaban pescar sin más complicaciones.

Es este de *embelesar* uno de los variados ejemplos que nos ofrece el mundo de la pesca, que es uno de los que más símiles proporciona para transmitir la idea de 'ser sorprendido, ser cogido, ser imprudente, etc.'. Recuérdense, a este respecto, expresiones como *caer en la(s) red(es), morder el anzuelo, pescar* (a alguien), *picar* ('caer en un engaño, en una broma'), *por la boca muere el pez,* etc., que no necesitan más explicación por ser de uso cotidiano.

enchufe El ruido que producían los tubos de las calderas de vapor de las viejas locomotoras sonaba, interpretado así por los hablantes, algo parecido a *chuf, chuf,* por un procedimiento similar al que ocurre cuando decimos que una rueda que se deshincha hace *psss*, un perro hace *guau* (aunque en inglés, en cambio, los perros hagan *bow-wow*), o, sencillamente, un reloj tradicional hace *tictac*. Estas voces, conocidas como *onomatopeyas*, son muchas veces, como en el caso que nos ocupa, el origen de palabras que usamos todos los días.

Cuando los españoles de hace un siglo, más o menos, veían y oían cómo se conectaban los tubos entre los vagones del tren, empezaron a asociar esa novedad con el sonido que producía esa acción, que, aproximadamente, podría transcribirse *chuf*, de modo que muy pronto 'conectar una tubería o una manguera con otra' empezaría a decirse *hacer chuf* o *chufar*, como *hacer «hip»* se dice *hipar*, por ejemplo. El verbo creado, convertido pronto en *enchufar* (como *en-amorar*, *em-pedrar* o *en-suciar*, por ejemplo), empezó a usarse con profusión en un tiempo realmente corto si pensamos que ya en 1884 aparece registrado en el *Diccionario* de la Real Academia (sólo después de consolidado entre los hablantes), cuando sólo en 1848 se había inaugurado la pequeña línea ferroviaria Mataró-Barcelona.

Para su uso en la electricidad, sólo había que esperar a que tan fascinante invento se hiciera más popular, algo que tardaría apenas unos años más en llegar, y que los hablantes relacionaran sin ninguna dificultad aquellas conexiones de los vagones con los cables de los modernísimos aparatos.

Sobre su valor despectivo como sinónimo de 'privilegio, prebenda, corruptela', digamos que se puso muy de moda durante la II República (1931-1936), aunque ya en 1923, don Miguel de Unamuno (1864-1936) escribía lo siguiente en el semanario *Nuevo Mundo:* «El intelectual, a la busca continuamente de eso que se llama *enchufes*, es como la alondra: se va tras lo que brilla. Y no hay brillo como el del poderoso.» Parece obvia la asociación entre el *poder* eléctrico y el político: sólo donde hay un enchufe *funcionan* las cosas, dicho de una manera general y ciertamente negativa.

enero El primer mes del año actual no siempre ha tenido un lugar en el calendario, dado que, para los primeros romanos, el cómputo anual empezaba con marzo, como nos recuerda el hecho de que la primera estación del año sea la *prima-vera* (→ *primavera)* que empieza en dicho mes, o la circunstancia de que el zodiaco considere el signo de Aries el primero de la serie.

Fue Numa Pompilio (entre 715 y 675 a. C.), el considerado segundo rey legendario de Roma, quien, con una organización religiosa y civil sin precedentes de la Urbe, estableciera el calendario sagrado que supuso la dedicación de un mes, nada menos que el que sería considerado el primero, al dios *Jano*, por lo que el mes sería llamado *Ianuarius*.

Parece que la consagración de este mes tendría su explicación en el hecho de que Jano era el dios de las puertas, y se le representaba con dos caras que simbolizaban la entrada y la salida, y, metafóricamente, el pasado y el futuro. También en latín existía el oficio de *ianitor* y *ianitrix*, 'el portero' y 'la portera', y todavía en el inglés de Estados Unidos no es extraño encontrar la palabra *janitor* para designar exactamente eso, lo que hoy algunos dicen «empleado de finca urbana».

escaparate Esta palabra tan habitual, no sólo entre comerciantes sino entre todos los hablantes, ya aparece citada en el libro cuarto de *Los trabajos de Persiles y Sigismunda* (1617), la obra póstuma de don Miguel de Cervantes (1547-1616) y quizá su favorita. En ella leemos que «la buena suerte y la buena dicha, que todo es uno, también puede llegar a la puerta del miserable en un saco de sayal como en un *escaparate* de plata», donde apreciamos un valor un poco diferente al actual, dado que significaba algo parecido a 'especie de bandeja donde se muestran o exhiben objetos', aunque esto evolucionó un poco hasta el valor actual.

Encuentra esta palabra su origen en el antiguo neerlandés, en la palabra *schaprade*, que significaba 'armario, alacena', valor conferido por las voces *schapp*, 'estante' y *reden* 'preparar, disponer' (compárese con el inglés *to ready*, 'preparar').

Sin embargo, la profesionalización de los establecimientos y la separación del ámbito doméstico hicieron que la palabra se aplique sólo a las vitrinas y al contenido de lo que nos muestran las tiendas en la calle, y ya nunca se use referido a los armarios de casa.

esclavo Una de las infinitas vergüenzas de la Humanidad nos transporta al siglo X europeo, al episodio en que se produjo una de las mayores ventas de *esclavos* de la Historia, en el año 955, a manos del rey Otón I el Grande (912-973), rey de Germania y de Italia. Parece que era conocida la política expansionista de este primer Emperador del Sacro Imperio, y, como parte de ella, había declarado la guerra a los húngaros en las proximidades de Augsburgo. A medida que iba venciendo y según afirman algunos autores, todos los prisioneros que consiguió hacer los subastó como esclavos al mejor postor, dándose la triste circunstancia de que la inmensa mayoría de aquellos humanos deshumanizados eran de origen *eslavo*. La venta de personas fue de tal magnitud que el nombre de la etnia sirvió para designar una desgraciada condición.

Todo esto, como no podría haber sido de otra forma, tuvo su reflejo en la lengua. En el griego tardío, la palabra *sklabós* significaba 'eslavo, de las tierras eslavas', tomado de *slovene*, que es como se llamaban a sí mismos los eslavos. Del griego pasó, con el mismo valor, al latín medieval, con la forma *sclavus*, donde existía también la palabra *sclavini*, 'pueblo vecino de los búlgaros; eslavos'. Quizá fue en ese momento, por el hecho histórico relatado, cuando la voz que se usaba simplemente para referirse a un pueblo empezó tristemente también a significar 'siervo'.

Es significativo descubrir que en inglés actual, 'esclavo' se dice *slave,* mientras que para 'eslavo' se usa *slav* o *slavonic.*

Como nota final, debemos recordar que, sin remontarnos al siglo X, sino a anteayer, y como mera actualización de la Historia, los nazis del III Reich tenían ya establecidas su directrices para el mundo según lo que ellos llamaban «El Nuevo Orden», y que supondría, *grosso modo,* que Alemania sería un pueblo de señores, que se expansionaría hacia el Este, en especial hacia sus zonas más ricas, creando colonias de *esclavos.* Los pueblos considerados relativamente semejantes a los alemanes (holandeses o escandinavos) serían bien tratados, mientras que los gitanos o los judíos deberían desaparecer o serían exterminados. A los *eslavos* les correspondería la condición de seres inferiores, *explotados* por razones económicas. Este futurible, afortunadamente frustrado, tuvo, no obstante sus precedentes: en Polonia y en la Unión Soviética ocupada, fue manifiesta esta manera de tratar a los vencidos.

eslogan Este término, adaptado a nuestra lengua y admitido con esta forma en la edición de 1992 del

Diccionario de la Academia, procede del inglés *slogan*, 'lema o frase publicitaria', aunque con raíces en el gaélico, y en concreto en la expresión *slaugh ghairm*, es decir, 'grito de guerra', formado a partir de *slaugh*, 'ejército', y *ghairm*, 'grito', aplicada al que, antes de entrar en combate, proferían algunos clanes (→ *clan*) escoceses.

Andando el tiempo, la voz pasaría de las batallas de verdad a las publicitarias.

esnob Quizá un poco pasado de moda, llamamos así a una persona que imita exageradamente a los que considera distinguidos o superiores. Es posible que hoy haya perdido su uso, relevado en parte por las voces → *cursi* y → *hortera*.

Parece que el insulto, ciertamente clasista, viene del inglés *snob*, donde significa 'hombre vulgar y presumido', aunque en inglés dialectal llega a significar 'zapatero remendón', con una connotación negativa hacia un oficio considerado inferior por algunos para agravar más las diferencias con otras profesiones también consideradas más elegantes.

Su origen auténtico sigue siendo discutido, y algunos apuntan la posibilidad de que se trate de una contracción de las palabras latinas *sine nobilitate*, es decir, 'sin nobleza, sin dignidad' (pero aspirante a ello, podríamos añadir). Quien más exactamente habló de la procedencia de esta abreviatura fue don Salvador de Madariaga, en un artículo periodístico escrito en 1970 sobre los peligros de nuestro idioma, en el que explicaba que el origen se encontraba en la elitista universidad británica de Oxford. Según parece, cuando se registraba el ingreso de los estudiantes, se anotaba su nombre y, al lado, el título nobiliario, cosa que era realmente frecuente. Cuando algún estudiante sólo podría ofrecer su nombre, y no un título, se hacía constar con las letras latinas —más clásico— *s. nob.*, la abreviatura de la expresión arriba citada.

Es curioso comprobar cómo, de ser cierta esta historia, se estaría repitiendo un proceso de discriminación social que tiene sus antecedentes en el origen de la palabra → *proletario.*

España Quizá más cercano a la leyenda que a la historia etimológica, lo cierto es que se mantiene como una tradición aceptada la hipótesis formulada por S. Bochart en el siglo XVII, según la cual el nombre en latín de lo que ahora es, más o menos, nuestro país, *Hispania,* evolucionado en *Spania* y *Espanna* hacia el siglo XI, podría proceder del púnico, que era el dialecto fenicio que hablaban en Cartago, otro de los muchos pueblos que arribaron y vivieron por aquí. Según parece, nuestro macrotopónimo común en púnico era *Isephanim* o *I sephan in,* lo que más o menos significa algo tan aparentemente injustificado como 'isla (o costa) de los conejos', pues debía de ser tal la abundancia de estos simpáticos saltarines orejudos que, sin saberlo, estaban convirtiéndose en una seña de identidad de todo un pueblo, cuyas dimensiones, por otra parte, no estaban demasiado claras para los cartagineses, quienes pudieron pensar que la Península era en realidad una isla.

Pero quizá sea algo más que una simpática tradición. Sucede que si se viene aceptando esta teoría también es en parte porque nada menos que el poeta romano Catulo (famoso por sus epigramas y, sobre todo, por su poesía amorosa), allá por el siglo I a. C., se refería a nuestra Península como *Cuniculosa Celtiberia,* es decir, 'la Celtiberia Conejera', si se tiene en cuenta que *cuniculu(m)* era la forma de decir 'conejo' (→ *conejo)* de los romanos.

No obstante, y pese a lo extraño que pueda parecer, debemos tener presente que en el Archipiélago Balear, tierra profunda y profusamente colonizada por cartagineses (fundadores, por ejemplo de *Ibosim,* la *Ibiza* del 654 a. C.), existen dos islas (o islotes) llamadas *Conejera:* una, próxima a Cabrera (obsérvese la referencia animal) y a Mallorca, y la otra, al Oeste de Ibiza. Por si fuera poco, en el otro extremo de nuestro país, en el otro Archipiélago, los habitantes de la isla de Lanzarote, reciben, además del gentilicio histórico (compartido con los de Fuerteventura) de *majoreros,* el cariñoso de *conejeros,* precisamente por la abundancia de estos animalitos en aquella fantástica isla. Pero, además, no es difícil encontrar este nombre en otras localidades españolas como *Villaconejos* (Madrid y Cuenca), *Valconeja* (Navarte, La Rioja), *Vall-llebrera* (Lérida), *Matalebreras* (Soria) o *Valdeconejos* (Teruel) o, incluso, *Erbiti* (Navarra, en vasco, 'lugar de las liebres', de *erbi*, 'liebre' y el sufijo abundancial *-ti)*.

Digamos, por último, que la costumbre general de crear topónimos basados en nombres de animales *(zootopónimos)* es algo tan próximo y frecuente que ya no nos percatamos de ello, pero que están en el origen de lugares como *Reinosa* (Cantabria), → *Canarias*, *Cabrales* (Asturias), o *Aguilar*, en muy diferentes lugares de *España*.

español Evolucionado el nombre latino de *Hispania* en → *España* por influencias que no existen, por ejemplo, en el mantenimiento del actual *Italia* desde el latín *Italia* (por una especie de ley de mantenimiento de grandes topónimos), quedaba esperar a la aparición del adjetivo y gentilicio *español*, palabra que siempre ha concitado las dudas de los etimologistas, precisamente por esa terminación en *-ol*, realmente extraña en nuestro idioma para este tipo de palabras. Y es que, por mucho que nos pese, la palabra que nos designa a todos (y a nuestra lengua) no puede ser de origen castellano porque, de haber sido así, ahora nos llamaríamos **españuelos*. La palabra actual es más propia del antiguo provenzal, donde abundan los adjetivos con esa forma, como también ocurre en catalán.

El término ya aparece en el siglo XI en el Mediodía francés, unas décadas más tarde en Aragón, Soria y Navarra, y entre los siglos XII y XIII en Cataluña, Toledo, Burgos, y La Rioja, casi siempre usado entre inmigrantes franceses o, más exactamente, francos, hecho que refuerza la teoría de su origen. Así, se considera cierta la teoría de que este gentilicio realmente designó, en principio, a los pocos godos que iban quedando en la Península, y que, desde bien empezado el siglo VIII, huían hacia el Norte acosados por los hijos de Mahoma. Éstos, habiendo llegado ya al noreste de la llamada *Tarraconense,* no dejaron más alternativa a los hispano-godos que refugiarse en la Marca Hispánica carolingia, donde empezaron a recibir el nombre de *hispanioli,* en competencia con el más actualizado de *espanholes* o *españones,* que podría ser una adaptación de *hispaniol* al sufijo *-ón,* existente en palabras homólogas ya usadas entonces como *bretón, gascón,* etc. Ya casi en el siglo XIII el francés antiguo registra *espaignol,* forma que pasaría al catalán como *espanyol,* hasta el castellano actual. Lo curioso del asunto es que, aunque ahora parezca extraño o inesperado, los primeros *españoles,* sin más connotaciones, fueron precisamente, los que ahora llamamos *catalanes.*

esquirol Debemos el origen de este insulto al catalán *esquirol,* idioma en el que la palabra tiene dos significados muy diferentes: por un lado, el que comparte con el español, es decir, y según el *DRAE*, 'obrero que trabaja cuando hay huelga, o que se presta a realizar el trabajo abandonado por un huelguista', y, por otro, el de 'ardilla', valor que existe todavía en algunas parte de Aragón, y que procedería de un posible latín vulgar **scuriolus*, que era el diminutivo de **scúrius*, tomado del latín clásico *sciurus*. Algunos autores afirman que este nombre realmente procede del griego *skípuros*, idioma en el que significaría literalmente, 'el que da sombra con la cola', a partir de las palabras *skiá*, 'sombra', y *ourá*, 'cola', sin duda en alusión a su tamaño y a su curiosa posición vertical en relación con el cuerpo del animal.

Pero en lo que toca a nuestro idioma, lo realmente extraño es el proceso por el que el nombre de un animal tan simpático haya servido para designar despectivamente una actitud, para lo cual, más que una investigación zoológica en las posibles malas tretas de este roedor, debemos atender a la sabia explicación del escritor catalán Josep Pla, quien, en su obra *Un señor de Barcelona*, de 1944, afirma: «Manlleu ha jugado un gran papel en la historia de la lucha social catalana. Una de las primeras huelgas de Cataluña tuvo lugar en el pueblo, en la época de mi padre. Para sustituir a los huelguistas, los patronos hicieron lo posible para que entraran en las fábricas obreros de los pueblos de los alrededores. Uno de los pueblos que dio más contingente fue L'Esquirol, como se llama popularmente Santa María de Corcó. Estos obreros de L'Esquirol fueron llamados *esquiroles.*»

Y así, los antiguos habitantes de ese pueblo, perteneciente a la barcelonesa comarca de Osona, quizá sin pretenderlo, aportaron a la lengua una palabra que, todo hay que decirlo, está perdiendo vigencia poco a poco.

Este El punto cardinal que corresponde al 'Oriente, al lugar por donde nace el sol', recibe un nombre que habría surgido en el indoeuropeo **aus-*, una raíz que aludía a la 'salida del sol, el alba', y que podría ser el origen de la voz *aurora,* emparentada con el griego *eós.* Esta misma raíz se adoptó en germánico como *aust-*, un adverbio que significaba algo así como 'hacia Oriente, de Oriente', como se mantiene en el origen de palabras como *Austria, Ostrogodos* ('los godos del Este', frente a los *visigodos,* 'los godos del Oeste').

Muy pronto, este mismo adverbio de lugar germánico pasó al inglés antiguo transformado en *East,* pero con el mismo sentido de 'hacia el Este'. Con el paso del tiempo, el antiguo adverbio tomó carta de naturaleza ya como nombre en el inglés medio y así pasó al francés *est,* origen inmediato de nuestro *Este,* aunque no sin algún cambio más.

Sucede que la palabra que nos ocupa sufrió un proceso similar al de la voz → *atril,* dado que, aunque nos llegó como *est*, en antiguo español la palabra fue (y todavía en portugués es así) *leste*, es decir, no sólo recibimos la palabra sino también el artículo, de manera que al ser en francés *l'est* 'el Este', ambas palabras se aglutinaron y, para nosotros, durante algún tiempo, hasta los siglos XVI y XVII fueron sólo una, si bien pronto empezó a vacilar con la forma *l'este*, hasta que el artículo se perdió para darle a la palabra el tratamiento gramatical normal de *el Este*. → *Oeste*, *Occidente* y *Oriente*.

estimar El doble valor de este verbo en español, 'tasar, valorar', por un lado, y 'apreciar, querer', por otro, está tan marcado que el primer significado produce un sustantivo (*estimación*, como en «las primeras *estimaciones* del accidente»), frente al segundo valor, que genera el de *estima* («tener a alguien en gran *estima*»). Y, sin embargo, según algunos autores, ambos significados se relacionan más de lo que nos imaginamos. Está fuera de toda duda que la palabra procede del latín *aestimare*, verbo que ya entonces poseía exactamente los dos significados citados, lo cual no puede deberse a otra cosa que a la siguiente: la primera parte de la palabra es en realidad *aes*, voz latina que significaba 'bronce (→ *campana*), cobre' y también 'dinero, paga', lo cual confiere al verbo un valor más material que el de la simple *estima*, por cuanto que estaríamos hablando de una *apreciación económica*, *monetaria,* valor que, efectivamente, corresponde con el primer significado mencionado, y que quizá fuera el origen posterior, más espiritual.

Digamos, por último, que hay quien afirma que la forma más habitual de decir «te quiero» en catalán, es decir, *t'estimo,* guarda estrecha relación con el valor primitivo de este verbo.

estraperlo Muy adecuada a una época de España que ya pasó a la Historia, la palabra *estraperlo* alcanzó una vigencia extraordinaria allá por 1935, para designar una 'práctica fraudulenta o ilegal', o un 'comercio ilegal', si bien fue poco a poco desbancada, aunque sólo para algunos contextos, por la voz *contrabando* («ha conseguido una pluma americana de estraperlo/de contrabando»), y quizá ahora por *de extranjis* («se ha traído un vídeo de extranjis»).

Por lo que hace al origen de la palabra, parece que no hay ninguna duda en afirmar que se encuentra en la unión de los apellidos de dos personas con mucha vista que, no siendo españoles, quisieron hacerse ricos en España. Ambos personajes —siempre caracterizados peyorativamente como judíos—, un tal David Strauss, empresario de juegos de azar en el Sur de Francia, y un tal Perlo (o Perle, según se le suponga italiano o centroeuropeo, respectivamente), inventaron una ruleta eléctrica de extraordinaria precisión que tenía la enorme ventaja de poder trucarse con facilidad, lo cual aseguraba las ganancias. El nombre del nuevo y fraudulento invento era el de *Straussperle* o *Straperle*.

Pero ocurría que en la España de la II República, los juegos de azar necesitaban permisos del Gobierno, y el de la ruleta *Straperle* no llegaba nunca. Como pasaba el tiempo, Strauss, que había sido expulsado ya de Holanda por haber intentado su timo gubernamental con el mismo truco, comenzó a ganarse la amistad de políticos y otras personas influyentes, entre los que destacó Aurelio Lerroux, nada menos que sobrino e hijo adoptivo del hombre fuerte del Gobierno, don Alejandro Lerroux, aunque el Presidente del Consejo fuera Chapaprieta.

En su ansia por empezar sus trapicheos, se sabe que Strauss llegó a instalar sin permiso su *Straperle* en la localidad gerundense de Sitges, y lo mismo hizo en el casino de San Sebastián, aunque esta vez con el visto bueno del subsecretario de Gobernación, y del gobernador de la ciudad, pero de poco le sirvió: a las tres horas de haber empezado el juego, la policía lo prohibió, como tuvo que hacer en el casino de Formentor, en Mallorca, donde también había comenzado su estafa el ilegal invento.

Inasequible al desaliento, Strauss tuvo la osadía de llegar a protestar ante el Presidente de la República, Alcalá Zamora, por estas acciones policiales y para reclamar dinero por daños y perjuicios. La participación en el asunto del sobrino de Lerroux y la transformación de un mero hecho civil en un caso político en manos de la oposición de izquierdas hicieron tanta mella en el partido radical que Lerroux, don Alejandro, aunque considerado inocente, tuvo que abandonar la jefatura de su partido y el Gobierno.

estribor Por extraño que nos parezca, los buques no siempre se gobernaron como ahora, colocado el piloto mirando hacia adelante, es decir, hacia la *proa*. Efectivamente, durante mucho tiempo, la rueda del timón (técnicamente *gobernalle)*, en lugar de situarse enfrente, estaba en un lateral, concretamente el derecho, por lo que la palabra *estribor* no significaba otra cosa que 'el lado del timón'. Pero, quizá por una cuestión de mera comodidad, las costumbres de la navegación cambiaron y, como no podía ser de otra forma, eso se reflejó en el cambio del significado de la voz.

En lo que hace a su etimología hasta llegar al español, tenemos que decir que encontramos en el francés antiguo la palabra *estribord*, si bien hay que remontarse al neerlandés *stierboord*, a partir de dos voces germánicas, con algunas variantes. Así, por un lado, existía la forma *stiurjo* (o *stier*, o *stuur)*, literalmente, 'timón', y, por otro, *boord* (o *burd)*, que era el 'lado' o, más técnicamente, 'la borda'. Al referirse siempre al mismo lado, al derecho, éste fue el valor que conservó, para oponerlo a → *babor*, que es, exactamente, el izquierdo mirando hacia la proa.

estupendo → *estúpido.*

estúpido Al igual que ocurre con otros términos procedentes de la psiquiatría o de la psicología, tales como → *idiota,* → *imbécil* o subnormal, etc., nos encontramos ante un caso de vulgarización de una palabra debido a un proceso de generalización.

Así, y pese a que esta voz no fue demasiado usada hasta principios del siglo pasado, lo cierto es que su frecuencia se ha incrementado tanto que forma ya parte del rosario de insultos más habituales en cualquier discusión acalorada. La consecuencia es que ya pocos la usan con su valor primitivo, que no era otro que el de 'sorprendido, asombrado, aturdido', a partir del sustantivo latino *stupidus,* derivado del verbo *stupere,* 'asombrarse, aturdirse, sorprenderse' (→ *estupor).*

Como comprobación de ese proceso de «envilecimiento», que causó que la palabra, más o menos neutra, se cargara de un valor negativo que antes era desconocido, debemos recordar que un derivado directo, *stupendus,* literalmente 'asombroso, que será admirado', ha pasado al español con una significación totalmente positiva en la forma *estupendo,* que sólo comparte con *estúpido* una lejana y ambigua raíz.

estupor Cuando los antiguos romanos querían decir 'asombrarse, aturdirse, sorprenderse' usaban, entre otros verbos, *stupere,* que poseía el sustantivo *stupor,* que pasó al español con el valor que tiene en el español actual la palabra *estupor*. Aquellos latinos pensaban que una persona que, ante algo inesperado, se quedaba inmóvil, sin reacción, en estado de aturdimiento, padecía de *estupor*, por lo que, sin más connotaciones, lo calificaban de *stupidus*, que era el que estaba 'aturdido, sorprendido, asombrado'.

En la actualidad, *estupor* tiene, además, un valor de 'indignación', de 'rabia que produce algo terrible que no se acepta' en contextos como «las imágenes de la última acción terrorista, causaron el *estupor* de los vecinos», o «las declaraciones de los empresarios llenaron de *estupor* a los trabajadores despedidos».

Europa El nombre del continente y de la nueva realidad supranacional en la que nos encontramos finalmente integrados se debe a una chica guapa, cuya historia nos cuenta la mitología griega.

En efecto, la jovencita llamada Europa, hija del rey Agenore de Fenicia, era conocida, además, por ser realmente preciosa, hasta el punto de que Zeus, el dios de dioses, se enamoró de ella. Como nada se interponía a la voluntad del divino mujeriego, decidió seducirla, para lo cual optó por transformarse en un toro o, quizá menos agresivo y tierno, en un novillo. Así, una mañana en que la princesa se estaba bañando con sus ninfas, el dios se acercó al río, atrajo a la princesa, la engañó y la raptó para llevársela a la isla de Creta, donde la sedujo. Fruto de este encuentro, Europa dio a luz a Minos, a Sarpedón y a Radamanto.

Pero, mitologías aparte, tenemos que decir que, como término geográfico *Europa* es bastante más reciente, dado que se remonta como tal al siglo VII a. C. Pero, además, los autores que lo habían usado, lo habían hecho sin ponerse de acuerdo sobre la región que abarcaba el término. Así, por ejemplo, Homero (siglos X-IX a. C.) llamaba *Europa* a la Grecia central, en oposición al Peloponeso y a las islas del mar Egeo. Para Aristóteles (384-322 a. C.), por su parte, *Europa* eran 'los países fríos del Norte'.

Por paradójico que parezca, sería sólo después de la desmembración del Imperio Romano en muchos reinos dominados por los bárbaros, cuando el topónimo *Europa* adquiriera el significado actual, ya casi en los albores de la Edad Media. Y lo cierto es que tiene su lógica si se piensa que, frente a las invasiones musulmanas, los diferentes papas se vieron en la necesidad de reforzar la idea de unidad —no demasiado consolidada— entre los pueblos del continente, difundiendo así un sentimiento de solidaridad (católica) entre franceses, españoles e italianos. De esta necesidad de unión, rota después en infinitas ocasiones, aquellos *europeos* obtendrían la fuerza suficiente para formar un frente común, y bajo el mando del rey francés Carlos Martel (aprox. 685-741), frenar a los árabes en Poitiers (Francia).

Por otra parte, y a modo de alternativa etimológica, algunos estudiosos afirman que *Europa* deriva de la palabra semítica *ereb*, que significaría 'Occidente', lo cual no deja de ser verosímil, desde el punto de vista de los pueblos semitas. Quede constancia de la posibilidad.

F

f Los fenicios —los auténticos creadores de nuestro abecedario— disponían de un sonido que, más o menos, se pronunciaba como, erróneamente, algunos articulan la letra *v*, para intentar diferenciar su sonido del de la *b*. Cuando los griegos oyeron ese sonido, para una letra que se llamaba *waw*, se dieron cuenta de que aquello no correspondía con nada de lo que ellos decían, si bien acabaron por adoptar la letra aunque la transformaron en una especie de *ü* (una *u* muy cerrada) y, además, y quizá por un criterio de uso, en lugar de colocarla en el sexto lugar que ocupaba en el alfabeto fenicio, la convirtieron en la letra número veinte, bastante más atrás.

Esto creó una laguna en el sexto lugar del nuevo alfabeto griego, para lo cual se creó una nueva letra que tenía la forma de una *F* mayúscula pero mirando hacia la izquierda (llamada *digamma* por recordar a dos letras *gamma* colocadas una encima de otra), y que, después de algunas vacilaciones, acabó sonando, aunque sólo durante un tiempo, como la que habían heredado del fenicio. Sin embargo, y después de haberla girado hacia la derecha hasta su posición actual, la letra dejó de tener sonido y a punto estuvo de desaparecer para siempre, como le ocurrió a la → *d*, si no llega a ser por los etruscos, que sí tenían el sonido perdido de los griegos y, automáticamente, volvieron a dotarla de contenido.

Pero serían los romanos quienes, al disponer de un sonido como el de nuestra actual *efe*, utilizaran la letra, si bien, durante algún tiempo, se escribió *fh* para diferenciarla de la etrusca, de manera que nuestra actual *f* es una reducción de *fh*.

Ya en Castilla, la *efe* volvió a ver reducido su uso al producirse la evolución de la *f*- inicial latina en una *h*- aspirada y, más tarde, sin aspirar (como, por ejemplo, *filu(m)>hilo*). Además, durante la Edad Media compartió uso con la forma *ph*, que era como los romanos transcribían las palabras griegas que no tenían un sonido idéntico al suyo. → *Paco*.

En la actualidad, algunos idiomas como el francés o el inglés mantienen esta doble forma para escribir palabras cultas (como hacía, por ejemplo, Alfonso X el Sabio, que escribía su nombre con *f* pero mantenía *ph* para los cultismos). En español, este hábito fue debilitándose poco a poco hasta desaparecer por completo, especialmente desde que la Real Academia, en la cuarta edición de su *Diccionario*, aparecida en 1803, decidió optar por la grafía *f* para todas las palabras, independientemente de su origen.

Digamos, por último que, esta letra recibe su nombre de *efe* (en lugar de *fe*) gracias al escritor latino Marco Terencio Varrón (116-26 a. C.), quien, en su mutilada obra *De lingua latina*, escrita en el siglo I a. C., determinó que los nombres de las letras que él consideraba semivocales, es decir, la *f*, la *l*, la *m*, la *n*, la *r* y la *s*, tenían que empezar por *e-*, a diferencia de las otras, las puramente consonantes (la *b*, la *c*, la *d*, la *g*, la *p*, la *t*, etc.), que no necesitarían esa vocal inicial para ser nombradas.

fa Nombre del cuarto tono de la escala musical. → *do*.

faro Aunque el uso cotidiano ha hecho que llamemos así fundamentalmente a las luces de los coches («*faros* antiniebla», el «*faro* derecho», etc.), no debemos olvidar que *faro* es esa torre alta colocada en el puerto y que sirve de punto de referencia nocturna a los navegantes, gracias a esa potente luz que la corona. Así, de este sentido de 'guía, orientación', se usa de forma metafórica cuando se dice que alguien es el *faro* de su vida, entre otras cosas.

Ciñéndonos a la palabra, señalemos que nos llegó del latín *pharu(m)*, y ésta del griego. En realidad se trataba de un topónimo, y, en este caso, del nombre de una isla, la isla de Pháros, situada en la bahía de Alejandría, en Egipto. Esa pequeña isla, una más de todas aquéllas, se desmarcó de las demás y alcanzó la fama universal gracias a la visión y la inteligencia de un rey, Ptolomeo Sóter, quien, allá por el siglo II a. C., mandó construir en la costa un faro de tal grandiosidad que llegó a ser una de las Siete Maravillas del Mundo. Y fue así porque, entre otras cosas, tenía una altura de nada menos que 135 metros, erigidos sobre planta cuadrada, lo cual nos da idea de lo excepcional (aparte de ser la primera) de esta obra de ingeniería, considerada el refugio preferido de Proteo, el viejo dios marino de los griegos.

La maravilla y la gloria de este auténtico *faro* serán sólo recordadas porque ya no es posible contemplarlo: en el siglo XIV un colosal terremoto lo derrumbó y nadie ha vuelto a reconstruirlo.

febrero No parece que haya duda en atribuir el origen de su nombre a la misma denominación que en latín recibía este mes, que no era otro que *februarius*, cuyo significado era 'el mes de las purificaciones', dado que a este mes se le consideraba propio de los muertos y de las celebraciones purificadoras (las *lupercales*), en honor del dios Pan (→ *pánico*), las cuales tenían lugar en el último periodo del año. → *enero*.

En efecto, era en los últimos días del último mes del año cuando tenían lugar las *februa*, unas fiestas de purificación, que tomaban el nombre de *februus*, 'medio de purificación', y que eran las ceremonias de la expiación. En ellas los romanos se dedicaban a purificar la ciudad honrando a los muertos con sacrificios. Su íntima relación semántica y morfológica con la fiebre *(febris)* no parece merecer más mención por su obviedad.

fideos Esa tradicional pasta de trigo en forma de hilos largos aparece ya citada en el español mozárabe del siglo XIII con el nombre de *fideos* y se asegura que procedía del verbo *fidear,* conservado hoy en el judeoespañol de los sefardíes, que significaba 'crecer, dilatarse', como hace la pasta al cocerse. Un poco más atrás, el verbo se debería a la raíz árabe *fâd,* con el mismo valor de 'dilatarse, rebosar, salirse'.

Pero tampoco los finos *fideos* se libran de las hipótesis, dado que algunos afirman que su nombre procede de la palabra latina *fides* que no era más que la 'cuerda de la lira', por la forma de los hilos de pasta. Pese a lo sugestivo de la teoría, es de rigor advertir que los romanos no conocían —en aquella época— los *fideos,* lo cual, sin duda, dificulta la verosimilitud de la teoría.

filípica Este sinónimo culto de 'reprensión, severa censura, fuerte advertencia', y, coloquialmente 'bronca, chorreo', nos vino a través de la expresión latina *philippica (oratio)*, llegada a este idioma desde el griego. Y debe su origen a los cuatro discursos pronunciados por el excelente orador griego Demóstenes (384-332 a. C.) contra el padre de Alejandro Magno, nada menos que Filipo II (382-336 a. C.), rey de Macedonia y de casi toda Grecia, cuando estaba a punto de atacar Atenas.

La Historia nos dice que, pese a tan duros discursos, Filipo atacó la ciudad-estado y, con algunas tretas no precisamente militares, consiguió conquistarla.

Gracias a la fama de aquéllas, y a imitación de Demóstenes, el elocuente orador y político romano Marco Tulio *Cicerón* (106-43 a. C.) (→ *cicerone),* tituló también *Filípicas* a las catorce oraciones que pronunció sobre asuntos públicos.

Filipinas Ese auténtico rompecabezas de islas e islotes (unas 7.000) del Océano Pacífico que recibe el nombre de *Pilipinas* en idioma tagalo, y de *Philippines* en inglés, es así conocido por el nombre del rey español Felipe II (1556-1598). Sin embargo, debemos matizar que, cuando el navegante español Ruy López de Villalobos, en 1543 llamó a la Isla de Leyte *Isla Filipina,* Felipe aún no era rey, sino Príncipe de Asturias, lo que explica que el bautizo de la isla se produjera antes que el inicio del reinado.

El poder del rey sería después tan inmenso que el nombre de la citada Leyte, una de las once más importantes del archipiélago, llegó a extenderse a todo el país.

Con el andar del tiempo, desde aquel 14 de agosto de 1898 en el que la capital, Manila, se rindió, el país se desgajaba para siempre de España, situación que, en opinión de muchos filipinos, no terminará hasta que también se cambie el nombre del país, dado que siempre se han quejado de que la denominación oficial conserva un colonialismo implícito, al recordar a un antiguo rey de la metrópoli. Así, durante el régimen del presidente Marcos (1965-1986) hubo un proyecto de cambiar el nombre del país y sustituirlo por el de *Maharlika*. La propuesta tuvo las bendiciones oficiales hasta que un estudioso hizo notar que dicho nombre tenía su origen en el sánscrito, concretamente en las palabras *maha lingam*, o, lo que es lo mismo, 'falo grande'. Los filipinos desecharon el nombre de *Maharlika* para nombrar a su país. → *Chabacano*.

fimosis La enfermedad que consiste en un estrechamiento del prepucio de tal manera que impide salir al → *glande*, como si lo aprisionara, debe su nombre al término griego *fímosis*, de igual significado, derivado del verbo griego *fimoun*, es decir, 'amordazar con un bozal', verbo tomado del nombre *fimós* que significaba 'bozal', lo cual es una metáfora que no puede ser ni más expresiva ni más explícita.

Finisterre Uno de los cabos —que da nombre a su correspondiente municipio— más conocidos de nuestra geografía es sin duda el de Finisterre (*Fisterra* en gallego), en la costa atlántica gallega, y debe su nombre en español a la antigua creencia de que allí se terminaba la Tierra, por lo que recibió el nombre latino de *Finis Terræ*, lo cual no significa otra cosa que 'el fin de la Tierra', excepcional por mantener el caso nominativo del latín, en lugar del habitual acusativo (*fine(m)*). Se hizo especialmente famoso este cabo por haber sido el escenario en 1805 de la así llamada «batalla de Finisterre», un combate naval entre la escuadra francoespañola y la inglesa que terminó mal para aquélla porque, además de la derrota, significó también el final de las pretensiones napoleónicas de invadir Gran Bretaña.

Parece digno de destacarse que en la región de la Bretaña, en el extremo occidental de Francia, existe un Departamento llamado *Finistère*, que recibe ese nombre por la misma razón que nuestro cabo: para aquellos franceses, la Tierra también terminaba allí, en *su* Occidente, por lo que la idea se repite en los mismos términos.

fiscal Varios son los significados con que usamos esta palabra en español. Nos referimos aquí al primitivo, al original, que es el que tiene que ver con el erario o tesoro público, valor profusamente utilizado en contextos como «presión fiscal», «ventajas fiscales», «desgravación fiscal», etc., que mantienen la acepción referida a los impuestos, al dinero en definitiva.

Encuentra este adjetivo su origen en la palabra latina *fiscu(m)*, de significado cristalino para lo que nos afecta, dado que era así como los antiguos romanos llamaban a una 'cesta de mimbre o de junco', que era el recipiente que usaban para recaudar el dinero de los impuestos, a los que podríamos considerar, como a ningún otro, «impuestos directos», porque se pagaban así, directamente en la cesta.

Derivado de *fiscal*, encontramos el verbo *confiscar*, con ese significado de 'hacer pasar al tesoro público lo que antes era de un particular', o dicho de forma coloquial, 'echar al cesto del Estado'.

Obsérvese que 2.000 años después, en las iglesias se sigue «pasando el cesto» para que los asistentes colaboren de forma directa con el «sostenimiento de la Iglesia», en una actitud que en poco o en nada varía de la norma romana.

flamenco Son varias las explicaciones que se han dado al origen del término. Se ha dicho que tiene que ver con Flandes, y que es un tipo de folclore traído por los tercios del siglo XVII. No falta quien afirma que se relaciona directamente con *flamma*, 'llama' en latín, por tratarse de una manifestación folclórica apasionada, ardiente. Se afirma, incluso, que la silueta de los bailaores cuando danzan recuerda al ave zancuda llamada *flamenco*.

La realidad es que la palabra procede del árabe *pelag-mengu* o *felamengu*, que significa 'hombre vagabundo'. Al parecer, así denominaban los árabes a los gitanos, verdaderos transmisores del arte *flamenco*.

El origen del *flamenco* hay que buscarlo en la zona delimitada por el Norte de la India, el Tíbet y Nepal, de la que proceden los gitanos. Las danzas de estos lugares son asombrosamente parecidas al flamenco actual, así como otras de zonas más meridionales del sureste asiático. El movimiento de las manos de las bailarinas tailandesas o, incluso, las representaciones de la diosa Shiva, con múltiples brazos y manos que parecen moverse en el aire pueden confirmar lo dicho.

Seguramente los árabes fueron los que, junto con otros aspectos culturales y con diversos productos de Asia, trajeron estas danzas a la Península. Cuando llegaron los gitanos, ocho siglos después, se encontraron con algo asombrosamente parecido a su forma de cantar y bailar. Esta doble vía de penetración originó una fusión cultural que derivó en el *flamenco* actual.

follar La acepción vulgar de este verbo, que nada tiene que ver con otras relacionadas con las hojas (del latín *follia(m)*), y que no necesita explicación por sabida, encuentra sus raíces en la muy honesta palabra latina *follis*, 'fuelle', valor con el que llegó al español. A partir del sustantivo, con el paso del tiempo, se creó el verbo correspondiente con el primer significado de 'soplar con un fuelle'.

Pero no terminaría ahí la historia. La asociación de muchas acciones humanas con objetos o procesos mecánicos ajenos a nosotros es un tipo de metáfora abundante y frecuente en toda la lengua (*faltarle a uno un tornillo, cabeza = olla, cabeza = tarro, poner la antena, el arco del triunfo*, etc., → *carajo*), y parece que no es descabellado pensar que esa acción de 'echar aire como un fuelle' se identificó en nuestra lengua con 'soltar una ventosidad' («sin ruido», matiza la Academia), tal como hace el instrumento de la forja que sirve para animar el fuego.

Entra dentro de la lógica, visto lo visto, que *la acción de jadear*, que no es sino echar aire (aunque con ruido), comenzara también a llamarse *follar*, por lo que la identificación de *jadear* con la de 'practicar el coito' no parece necesitar más explicación.

No obstante, algunos autores toman un camino un poco diferente. Hacen derivar nuestro verbo del latino *follicare* que, en efecto, era 'respirar como un fuelle, resollar, jadear'. Y, a partir de aquí, de *follicare*, llegan a *folgar* y al castellano *holgar*, que habría seguido el sendero de «lo honrado». El sendero de «lo golfo» llegaría hasta la forma que nos ocupa. → *huelga* y *juerga*.

fulano Esta forma indeterminada de hablar de alguien en abstracto, aunque despectiva cuando nos referimos a alguien determinado («un fulano con una pinta horrible») e, injustamente, a una mujer, parece derivar del adjetivo árabe *fulân*, que significa 'tal, cualquier', y así, por ejemplo, Gonzalo de Berceo, en los *Milagros de Nuestra Señora* (siglo XIII), escribe: «por alma de un monje de *fulana* mongía» (copla 170), y el Rey Sabio, Alfonso X, en sus magistrales *Partidas* (1265) dice «descomulga a *fulano* ome», aunque en español pronto se hizo nombre (y no adjetivo) con el valor que antes se indicaba.

Pero parece que hay mucha dispersión de ideas sobre la historia de este *fulano*. Así, hay teorías, como la latinista, que hace derivar la palabra a partir de los nombres de *Fabulano* y *Statano*, dos dioses romanos de los niños que les servían para enseñarlos a hablar y a andar, respectivamente. Los nombres de esos dos dioses infantiles acabaron derivando en *Fulano* y → *Zutano*.

Otros autores prefieren hacer proceder la palabra del hebreo *feloni*, 'cualquiera', aunque llegó a nosotros a través del árabe *plulen*.

Por último, no falta quien encuentra en el griego las palabras *almoní* y *peloní*, supuestamente usadas para aludir a cosas y personas desconocidas, de cuya síntesis tendríamos la voz que nos ocupa. → *mengano* y *perengano*.

G

g Las estrechas relaciones existentes entre las letras → *c* y *g* se remontan a los fenicios, los creadores del alfabeto, para quienes la *g* recibía el nombre de *gímel*, que significaba 'camello', aunque se escribía como nuestra *c*. Con el contacto con los griegos, éstos tomaron la letra fenicia y la llamaron *gamma* (perfectamente diferenciada de la *kappa*) aunque más tarde, los etruscos la retomaran como → *k*, que fue como entró en el abecedario latino. Sin embargo, los romanos sí hacían diferencia de los sonidos de las dos letras mencionadas, y, aunque durante un tiempo la *c* servía para los sonidos /k/ y /g/, la necesidad los obligó a crear una nueva letra, basada, por supuesto, en la *c*, y a la que aplicaron una rayita oblicua en la parte inferior derecha, dándole un aspecto similar al de una *Q* mayúscula sin cerrar del todo. Esta invención, atribuida a Espurio Carvilio Ruga en el año 239 a. C., fue realmente una buena idea, aunque no piensen así los partidarios de la simplificación de la ortografía española.

En efecto, el acierto romano de aplicar un sonido a una letra dejó de cumplirse en español con letras como la que nos ocupa, dado que g pronto empezó a representar un sonido fuerte y un sonido suave, dependiendo de las vocales que llevara detrás. Así, decimos *gafas*, *gótico* y *guapo*, frente a *generación* y *girar*, lo que ha originado muchos intentos de reducción a una sola letra para cada sonido, y a actitudes personales como la de escribir, como hacía el poeta andaluz Juan Ramón Jiménez (1881-1958), **jeneración* y **jirar*, lo que supondría que pudiéramos escribir **gisar* y **gerra*, sin necesidad de escribir esa —*u*—, necesaria para mantener el sonido suave frente a *-e* y a *-i*.

gabacho Esta voz, de las pocas despectivas que tiene el español, comparado con otros idiomas, para denostar a sus vecinos, es la forma más popular de referirse peyorativamente a los franceses, y todo parece indicar que nació, como suele ocurrir, en la zona fronteriza, en los Pirineos, si bien, como veremos, son varios los posibles orígenes de la palabra.

Parece claro que son dos los contextos que sirvieran como caldo de cultivo del nombre. Por un lado, muchos autores coinciden, y podemos citar nada menos que a don Sebastián de Covarrubias en su *Tesoro de la Lengua Castellana* o *Española* (1611), o al propio *Diccionario de Autoridades* (1726-1739), en la idea de aplicar el término a obreros de trabajos poco considerados socialmente. Afirman que la voz *gabacho* o *gavacho* designaba siempre a los franceses del Sur que pasaban a España para trabajar, no siempre en empleos de demasiada categoría, «y se ocupan en servicios bajos y viles, y se afrentan cuando los llaman *gavachos*», como decía Covarrubias, o que «en ciertos días del año vienen al reino de Aragón y otras partes, donde se ocupan y ejercitan en los ministerios más bajos y humildes», según asegura el *Diccionario de Autoridades,* que precisa, de forma muy interesante para nosotros, que los que recibían este nombre eran normalmente los habitantes de los «pueblos que están a las faldas de los Pirineos, entre el río *Gaba* (hoy Gave)», lo cual es ya una información fidedigna sobre el origen de la palabra.

En este mismo contexto, digamos que ya en el siglo XVII, se llamaba *gabachos* a los buhoneros de la región meridional francesa de la Gascuña que recorrían España vendiendo baratijas.

El segundo contexto, quizá unido al anterior por el mismo hilo del desprecio, nos sitúa en la referencia a la supuesta incapacidad que tendrían aquellos franceses para hablar correctamente español. No es de extrañar, entonces, que existiera durante la invasión napoleónica la expresión *hablar en gabacho,* aplicada particularmente a los franceses que no hablaban bien español. A este respecto, debemos recordar que, en reciprocidad, cuando alguien habla mal francés, se le aplica una expresión existente en ese idioma que nos recuerda a nuestra cabaña vacuna (*parler français comme une vache espagnole*, adaptación popular de hablarlo *comme un Basque espagnol*), lo cual habla por sí solo de la importancia que cada pueblo le da a su lengua.

Sobre la etimología de la palabra, y además de la posibilidad citada de tratarse de un gentilicio a partir del río Gaba o, modernamente, Gave, debemos mencionar que Julio Cejador, al comentar la obra de Quevedo *La hora de todos y la fortuna con seso* (1636), escribe que el apodo de *gabacho* se debe a los *gaves* o ríos que corren entre cañadas del Pirineo. Hay que decir que, en efecto, en francés existe la voz *gave*, escrita *gabe* en dialecto bearnés (asentado en el suroeste del país), definida como 'corriente de agua, torrente pirineo', lo cual nos obliga a pensar que decir «río Gave» es, realmente, una repetición, un pleonasmo, parecido a decir «calle de la Rúa», por ejemplo.

No faltan quienes afirman, por otra parte, que la voz *gabacho* tiene orígenes vascos, a partir de las palabras *gabes* o *gabas* ('rocas y riachuelos') y *acha, aitza* ('riscos'), y tiene verosimilitud la teoría que asegura que en Francia se llama *gavacherie* a un mal dialecto que hablan los habitantes de un cantón de Libourne, de la Reole y de Marmande, lo cual situaría el origen de la palabra en el propio territorio francés, como lo confirmaría la idea de que la palabra procede del provenzal *gavach*, 'el que habla mal', o 'montañés grosero', palabra que podría tener origen prerromano.

Por último, se ha establecido relación entre la palabra y formas provenzales como *gavach, gavaych, gavachou* o *gavot* con el valor de 'rústico, montañés, habitante de los Pirineos', derivados de la palabra *gava* (quizá del latín antiguo *gaba,* 'garganta'), que tenía el curioso valor de 'bocio, buche', una de las enfermedades más habituales de los montañeses, que acusan la falta de sal yodada mediante un visible abultamiento del cuello por alteraciones de la glándula tiroides, situada en dicha zona. Es posible que los habitantes del Pirineo francés que padecieran de dicho mal llamaran la atención por ello y merecieran el descriptivo nombre que nos ocupa. No obstante, quizá no esté de más recordar que tan montañeses son los que viven de un lado como de otro de los Pirineos (o de cualquier otra montaña), por lo que, de haber bocio o cualquier otra enfermedad, existiría a ambos lados, lo cual hace extraño que un pueblo con un mal llame a otro que lo padezca por el nombre de esa enfermedad. Pero nunca se sabe.

gabardina La clásica prenda para protegernos de la lluvia que dio paso, en su momento, al juvenil *chubasquero,* o a otros sucedáneos como *plumíferos (el plumas* entre los más jóvenes), parece deber su nombre a una palabra con dificultades para encontrar sus orígenes.

Así, por ejemplo, se afirma que podría proceder del francés *galvardine* o *gaverdine,* 'abrigo', mediante un calco del alemán del siglo XV *Wallevart,* palabra que significaba 'peregrinación o peregrinaje', por ser la prenda propia de los caminantes, por lo que tendría el sentido de '[capa de] peregrino', es decir, 'un abrigo sin mangas, amplio, y a menudo provisto de una capucha'. Sin embargo, parece más probado que, en lugar de deberle este préstamo al francés, fue el español el idioma originario, de donde saldría después, a finales del siglo XIX, la palabra francesa *gabardine,* con el valor de 'tejido de gabardina', como en expresiones del tipo «pantalón de *gabardine*». Después, por extensión, llegó a significar 'impermeable'.

En lo que respecta a nuestro idioma, son numerosos los autores que están de acuerdo con la idea de que la palabra *gabardina* se usaba ya hacia 1400 y que es en realidad un cruce entre *gabán* y *tabardo* (o su diminutivo, *tabardina),* que son los nombres de dos prendas ciertamente usuales en su tiempo aunque hoy hayan perdido vigencia. Por un lado, tendríamos el *gabán,* cuyo origen no ofrece dudas al parecer proceder del árabe *qabá,* 'la túnica, el gabán', y, por otro, esa prenda antigua y fuerte que llamamos *tabardo,* presente, por ejemplo en francés bajo las formas *tabard* o *tabar,* y que guarda secretamente el origen de su nombre, porque no se sabe a ciencia cierta si procede del francés antiguo *tabart,* o se debe a alguna raíz germánica... Lo cierto es que es un auténtico caso de evolución de la lengua: dos palabras que comienzan a dejar de usarse pasan el relevo, con alguna modificación, a otra para que ésta comience su propia andadura.

gabinete En los antiguos palacios de los nobles y gobernantes europeos, el *gabinete* era una estancia reservada y destinada a la lectura y a la recepción de las personas más íntimas. Pasando el tiempo, durante el absolutismo monárquico francés, dicha habitación llegó a ser tan íntima que el rey no tenía el más mínimo recato para lavarse y asearse allí, mientras recibía a ministros y consejeros, dando así a las decisiones el carácter casi personal y altamente reservado que la intimidad del lugar les ofrecía. De esta doble función, el francés y el italiano actuales mantienen, bajo las formas *cabinet* y *gabinetto*, respectivamente, el significado de 'pequeña estancia con un retrete y un lavabo' que se construye separada del cuarto de baño, costumbre muy arraigada en otros países europeos.

En cuanto a su etimología, hay que reseñar que el significado de 'el Gobierno, el Ejecutivo', toma este valor de la palabra inglesa *cabinet*, que ya desde el siglo XVII significaba 'conjunto de consejeros, Gobierno'. Sin embargo, esta acepción, pese a ser ya antigua en inglés, no es, como hemos visto, la primera de la palabra, dado que en un principio *cabinet* tenía un abanico muy amplio de significados, entre los que destacamos los de 'cabaña, pequeña cámara', 'habitación', 'sala para exhibir obras de arte', y, ya en el siglo XVI, 'caja con compartimentos para guardar objetos de valor'.

En lo que hace al valor de 'conjunto de ministros', no obstante, y pese a que, como decimos, fue el inglés el idioma que lo difundió, hay que matizar que algunos años antes existía ya en francés lo que se llamaba el *cabinet du roi,* el cuarto privado del rey, expresión que fue tomada por el inglés tan rápidamente que ya en el siglo XVII empieza a haber referencias al *cabinet council,* es decir, el 'consejo [de la sala] del Gabinete', predecesor inmediato del *Cabinet,* 'el Gobierno', fase en la que ya se ha producido el cambio.

Sobre sus formas, digamos que aparecen registradas variaciones como *cabanet, cab(b)onet,* formadas a partir de *cabane, cabon* y *cabin,* salidas de la citada palabra francesa *cabinet,* que nos lleva al problema de su auténtico origen.

Algunos autores apuestan por la forma del latín vulgar *capanna(m),* que sería el origen del español *cabaña,* el portugués *cabana,* el italiano *capanna,* del francés antiguo *cabane,* y hasta del inglés antiguo *cabane,* a través del provenzal, del que hay testimonios. Pero también hay quien afirma que *cabinet,* por un proceso normal, sonaba ocasionalmente *gabinet,* teoría que obliga a buscar el origen en el italiano *gabinetto,* que podría ser perfectamente un diminutivo de *gabbia,* voz que procede del latín *cavea,* con el valor de 'jaula, cuarto pequeño'.

gafas Las inseparables compañeras de los ojos, el signo más evidente de haber pasado de una civilización de las manos que trabajan a una sociedad de ojos que ven imágenes, es a lo que en español llamamos con el pluralizado nombre de *gafas*. Y tan extendida palabra se la debemos al catalán *gafa*, lo cual no significa otra cosa que 'gancho', por las patillas o varillas que se enganchan en las orejas. Esta idea de *gafa* está emparentada directamente con el provenzal *gaf*, que significa 'anzuelo de hierro, gancho de pescar', con un valor general que aparece en verbos como *gafar* y *agafar*, 'coger, enganchar' y, que, por cierto, nada tienen que ver con el individuo acusado de llevar la mala suerte allí donde va y que llamamos *gafe*, más próximo a la palabra *gafo*, 'leproso', que a los anteojos.

Resulta curioso comprobar que en otros idiomas próximos, las *gafas*, a diferencia del español, reciben su nombre por el cristal, la razón de su existencia, y no por el soporte. Así, en inglés, por ejemplo, se llaman *glasses* ('cristales') y en francés, *lunettes* ('cristalitos, pequeñas lunas'), pero en italiano, *occhiali*, que se podría traducir literalmente como 'ojales, referentes a los ojos'. No obstante, debe recordarse que, en efecto, en muchos países de Hispanoamérica, las gafas se llaman *los lentes* o, como hace ya algunos años en el español de España, *los anteojos*.

galimatías Tres son las posibles etimologías de una palabra que sirve para referirse a un 'lenguaje inexplicable, confusión' o a un 'griterío', lo cual la convierte casi en sinónimo de → *algarabía.*

La primera de ellas hace derivar la palabra del francés *galimatias*, idioma en el que habría sido una especie de ironía, o de sarcasmo contra la ciencia, el saber universitario, etc. Allá por el siglo XVI, las continuas disputas filosóficas no merecían, para muchos observadores, más que la denominación 'ciencia de gallos', quizá por las *peleas,* que es lo que significaría *galimatías,* a partir de *galli,* 'gallo', y de la palabra griega *matheia,* que significa 'enseñanza'.

La segunda posible etimología podría hallarse en una anécdota surgida en plena celebración de un pleito, mantenido en latín como era costumbre hace siglos, y que trataba de dilucidar si un tal *Mathias* era el dueño o no de un *gallo*. Al parecer, al defensor de *Mathias* le traicionó el latín, y en lugar de decir *gallus Mathiæ,* es decir, 'el gallo de Matías', habría soltado un *galli Mathias,* o, lo que es lo mismo, 'Matías, el gallo'. Pueden suponerse el estruendo, las risas y las voces surgidas a causa de la frase, de forma que la equivocación habría hecho fortuna hasta perpetuarse así en el idioma.

Por último, y quizá con más visos de verosimilitud, se asegura que la voz *galimatías,* también procedente del francés como para las dos anteriores hipótesis, pudo haberse creado a partir de la deformación de la palabra *Barimatía*, usada así ya en el siglo XIII por Gonzalo de Berceo en sus *Milagros*, y que habría sido un error de lectura de la expresión latina *Ab Arimathea*, es decir, 'de Arimatea', en referencia al personaje bíblico José de Arimatea, únicamente presente en el relato evangélico (Mateo 27, 57-61; Marcos, 15, 42-47; Lucas 23, 50-56 y Juan, 19, 38-42) para hacerse cargo de algo tan fundamental como era el cadáver de Jesús, lo que le dio un valor realmente excepcional, a lo que hay que añadir la caracterización de la bondad y nobleza del personaje. Esa extraña *Arimatea*, que, si bien se refería a una ciudad de Judea, no vuelve a aparecer nunca más en toda la *Biblia*, fue lo que reforzó la idea de 'lugar exótico, casi desconocido', cuya lengua, por fuerza, habría de ser confusa e incomprensible, como un *galimatías*.

galleta Aunque algunas lo merecen por la dureza de su pasta, lo cierto es que pocas *galletas* pueden recordar el origen de su nombre, llegado al español hacia el siglo XVIII del francés *galette*, aunque en realidad procedía de una palabra —*galet*— que en galo significaba nada menos que 'guijarro, piedrecita', cuyo origen sería la voz *gal*, de origen celta, con el mismo significado.

Debemos pensar que, más que a su dureza, el nombre se debió al tamaño y a la forma.

garaje En franco apogeo contra su casi sinónima *cochera,* el *garaje,* que algunos se empeñan en seguir escribiendo **garage,* nos llegó del francés *garage* con el mismo valor, y también con el de 'muelle, desembarcadero', que fue el que derivó en el significado actual español. El sustantivo francés es sólo un derivado del antiguo verbo *garer,* es decir, 'guardar, proteger', recibido del fráncico **waron,* con el valor citado antes. De todo esto, parece ser raíz la forma germánica *war-*, es decir, 'proteger'.

gas Aunque cada día más arrinconada por la vitrocerámica, y por la extensión de las instalaciones de gasciudad, todavía es posible ver la tradicional bombona de butano siendo cargada y descargada de sus camiones o iluminando balcones y terrazas de muchas calles. Y resulta curioso que entre los profesionales del gremio no se las llame *bombonas* sino *botellas,* por la sencilla razón de que ellos, más que nadie, saben que, efectivamente, están llenas de líquido. De un líquido debidamente pesado, medido, controlado. Sólo al abrir la válvula ese control desaparece y las moléculas del líquido se hacen *gas* y se desordenan de tal manera que no es extraño que su nombre proceda del desorden por excelencia: el *caos.*

Así, al menos, debió de pensar el físico holandés J. B. van Helmot (1577-1644) cuando, después de estudiar la estructura interna de los sólidos, los líquidos y los *gases*, asoció la de estos últimos con el desorden más absoluto —lo que no ocurre tanto con los líquidos ni, mucho menos, con los sólidos—, de manera que a ese estado de la materia la llamó así, *gas*, adaptación, según sus propias palabras, de la palabra griega *jáos*, a través de la latina *chaos:*

«Halitum illum *Gas* vocavi, non longe a Chao veterum secretum», lo cual, más o menos, viene a decir: «He llamado *gas* a ese espíritu porque no es más que el *caos* de los antiguos.»

Sobre la forma que le dio a la nueva palabra, cabe pensar que el cambio de la inicial se debiera a que en su idioma, el neerlandés, la *ch-* y la *g-* suenan de modo parecido (como nuestra *j*), y quizá por cierta influencia de la palabra neerlandesa *geest*, 'espíritu' (parecido al inglés *ghost*), por la costumbre del propio Helmot de llamar al gas con la expresión latina *spiritus silvestris* o su sinónimo *halitum*.

Gibraltar Uno de los puntos más estratégicos del Planeta, ubicado en la Península Ibérica, y que se encuentra en la actualidad bajo dominio británico, recibía el antiguo nombre de *Kalpe*, palabra de discutida etimología, pero que presenta una raíz que recuerda la de *kar-* o *karr-*, que se mantiene en el vasco *harri*, 'piedra'.

Por su parte, también los griegos y los romanos quisieron llamar al Estrecho a su manera, y le dieron el nombre de *Herakleous Stelai* y *Columnae Herculis*, respectivamente, dado que exactamente ahí, entre el Peñón y el africano monte Abyla se encontraban las dos famosas *Columnas de Hércules*, las que el héroe, en su décimo *Trabajo* (→ *trabajo*), tuvo que separar para poder llevar a Micenos los bueyes de Gerión (→ *caco*) desde la isla de Ericia, «situada al Occidente».

Pero para encontrar el origen de su nombre actual debemos recurrir a los árabes, que fueron quienes denominaron a la Roca *Gabal Tariq*, es decir, 'monte de Tarik', en homenaje a Tariq ibn Ziyad, el famoso caudillo que desembarcó allí en el mes de abril de 711, dando así comienzo a la conquista musulmana de España.

Sólo había que esperar a que el nombre fuera adaptándose a la lengua de la Reconquista (que para la Roca se produjo en 1462) para llegar al nombre actual, bastante más evolucionado que el del pueblo almeriense de *Bentarique*, donde se repite el nombre propio del caudillo, y que en árabe significa 'los hijos de Tarik', es decir, *Ibn Tarik*.

gitano Este fascinante pueblo que lleva conviviendo con pueblos europeos desde los siglos XIV o XV, parece encontrar su origen entre los valles de la India desde donde comenzaron a buscar horizontes y tierras nuevas en un constante peregrinar que se refleja, por ejemplo, en su bandera, en la que figura la rueda de un carro como realidad y como recuerdo de una vida hecha por los caminos.

Sin embargo, y a pesar de considerar la India su cuna, desde siempre se ha asociado a este pueblo con el país de las pirámides, Egipto, de manera que es precisamente a este país al que deben su nombre, derivado de *egiptano*, 'egipcio, de Egipto', de donde se llegaría a la voz *gitano*. Esta teoría podría confirmarse por el hecho de que, entre los miembros de esta etnia, siempre se ha pensado en «el faraón» como mítica y legendaria representación de sus divinidades pre-europeas, sin olvidarnos de referencias más próximas, como «La Faraona», nombre dado como exaltación artística y humana a la popular y ya desaparecida bailaora y cantaora Lola Flores, de origen *gitano*.

glande La llamada «cabeza» del pene recibió este nombre en español a partir de una acertada metáfora descriptiva que lo identifica con una *bellota*, que es exactamente lo que significa la palabra latina *glande(m)*, y que sirvió también para hablar de *glándulas*, 'pequeñas bellotas', así llamadas por semejanza con los órganos que producen o alteran sustancias, como las salivares, las mamarias, las sudoríparas, etc.

Se trata, sin duda, de un nuevo caso de identificación de un objeto con una parte del cuerpo. → *cadera, músculo, pantorrilla, pene, pómulo, tibia, tímpano, rodilla, úvula* y *vagina*.

golfo Aunque un poco relegada por otros apelativos más o menos cariñosos, el *golfo* sinvergüenza, y no el accidente geográfico (que procede del griego *xólpos*, a través del latín vulgar *colphus*, 'hueco, seno'), es de esos insultos que varían enormemente según el contexto y el tono con que se profieran. Y, pese a que su etimología sea diferente de la del otro golfo físico, lo cierto es que comparte con aquél un relativo origen marino. Según parece, la palabra *golfo* es una reducción de la antigua y clásica voz *golfín*, que tenía el mismo significado que la actual, en un proceso no muy habitual en la lengua aunque no por ello inexistente. Así, en 1903, Nicolás Estévanez, en sus *Fragmentos de mis Memorias*, afirma: «[...] desde tiempo inmemorial a los pilluelos de la playa se les llama *golfines* en mi tierra [las Islas Canarias], como a los grandes usureros se les llama *tiburones*», aunque ya en *Libro de Buen Amor*, la magistral obra del Arcipreste de Hita (siglo XIV), se puede leer: «Rezas muy bien las oras con garçones *golfines*.»

Sobre el origen marino mencionado, digamos que parece deberse a que *golfín* era una forma popular de pronunciar el nombre del *delfín*, ese mamífero marino carnívoro que no siempre ha tenido esas connotaciones de amabilidad, simpatía e inteligencia de que goza hoy. Muy al contrario, las tradiciones marineras hablaban de grandes *peces* llamados *delfines* (lo fueran o no realmente) que atacaban a los barcos, que *saltaban* sobre su presa, imagen que se trasladó a los *salteadores* de caminos, quizá también influidos por la forma de la palabra *golfo* geográfico.

gorro Esa prenda que no tiene más añadidos (ni visera, ni alas) que lo que cubre la cabeza no tiene, tampoco, una etimología clara, aparte de hacerla derivar, con muchas dudas, de la antigua palabra francesa *gorre*, que significaría 'elegancia', aplicada a la prenda de forma muy concreta. Algunas teorías van más allá y traen esta palabra del francés dialectal del centro, o del francoprovenzal *gore, gorra*, con el valor de 'prostituta, libertina', cuyo aumentativo *gorrase* aparece hace mucho tiempo en el sentido de 'coqueta', derivado del *gorre* que citábamos antes.

gorrón Llamamos así al que, sin más mérito que su cara bonita, se aprovecha de una situación para sacar un beneficio gratuito. Se asocia mucho con el comer y el beber a costa de los demás, y recibe este nombre por aquellos estudiantes de los siglos XIV a XVII, más o menos, que hacían de criados de sus profesores pero asistían gratuitamente a los cursos con sus amos, y se distinguían por llevar capa y gorra. Esta indumentaria les era tan característica, que muchas veces ellos mismos eran llamados *capigorrones, gorrones* o, simplemente, *gorras*, prenda que, además del calificativo que nos ocupa, generó también expresiones como *comer / beber / dormir /*

vivir de gorra, sustentada por la práctica, ésta ya no exclusiva de estudiantes y más propia de aspirantes a artistas, de *pasar la gorra* después de una actuación callejera con el ánimo de que el público colaborara al mantenimiento del arte o, mejor dicho, del artista.

gótico La indescriptible sensación que se experimenta al encontrarse en el interior de una catedral como la de León, y la impresión de búsqueda de la espiritualidad que se comprende al contemplar la catedral de la ciudad alemana de Colonia, por citar sólo dos ejemplos que hablan por sí mismos, es algo que la Humanidad siempre deberá a esos pueblos germánicos que la Historia conoce por *godos.* Y es a ellos, a su manera centroeuropea de entender la religión, a quienes el arte les debe el cambio de una espiritualidad cerrada y humilde, a una aspiración abierta y alta, o, lo que es lo mismo, la evolución del arte románico al arte *gótico,* es decir, de los godos, ese pueblo germánico situado entre los ríos Elba y Vístula (o entre Berlín y Varsovia, aproximadamente) que invadió el Imperio Romano en los primeros siglos de nuestra era.

La existencia de este pueblo en la lengua aparece ya reflejada en el latín tardío *Gothi,* plural de *Gothus,* forma latina tardía del siglo IV, que produjo el adjetivo *gothicus,* 'gótico', hacia 306 d. C. Como suele suceder, la voz para llamar a un pueblo surge del propio idioma, y no es extraño que esa forma latina *Gothi* estuviera tomada a su vez de la fuente más original, del propio idioma gótico, donde existiría la forma **Gutans*, que significaría, precisamente, 'godos'.

granuja *Fresco* y *pícaro* son, con *granuja*, de esos insultos que, más que ofender, se dicen de forma cariñosa, por lo que suelen ser niños o chicos jóvenes los receptores de estos suaves improperios. Lo que quizá no pensemos cuando oímos o usamos una palabra como *granuja* es que estamos haciendo referencia al *grano*, y, concretamente, al de la uva, dado que, en un primer momento, ya la Real Academia en la edición de 1843 de su *Diccionario* recoge la expresión *uva granujada*, que era la que había perdido el *grano*, quizá por estar en la parte de abajo de la cesta.

Esta idea de una uva con el grano perdido empezó a extenderse al grano pequeño, al que empezó a llamarse *granujo*, con esa terminación en *-ujo*, de valor despectivo (como en el tristemente popular *maruja*, por ejemplo, derivado de *María*). El nombre hizo fortuna y, quizá de forma familiar al principio, empezó a usarse para llamar a un niño, o a un chico, especialmente cuando realizara acciones propias de adultos, como suele caracterizar a los ladronzuelos y a los chavales, que tienen que empezar a buscarse la vida antes de tiempo. A este respecto, recuérdese que se usan palabras como *mocoso* o *monicaco* para enfatizar la corta edad de un niño que no la aparenta por lo que hace. El *granujo* o, más exactamente, *granuja* (quizá pesó la idea de *uva* para mantener el femenino, o quizá la analogía con palabras próximas como *sinvergüenza* o *canalla*) entró así en nuestra lengua y lo hizo tan rápidamente que en la edición posterior a la citada de 1843 del *Diccionario* académico, la de 1884, ya podemos ver la palabra *granuja* con el valor de 'bribón, pícaro', al que ya siempre asociaremos con la uva.

En el libro del príncipe Lichnowski titulado *Recuerdos de la Guerra Carlista* (1837-1839) se afirma que se hizo dar educación militar a trescientos o cuatrocientos *granujas catalanes*, muchachos de diez a quince años, hijos de soldados, o huérfanos escapados de sus casas, y que seguían a los batallones carlistas. Y se añade, en explicación de la voz de *granuja*, esta nota: «Se llama *granujas* a los granos de uva que quedan en los cestos después de la vendimia; impropiamente también a las plantas y frutos caídos y echados a perder. En sentido popular se llama *granuja*.» → *guapo*.

grifo Es realmente sabroso pensar que un acto tan cotidiano como el de lavarnos, o fregar o cualquier otra acción que necesite abrir un *grifo* es una ignorada vuelta a la mitología, por la sencilla razón de que un *grifo* era, exactamente, un animal fabuloso de cuerpo de león y cabeza y alas de águila. Ocurre que el cotidiano aparato tiene un nombre que nos llegó del latín *gryphu(m)*, con este mismo valor, pero que encuentra su origen en griego *gryps*, y se ha llegado a emparentarla con el hebreo *Kerubh*, la palabra bíblica que significa 'querubín', ese ángel alado representado con mucha frecuencia con cabeza humana y cuerpo de animal.

El paso de la mitología a nuestro cuarto de baño o cocina debemos buscarlo en la inveterada costumbre de fabricar esas llaves de paso con forma de cabezas de animales fantásticos, que era una sencilla forma de imitar las gárgolas de las catedrales, tuberías y canalones con formas fabulosas que tenían la sencilla misión de canalizar el agua. Y esta costumbre estaba tan extendida que aún hoy encontramos que, por ejemplo, también en catalán *grifo* se diga *aixeta* y en aragonés *jeta*, en clarísima referencia a la cara del animal. Algo parecido ocurre en francés con la palabra *robinet*, tomada de una forma medieval de *robin*, el 'carnero', y en el alemán con *Hahn*, otra palabra para decir 'grifo', y que significa también 'gallo', como sucede con la palabra inglesa *cock*, que ya en el siglo XV tenía el valor habitual de 'tubería' y 'grifo', en el siglo XVI valía para llamar al 'percutor de un arma de fuego', y hoy, entre otras cosas, también tiene el valor de 'gallo'.

guante De variadísimos usos, antiguos y nuevos, el *guante* comenzó su andadura como protección en la guerra, aunque la mitología convirtió a Venus en la primera que vio la necesidad de usar «ciertos estuches para sus delicados dedos» y evitar así picarse con las espinas y zarzas de sus jardines.

En la Europa medieval, el *guante* adquirió ya categoría de prenda de lujo, combinado, además, con la idea de 'desafío, duelo' en que se convirtió el hecho de abofetear a otro caballero con el *guante* o tirárselo a los pies.

Como otras muchas palabras relacionadas con la guerra, como, por ejemplo, la propia *guerra,* o *guardar, guarnición, yelmo, espuela, tregua,* o *dardo,* la palabra llegaría al español procedente del franco **want,* con el mismo significado, pero quizá lo hiciera a través del catalán *guant,* dado que hay documentación escrita con esta forma anterior a nuestro *guante,* que debemos relacionar con *aguantar,* verbo que nos habría llegado por el italiano *agguantare,* con el valor de 'coger, asir algo con un guante', especialmente con guantes de malla o de otro material fuerte, y que estaría relacionada con la expresión *echar un guante,* 'ayudar, colaborar', quizá en un primer momento con un sentido puramente físico.

guapo Aplicado a personas, y, en algunas ocasiones y coloquialmente, a cosas, llamamos así a quien destaca por su belleza, pero esto no ha sido siempre así, porque la palabra sufrió, parcialmente, un proceso similar al de la voz → *chulo*.

Aunque en la actualidad el adjetivo es meramente positivo, parece que se aplicó al 'rufián' (→ *rufián*), es decir, al 'chulo', valor que recibimos de formas francesas marginales como *wape* o *gouape*, que significaban 'granuja, vago, holgazán', gracias a una desviación del significado de la palabra latina *vappa*, que, si bien en un principio, significó 'vino estropeado', pronto pasó a designar, entre los soldados y la gente de niveles inferiores, ese otro valor negativo, quizá también por influencia de una posible voz germánica *hwapjan*, que coincidía con el latín en su significado de 'estropearse, volverse agrio el vino'.

Del vino al individuo no hay, generalmente, demasiada distancia. Debe compararse el proceso de evolución de *guapo*, a partir de un vino que se echa a perder, con el sufrido por la palabra → *granuja*, estrechamente relacionada, también, con las uvas y su ámbito, y con la posible asociación entre → *mozo* y *mosto*.

gueto Esta triste palabra, que ha pasado a ser sinónimo de 'lugar de segregación' en casi todas las lenguas europeas, tiene un origen realmente discutido, de tal manera que pueden contarse hasta cinco teorías diferentes.

La etimología latinista hace derivar la palabra del italiano *ghetto*, 'barrio judío de una ciudad', más concretamente, de Venecia, tomado, con muchas variaciones, de la palabra latina *Ægyptus*, 'Egipto', palabra que en italiano actual se dice *Egitto*. No es de extrañar que en la Italia medieval se ubicara la procedencia de los judíos, los habitantes del *ghetto*, en Egipto, o zonas aproximadas de Oriente Próximo, no tan cercano ni tan conocido entonces.

Partiendo de la misma raíz italiana, se ha apuntado también la posibilidad de que *ghetto* sea una reducción popular de la palabra italiana *borghetto*, es decir, 'pequeño distrito', diminutivo del italiano *borgo*, 'distrito, barrio', en clara alusión al lugar de Venecia donde los judíos estaban obligados a vivir.

Siguiendo con el inmediato origen italiano, dado que no hay ninguna duda de que, efectivamente, el primer *ghetto* se ubicó en Venecia, la palabra procedería, por tanto, del italiano *ghetto*, aunque también podría hacerlo del veneciano *gheto*, con el mismo valor, pero escrita sin doble *te*, forma en la que ya aparece en 1516. Lo que parece más documentado es que *Gheto* era, probablemente, el nombre de un islote de Venecia, exactamente aquel al que confinaron a los judíos, siguiendo así la horrenda costumbre de la marginación racial y religiosa de la Vieja Europa. Pero si buscamos un poco más atrás, podemos descubrir que realmente el islote se llamaba así por la existencia en él de una pequeña fábrica para la fundición de metales, palabra que, aunque en italiano actual se dice *getto* (más o menos pronunciado [yétto]), en el siglo XIV se decía exactamente *gheto* —literalmente como el nombre del islote—, del verbo *gettare* que significa 'colar, fundir, vaciar (metales)', verbo que procede del latín vulgar **jectare*, 'echar'.

Por último, y quizá menos fundamentada, algunos autores proponen una etimología hebrea —quizá buscando la proximidad con la realidad a la que hace referencia la palabra que nos ocupa— a partir de la palabra *ghët*, que significaba algo así como 'documento de separación, de divorcio', posiblemente como recuerdo simbólico del propio concepto de 'segregación, separación' de un pueblo de sus paisanos.

guillotina El símbolo más popular de la Revolución Francesa de 1789 es, quizá, el de la imagen de ese mueble urbano provisto de una enorme cuchilla que caía una y mil veces para cortar con el pasado y poder iniciar una nueva época. Parece claro que esa máquina, la *guillotina*, debe su nombre, por extraño que resulte, a un ilustrado médico francés, el doctor Josep Ignace *Guillotin* (1738-1814), ex jesuita y natural de Saintes que, más que inventarla, *simplemente* se limitó en 1789 a recomendar a la Asamblea francesa el uso de una máquina conocida desde tiempo inmemorial y con la cual se proponía evitar a los reos condenados a muerte largos padecimientos. Parece que la sugerencia fue aceptada, lo cual puede llegar a ser incluso peor que inventarla, a tenor de lo extendido de la aceptación que hicieron de su sugerencia, y dado que el decreto por el cual se suprimieron en Francia los demás suplicios de muerte y se adoptó el de la decapitación «por medio de una máquina sencilla» fue inmediato, con fecha de 21 de enero de 1790.

En contra de lo que generalmente se cree, el doctor Guillotin no murió guillotinado, sino que falleció de enfermedad natural en París, el 26 de mayo de 1814, a los setenta y seis años de edad.

Como curiosidad etimológica, digamos que, el apellido *Guillotin* era, algunos años atrás, un nombre propio de varón, diminutivo, a su vez, de *Guillot,* una forma de *Guillaume,* del alto alemán antiguo *Willahem,* que es el español *Guillermo.*

guiri Muchas son las teorías propuestas para darle un origen digno a esta palabra, a mitad de camino entre lo humorístico y lo despectivo, y que, con el paso del tiempo y la evolución de las circunstancias, tanto ha modificado sus significados en español.

En un breve repaso por éstos, digamos que los primeros *guiris* los encontramos en las guerras carlistas (en el segundo tercio del siglo XIX). En efecto, recibieron este apelativo los llamados liberales —especialmente sus soldados— que luchaban contra los carlistas, autores de este apodo, y avezados en el arte de referirse a sus enemigos con otros pintorescos apelativos, como el de *pirujos*, 'pequeños, bajitos' —aunque frecuente nombre de la *Bruja Piruja* en bocas infantiles—, y *orzayos*, 'niñeros' en vasco, en clara alusión a su defensa de Isabel II, nacida en 1830, y, por tanto, una niña durante el periodo de la guerra, acaecida entre 1833 y 1839.

Un segundo significado lo encontramos, a principios de siglo, en romanó caló, es decir, el habla de los gitanos españoles, para quienes los *guiris* eran, sin más, los 'miembros de la Guardia Civil'. Es muy posible que el término esté relacionado con la voz *guripa*, forma de llamar antes a 'la justicia' o a 'los alguaciles', derivada de *gura*, una voz de germanía, y que también sirvió para llamar a los 'soldados rasos', por lo que se la ha querido relacionar con la palabra gitana *kuripén*, 'la guerra, la batalla'. De ser esto cierto, parecería repetirse el sentido de enemistad entre los usuarios y los receptores del nombre, conocida la tópica enemistad entre gitanos y guardias civiles.

Sin embargo, pocos serán los españoles contemporáneos que hayan reconocido como usuales ninguno de los dos valores anteriores —los únicos que ofrece el *Diccionario* de la Academia—, dado que el que realmente subsiste es —el tercero en nuestro recorrido— el que significa 'extranjero', aunque con tres requisitos. En primer lugar, para ser *guiri* es necesario que el foráneo no sea de habla española. Así, por ejemplo, un venezolano o un peruano no serán *guiris* nunca, por muy lejos de nuestro país que tengan su residencia habitual. En segundo lugar, el auténtico *guiri* ha de ser de piel blanca; sería inaudito que, por ejemplo, un árabe o —incluso— un japonés se consideraran miembros de este grupo, por muy turistas que fueran. Y en tercer lugar, el *guiri* ha de proceder de un país más rico que el nuestro, por lo que, algunos vecinos nuestros de la Vieja Europa, menos afortunados que otros, no pueden recibir tampoco el nombre que nos ocupa. Concluyamos sugiriendo la posibilidad de que quizá los únicos que pueden optar a este nombre (por cumplir plenamente las tres condiciones) sean los turistas anglosajones y similares.

En cuanto a las hipótesis barajadas para su etimología, es conocida la que afirma que el nombre es de origen vasco (escrito, por tanto, *giri,* como *Gernika)* y que es una abreviatura de la palabra *giristino*, una lógica adaptación fonética de *cristino,* en clara referencia a la reina María Cristina de Borbón (1806-1878), regente de España desde 1833 hasta 1840, que daba nombre a los partidarios de que su hija, la futura Isabel II, fuera algún día reina de España, en oposición a los seguidores del propio hermano de Fernando VII, don Carlos, también pretendiente al trono. Esa idea de 'los otros, los que no son como nosotros, los de fuera' parece aplicable a esta etimología, y pudo llegar a estar perfectamente en el origen de la idea de 'el extranjero, el que no habla nuestro idioma, o el que no se entera de nada', valor que se habría conservado con plena vigencia.

En este mismo contexto histórico, sin embargo, según el brigadier don Romualdo Nogués (cuyo testimonio recoge Galdós [1843-1920], en el capítulo «Zumalacárregui» de sus *Episodios Nacionales)* la palabra *guiri* encuentra su origen en la Guardia Real, una unidad del ejército cristino derrotada por el citado don Tomás de Zumalacárregui (1788-1835). La etimología de la palabra, según esta teoría, se debería al hecho de que los soldados de esta Guardia Real llevaban escritas, en la gorra y en la cartuchera, las letras *«G.R.I.»* (iniciales de 'Guardia Real Infantería'), lo que habría motivado la creación popular de *guiri*, sin más connotaciones que las que podemos encontrar en las denominaciones coloquiales de «los *peperos»*, a partir de las siglas «P.P.», de «Partido Popular», o, hace ya algunos años, «los *cocos»*, tomada de las siglas «CC.OO.», correspondientes al sindicato comunista «Comisiones Obreras».

Sea o no cierta esta etimología, la verdad es que se siguió llamando *guiris* a los soldados napoleónicos —vuelve a aparecer el sentido de 'enemigo, contrario'— aunque ya no aparecieran las mencionadas iniciales «G.R.I.» en los gorros de las tropas francesas.

guirigay Muchas son las palabras que nacen de la manera más primitiva posible, imitando alguna característica que representa o recuerda la palabra que nombran. Este mecanismo, conocido como *onomatopeya* es la base, por ejemplo, de muchas lenguas en estado puro, sin evolucionar, en los orígenes del lenguaje humano, y es, por tanto, también la base del lenguaje infantil, que, en sus primeras fases, llama a las cosas por su sonido, quizá de una manera más pura que las onomatopeyas oficiales.

La voz (nunca mejor dicho) que nos ocupa sigue también este proceso de creación, como lo hacen todas aquellas que combinan elementos como *g-r-g* referidas a la *garganta* (obsérvense las consonantes de la propia palabra), que es la parte del cuerpo que, precisamente, produce esos (o parecidos) sonidos. Así podemos recordar *gargajo, gárgara, gorgojeo, gogorito, regurgitar* o el irónico *gorigori*, para imitar el canto en latín, etc., por lo que *guirigay* no se encontraría muy alejada de esas palabras. Algunos autores sospechan que, además de la onomatopeya, esta palabra pudo estar fuertemente influida por la voz → *algarabía*, que habría reforzado los significados concretos de 'lenguaje confuso' y 'griterío, confusión', que comparten ambas, sin descartar una posible ayuda para fijar la forma de la palabra.

guisante La más antigua de las leguminosas, el aparentemente sencillo *guisante* es en realidad un guisado completo de ingredientes que tuvieron que unirse para que, desde mediados del siglo XVI, lo llamemos así, en lugar, por ejemplo de seguir denominándolo *arbejas* o *arbejillas*, o *piseo* o *pesol*, tomado del latín, voz que se mantiene muy nítidamente en el catalán *pesol*, o con el francés *pois*, o, más exactamente, *petit pois*, por una delicadeza francesa del siglo XVIII para referirse a los 'guisantes frescos'. La vigencia de las formas citadas fue tal que, como recuerda el gran cocinero vasco Juan María Arzak, en español existía el refrán siguiente: «En habiendo *piseos*, / laus Deo», como forma popular de bendecir tan castizos granos envainados. Pero ocurre que, además de en catalán y en francés, y pese a las apariencias, *pisu(m)* también está en el origen de nuestro *guisante*. Según la etimología más aceptada, se afirma que esta planta (y su fruto) se llamó en latín durante mucho tiempo *pisum sapidum*, o, lo que es lo mismo, 'sabroso guisante', produciéndose una única idea a partir de un adjetivo, como ocurre con casos como *gran danés, pastor alemán, coles de Bruselas, pescado azul, dieta blanda*, etc.

Aglutinadas ambas palabras como una sola, parece que fue en ese momento en el que las peculiares características de los múltiples dialectos mozárabes produjeron la forma *bissaut*, que es como apareció por primera vez, hacia 1106, en un diccionario médico escrito por Abenbeclarix, un judío zaragozano del siglo XII. A partir de aquí, evolucionó a la forma *bisant*, y fue entonces cuando se hizo notar la influencia de palabras tan íntimamente próximas como el verbo *guisar*, y la entonces popular planta llamada *guija*, otra legumbre, lo que hizo que la palabra adoptara su forma actual, no sin antes dejar valiosísimos testimonios intermedios, presentes aún en formas dialectales como el *bisalto* o *guisalto* aragonés o el *bisán* de Cantabria, que nos hablan de esas fases intermedias por las que pasó la palabra hasta hoy.

H

h Considerada la letra más superflua e innecesaria del abecedario, es también, por esta misma razón, la que más problemas ocasiona para la escritura, como ya denunciaba el humanista Juan de Valdés en el siglo XVI en su *Diálogo de la lengua,* cuando decía: «¿A qué propósitos hacéis tantos potajes de la *h,* que jamás puede la persona atinar dónde está bien y dónde está mal?» De esta misma idea habría surgido la expresión española *llámalo hache,* es decir, 'me da igual, como tú quieras', entendiendo que, al carecer la *hache* de valor, no importaba demasiado cómo decirlo (con hache o sin ella) porque el resultado sería el mismo.

La letra *hache* llegó a nuestro abecedario desde el latino, que lo había tomado antes de los etruscos y, a su vez, de los griegos, que adoptaron el alfabeto etrusco hacia el siglo X a. C. Y eran estos últimos quienes la llamaban *het,* pronunciada como una *jota* suave. Este mismo sonido pasaría a los griegos occidentales (que la llamaron *heta),* mientras que los orientales dejaron de aspirarla y la convirtieron en una simple *e,* criterio que se impuso al unificar el alfabeto griego único, por decisión del gobernador griego Archinos, allá por el año 403 a. C.

Así las cosas, debemos a los etruscos, auténticos perfeccionistas del abecedario (→ *d* y *f*), la recuperación de la *heta* aspirada para representar un sonido que existía en su lengua. Y así fue como entró en el abecedario romano, donde la *hache,* ante el riesgo de volver a ser considerada inútil (por la falta de aspiración del latín ya atestiguada en el siglo II), comenzó a ser utilizada sin demasiado criterio, llegando a escribir incorrectamente palabras como *humor* y *humidus,* en lugar de las correctas *umor* y *umidus.*

Con este mismo criterio (no precisamente etimológico), se decidió en español mantener una *hache* (innecesaria por no pronunciarse) tanto para recordar la presencia de una *h-* o una *f-* iniciales latinas, como para evitar que palabras como *huevo,* escrita antes *uevo*, no se confundiera con formas extrañas como *vevo.* Con ese modelo, y aunque ya no fuera necesario por la perfecta diferenciación gráfica entre *u* y *v* en 1726, la Academia determinó que todas las palabras que comiencen por *ue-* deben escribirse con *h-*, aunque no pase así con sus derivados o palabras relacionadas así, escribimos *huérfano* pero *orfandad; hueco* pero *oquedad; hueso* pero *óseo*, incluso *Huelva* pero *onubense* (del nombre de la ciudad en latín: *Onuba).*

hablar La exclusiva facultad humana de poder conversar usando las palabras, que es a lo que llamamos *hablar,* no tiene generalmente en español connotación de ningún signo, aunque esto no ha sido siempre así.

Debemos nuestro verbo al antiguo *fablar,* llegado al primitivo castellano desde la forma del latín coloquial *fabulari,* que tenía el mismo valor, es decir, 'hablar, conversar', en una fase del idioma en que el verbo todavía no tenía más significado que ése. Pero si nos remontamos un poco más atrás, observamos que el origen de esa forma del latín familiar encuentra su origen en el latín clásico, en un nombre femenino que nos resulta conocido porque, aunque por otros caminos, se incorporó al español mucho más tarde. Dicho nombre era *fabula,* y significaba 'conversación, relato, cuento', donde ya apreciamos el valor de 'relato no histórico, no comprobado, quizá falso', connotación negativa que sirve perfectamente a la palabra actual *fábula,* pero que dice muy poco de un verbo que significa lo que significa, y que, en cambio, está en el origen de palabras como *fabuloso,* 'algo extraordinario, fuera de lo normal, increíble', o *confabular,* 'conspirar'.

Digamos, por último, que esa palabra latina *fabula* se debe a un verbo latino muy antiguo, *fari,* 'hablar' (procedente del indoeuropeo **bha-*, 'hablar'), y que, debidamente evolucionado, y aunque parezca extraño, es la raíz de palabras como → *infancia* o → *infante.*

hebreo El nombre de cualquier miembro de la etnia semítica descendiente de Abraham, Isaac y Jacob, así como de su lengua, llegó al español desde el latín medieval *ebreu(m)*, aunque tomada a su vez del latín clásico *hebræus*, que significaba 'propio de los hebreos o israelitas'.

Pero éste es sólo el final de la evolución de la palabra, que ha recorrido un largo camino hasta llegar a las lenguas actuales. En efecto, la forma latina citada era una mera heredera del griego tardío *hebraíos o hebraîos* (con el mismo significado) que sería el origen de las formas actuales, y, al mismo tiempo, puente entre Occidente y Oriente. Como en otras ocasiones, el griego sirvió de transmisor o adaptador de una voz oriental, en este caso tomada del arameo (la lengua en la que están escritos casi todos los libros de la Biblia) y escrita de diferentes formas (*'ebraya* o *'ebhray* o 'ibhray), que tampoco fue el origen de la palabra. Como ocurre con muchos nombres de pueblos, es necesario buscar su origen en la lengua del pueblo nombrado o en otro vecino (o rival) para encontrar el primer valor.

En efecto, la palabra *hebreo* parece surgir precisamente de este idioma bajo la forma *'ibri* (o *'ibhri)*, y con un valor ciertamente significativo, dado que, literalmente, quería decir 'uno del otro lado (implícitamente) del río' (→ *rival)*, o '(que vino) desde el otro lado (del río)'), derivado de *'eber* (o *'ebher)*, 'la región del lado opuesto, al otro lado', a partir de *'abar* (o *'abhar*) 'cruzar o atravesar', de la misma familia que la raíz árabe *'br,* 'cruzar'. No es difícil suponer que tribus próximas de la región comenzaran a llamar *hebreos* a sus vecinos recién llegados, de suerte que, con el tiempo, esos vecinos advenedizos se convirtieran en el histórico pueblo → *judío.*

hecatombe Unos resultados catastróficos en un examen, un partido de fútbol que se pierde por 0-5 o una gestión económica que acarrea pérdidas de millones son candidatos a recibir la ahora jocosa denominación de *hecatombe,* acepción ciertamente exagerada y figurada que procede directamente de un significado sinónimo a 'masacre, asesinato en masa' o, más coloquialmente, 'carnicería, casquería'. Es este valor de 'muerte masiva' el que se aproxima mucho a su significado original, que no era otro que el de 'cien bueyes', entendiendo necesariamente el 'sacrificio de cien bueyes', y, por extensión, de un gran número de animales, fueran o no bueyes.

El origen de la palabra se encuentra en griego bajo la forma *hekatombê,* con el significado general de 'sacrificio', y estaba compuesta por las palabras *hekatón,* 'cien' y *boûs,* 'buey'. Así pasó al latín como *hecatombe,* recibida en las lenguas modernas hacia los siglos XV (francés) y XVI (inglés y español).

hígado Uno de los componentes básicos de la alimentación infantil, y quizá también el que más repugnancia provoca, incluso más allá de la infancia, es, sin duda, el hígado de animales como la ternera, el cerdo, o, en otro estilo, los higaditos de pollo, sin olvidarnos, por supuesto, del *foie-gras*, auténtico responsable de la etimología de la palabra que nos ocupa.

Con apenas echar un vistazo a la Historia, es posible ver que ya los egipcios habían descubierto que las ocas, antes de emigrar, llevaban a cabo una sobrealimentación con el fin de almacenar grasas —por un mecanismo similar al del camello en su joroba— que les permitieran viajar sin necesidad de perder demasiado tiempo parando para comer. Ante tal ejemplo natural, aquellos hombres comenzarían por imitar a la naturaleza cebando a las ocas, primero con bolas de harina, y después con higos secos, para provocarles la hipertrofia hepática que deseaban.

Más próximo a nosotros, Marco Gavio Apicio, presunto autor de ese tratado de cocina titulado *De re coquinaria*, escrito hacia el siglo I d. C., describió con detalle cómo atiborrar a las ocas con higos pasos y emborracharlas con vino y miel, para producirles una rápida agonía tras el coma etílico.

Por lo que hace a la palabra, ya en el siglo I a. C., el poeta latino Horacio (65-8 a. C.), en una de sus *Sátiras*, nos habla con gran precisión de una pantagruélica comida en la que, además de lomos de liebre asados, tordos rellenos y palomas al horno, los sirvientes presentaron a los comensales una grulla macho junto con lo que literalmente dice el poeta: «*Pinguibus et ficis pastum iecur anseris albae*», es decir, 'hígado de oca blanca alimentada con higos untuosos', frase realmente interesante porque presenta las dos formas que, según algunas teorías, tendrían los romanos para llamar al *higo*. Por un lado, aparece la palabra *iecur,* el auténtico y primitivo 'hígado', y por otro, las palabras *ficis pastum,* o sea, 'cebado con higos', expresión que, con el andar del tiempo, daría lugar a la contracción latina *ficatum*, de donde deriva el castellano *hígado,* el italiano *fegato,* el portugués *fígado* y, por supuesto, el francés *foie.*

Pero también se asegura que en realidad la forma latina tardía *ficatum* —más que una contracción de *ficis pastum*— es sencillamente una mera traducción del griego *(hepar) sykotón,* '*hígado* que contiene higos', '*hígado* con higos', a partir de las palabras griegas *hepar,* '*hígado*' (conservado en *hepático, hepatitis,* etc.), y *sykon,* 'higo', porque también los griegos eran maestros en la práctica culinaria del cebado de los hígados de sus ocas.

Concluyamos diciendo que parece que debemos el *hígado* a un cruce de palabras y de costumbres gastronómicas entre el griego *sykoton,* el *ficis pastum* y la confusión entre la víscera en sí *(iecur)* y la comida elaborada con higos *(ficatum),* equívoco este tan persistente que durante bastante tiempo en latín tardío el *hígado* era, precisamente, *iecur ficatum,* la suma de las dos palabras. Poco a poco, la expresión, que realmente significaba 'hígado de animal alimentado con higos', iría dejando paso a la ya mencionada forma latina *ficatum*, para designar sólo la víscera en cuestión.

hipopótamo La descomunal masa animal que, a modo de iceberg, se esconde en el agua bajo una boca infinita, unos ojos que parecen no pertenecerle y unas orejas descompensadas, y que responde al nombre de *hipopótamo*, ha causado siempre sensación por dos razones: la primera, por supuesto, por sus colosales medidas; la segunda, por su obstinada costumbre de vivir durante todo el día en el agua, hábito que, por un lado, le permite sentirse menos pesado, y, por otro, lo aproximaría más a los mamíferos marinos —delfines, orcas, ballenas— que a los enormes terrestres —elefantes, rinocerontes— que, con las mismas o mayores dificultades de peso, prefieren la tierra firme.

Tamaños aparte, esta segunda peculiaridad debió de causar siempre el mismo asombro desde el siglo XIII, dado que ya entonces el animal recibió el irónico o miope nombre —tomado del griego tardío— de *híppos ho potámios*, que se contrajo en *hippopotamós*, y nos llegó a través del latín científico *Hyppopotamus (Amphibius)*.Y decimos irónico o miope porque la palabra significa, literalmente, 'caballo (sic) de río', lo que demostraría que quienes le dieron este nombre sólo conocían caballos más bien rechonchos, o los hipopótamos de entonces eran estilizados y con crines.

En cuanto a su forma, la palabra ha aparecido escrita desde el siglo XIV como *ypotam(e)*, *hippotame*, *ypotamos*, aunque después fue «reconstruida» para volver a darle la estructura clásica citada.

histérico Quizá como un posible caso de eso que se llama «machismo lingüístico», el adjetivo *histérico* o, por lo que decimos, más exactamente, *histérica*, sería una de esas palabras que hacen referencia al sexo y acaban por cargarse con una connotación negativa para uno de los dos componentes de la pareja humana tradicional. Este mismo proceso, según muchos autores, se apreciaría en palabras como *coñazo*, *sexo débil* o *suegra*, por no citar la larga lista de nombres de animales que, en femenino, insultan, pero en masculino son bastante menos ofensivos, cuando no halagos. Nos referimos a casos como *lagarta*, *zorra*, *perra*, *gallina* o *vaca*, frente a sus respectivos masculinos *lagarto*, *zorro*, *perro*, *gallo* o *toro*, que no necesitan más explicación.

Similar asunto es el de *histérico/a*, habida cuenta de que el significado de 'persona que grita fuera de sí, que pierde el control', casi sinónimo de *loco/a*, es una perversión lingüística, léxica, de una enfermedad femenina, no muy claramente descrita, pero ubicada sin lugar a dudas en el *útero*, palabra que en griego se decía *hystera*, de donde se creó el adjetivo *hysterikós*, convertido en latín *hystericus*.

Ocurre que algunos tratados hablan de la enfermedad de la *histeria* como de un «acceso de erotismo enfermizo femenino», o de una «disfunción del sistema nervioso debido a desarreglos del útero», mientras que otros atribuían las emociones fuertes a «perturbaciones en el útero». Ya en el siglo XVII es posible encontrar la expresión médica, escrita en latín científico, *hysterica passio*, mera traducción de una mucho más antigua existente en griego de *hysterikà páthé*, es decir, 'pasión histérica' o, más exactamente, 'pasión del útero', lo cual derivaría en el proceso ya comentado.

Sin embargo, tampoco deberían sorprendernos tanto estas referencias y teorías médicas antiguas, dado que entroncan con la idea universal de considerar a las vísceras como sedes de las emociones, pensamientos y sentimientos. No debe olvidarse que hablamos de algo *entrañable*, en humana alusión a las *entrañas* (precisamente, sinónimo popular de *útero*), así como de algo *cordial*, referido directamente al *corazón*, por no referirnos a conceptos como 'el valor', afincado permanentemente por debajo del ombligo de los varones, o, mucho más cultamente, a la creencia del genial filósofo y matemático francés Descartes (1596-1650), quien, en su *Discurso del Método* (1637), aseguraba que nada menos que el alma se encontraba encarnada en la glándula pineal, situada en el cráneo, debajo del cerebelo.

De esta idea a lo *histérico* no hay tanta diferencia.

hobby Pronunciada con una jota tan fuerte como la de *jamón (jóbi)*, esta palabra inglesa que el *Diccionario* de la Real Academia de 1992 no recoge, entró con tanta fuerza en nuestro idioma que está consiguiendo terminar con otras, mucho más castizas, como *afición, entretenimiento* o *pasatiempo*, para venir a decir lo mismo.

Todo apunta a que la palabra nos entró por medio del francés, idioma en el que se registra ya en 1815, si bien no ha sido demasiado difundida hasta mediados del presente. Pero, como es de rigor, debemos fijarnos en el idioma madre y no en el mero transmisor, y así descubrimos que *hobby*, en sus orígenes, allá por los siglos XIV y XV, era la forma en que los ingleses llamaban a los caballitos de madera, normalmente con un balancín, auténticos símbolos de la escenografía más típica de una infancia feliz, en la que el caballito era el juguete por antonomasia. Ese caballo recibía el nombre de *hobby horse*, expresión que, ya en el siglo XVI, se podía usar para llamar a otro juguete, mucho más sencillo, que consiste en un palo, terminado o no en una rueda, y con la cabeza de un caballo, con el que los niños corren imaginándose a lomos de un corcel.

Los primeros testimonios ingleses nos ofrecen información muy valiosa para el origen de la palabra, porque recogen formas como *hobyn, hoby, Hobin* y *Hobby,* que podrían haber sido influidas por la mezcla de las palabras *horse* ('caballo') y el nombre de *Robin,* de Robin Hood. Al parecer, este personaje era el protagonista de un antiquísimo baile inglés del siglo XV, llamado *Morris Dance,* en el que se representaban escenas y personajes de su vida, y en las que los actores y bailarines usaban esos palos con cabeza de caballo.

hocico Esa parte del animal que a veces recibe también el nombre de *morro,* y que comprende las mandíbulas y la nariz de la bestia, no tendría más interés que el que proporciona saber que *hocico* es un derivado del verbo *hozar* (más exactamente de la forma española *hocicar),* es decir, 'cavar la tierra [con el morro]', y no parece haber duda de que ese verbo *hozar* procede de una forma vulgar latina *fodiare,* que significaba exactamente 'cavar', que era la forma vulgar del verbo latino *fodere,* con el mismo significado, que conservamos en palabras como *fosa* o *foso,* y, con ciertas dudas y algunos cambios, *calabozo.*

A modo de curiosidad, no podemos por menos de dejar constancia de que hay algunas teorías que afirman que este mismo verbo latino *fodere* se encuentra en el origen de un verbo ciertamente frecuente en español, y perteneciente al registro vulgar, como es el verbo *joder,* que habría tomado un valor indudablemente físico del significado clásico de 'cavar', por posibles similitudes entre ambas acciones que no necesitan de más comentario.

hogar «Ningún español sin pan, ningún *hogar* sin lumbre» era uno de los lemas preferidos por la propaganda política de la posguerra española y que nos sirve perfectamente para ilustrar la pequeña historia de esta palabra. Como se ve, en la frase de entonces se apreciaba perfectamente el valor de *hogar* como 'lugar para el fuego', sentido que actualmente ha perdido por un fenómeno de ampliación semántica.

Ocurre que *hogar,* sin más complicaciones, procede de la palabra *focare(m),* un adjetivo corriente de la palabra latina *focus,* que significaba 'fuego', perteneciente a una amplia familia en la que conviven formas evolucionadas, como *hogar* u *hoguera,* con otras menos transformadas como *foco, fogata, fogón, fogonazo,* y *enfocar* o *enfoque.* Sin embargo, y aunque la palabra latina significaba el 'lugar de la chimenea o la cocina donde se colocaba el fuego', eso cambió. Las connotaciones de 'calor (físico y humano)', de 'punto de reunión' (hoy mantenido en muchas cocinas de las casas rurales), de 'vida', de 'casa habitada' fueron poco a poco extendiéndose a toda la vivienda hasta alcanzar el significado con que, con más frecuencia, lo usamos ahora en expresiones como «en la mitad de los *hogares* españoles...», «vuelta al *hogar*», «*hogar*, dulce *hogar*», etc.

holgar → *huelga.*

hortera Tomada como ejemplo de perversión del lenguaje, de *envilecimiento,* la palabra *hortera* ha recorrido un largo camino desde sus orígenes (documentada como *fortera* por primera vez en 1022) hasta la actualidad, en una vida muy intensa que le ha proporcionado nada menos que tres significados conocidos, aparentemente desconectados entre sí, aunque veremos que no tanto.

Así, desde su aparición en nuestra lengua, una *hortera* era un tipo de 'fuente, bandeja o escudilla de metal o madera', usada para muy diferentes menesteres, tanto para servir en una sacristía para guardar las hostias, como en la cocina de una casa, o para elaborar recetas magistrales en un laboratorio de farmacia. Y es quizá ese primer uso el que dé la clave de su etimología, supuestamente debida a la forma del latín vulgar *offertoria,* plural o femenino de la palabra latina eclesiástica *offertorium,* con el valor de 'patena para la hostia'. No es de extrañar que ese uso fuera extendiéndose a otros ámbitos, para ir adaptándose a otras necesidades más cotidianas, como las citadas, al tiempo que la forma de la palabra iba separándose del origen a medida que las variantes del utensilio se alejaban de su finalidad inicial. Parece que no hay mucho problema para explicar los diferentes cambios que sufrió la palabra desde el origen, dado que la lengua conserva ejemplos que normalizan la evolución de la palabra hasta la forma actual.

Pero sólo hemos andado un tramo del camino, y aún habían de pasar muchos años para que esa patena sagrada fuera transformándose y haciéndose un hueco en otros ambientes, como el citado de las antiguas reboticas, lugares ciertamente similares a una cocina (el otro uso citado), por compartir no sólo la necesidad de utilizar infinitos cacharros, recipientes, ingredientes, mezclas y el fuego, sino también algunos términos, como la palabra *receta*, sospechosamente la misma para preparar un plato que un fármaco. De esta rebotica renacería la palabra *hortera* al empezar a aplicarse, por extensión, del utensilio a la persona que lo manejaba, como decimos «el primer violín de la orquesta», «el *Gafas*», «la *Collares*», o «los *plumillas*», forma coloquial de referirse a los periodistas por metonimia. Asimismo, el uso de las *horteras* por parte de los mancebos de las reboticas (auténticos *pinches* de la farmacia) acabó por contaminar a sus más frecuentes usuarios, de manera que, poco a poco, la persona tomó el nombre (y casi se lo quitó al utensilio).

A partir de aquí, ya podemos ser testigos del último cambio producido, al poder contemplar la palabra con el valor inmediatamente anterior al actual, lo que nos recuerda la afirmación del principio. En efecto, no es difícil deducir, a tenor de los hechos, que lo que hace unos años era una forma coloquial de llamar a los ayudantes de farmacia haya pasado a ser un insulto cargado de clasismo, por cuanto que la palabra *hortera* suele ir acompañada de cierto complejo de superioridad del insultador sobre el insultado, dado que apela a algo tan teóricamente subjetivo —pero más reglamentado que unas órdenes militares— como los gustos de cada uno. Así, es muy posible que ese clasismo que impide que un *inferior* se codee con un *superior* fuera la causa de que los *de arriba* identificaran a los *de abajo* con el mal gusto, quizá más evidente en fiestas y actos públicos, cuando los ayudantes y otros *subalternos* se vistieran y *arreglaran,* quizá siguiendo modelos diferentes a los establecidos, quizá por seguir la moda a diferente velocidad que los otros, quizá por intentar aparentar lo que no se puede ser. La mezcla de criterios, los gustos anticuados, la ropa no diseñada por grandes firmas, etc., han ido formando ese prejuicio de *lo hortera,* demasiadas veces confundido con *lo → cursi.*

huelga Aunque la realidad social ha producido un notable cambio en el significado de esta palabra, lo cierto es que se ha cargado de valores negativos por cuanto que siempre revela la necesidad de hacer valer los derechos laborales ante una situación que se considera injusta, que es donde realmente reside lo negativo. Modalidades más modernas como la *huelga a la japonesa,* o la *huelga de celo* aparte, parece que la primera idea que produce la palabra *huelga* es la de 'protesta', más o menos pacífica, que conserva un viejo resto de 'parada, detención, interrupción de la actividad' como forma de hacer notar que algo no va bien.

Ese remanente antiguo de la palabra es precisamente el que la une con su origen, a través del verbo *holgar,* de antigua presencia en nuestro idioma y con significados próximos a 'descansar, tomar aliento, estar ocioso, no trabajar'. Este verbo tuvo en español la forma anticuada de *folgar,* 'descansar', aunque su precedente latino tenía un significado un poco diferente. En efecto, encontramos su origen en el latín vulgar, en el verbo *follicare,* que significaba 'jadear', es decir, 'respirar profundamente, como un fuelle', tomada de la palabra latina *follis,* 'el fuelle' (→ *follar*). A partir de aquí, este valor empezó a asociarse con la idea de 'descansar', por una simple asociación de ideas: el sonido del fuelle resoplando recuerda sin problemas el jadeo de una persona: como cuando se para de trabajar (o de cualquier otra actividad física) y, por fin, se descansa y se resopla, según la idea cierta de que si alguien jadea por un esfuerzo realizado, es porque descansa, y así llegamos a voces como *holgazán* (que siempre estaría descansando) y, por otro camino y con otras connotaciones, a → *juerga*.

De ese 'respirar', que pasó a valer 'descansar después de trabajar o caminar (o correr)', hasta llegar al antiguo valor de 'estar ocioso', tenemos un excepcional testimonio en el nombre del precioso monasterio burgalés de *Las Huelgas*, el lugar fundado en 1187 por Alfonso VIII y doña Leonor de Aquitania para *descansar* de los afanes de la Corona.

Esta idea fue imponiéndose para llegar a referirse únicamente a 'descansar', lo cual no debe extrañar si recordamos expresiones españolas como *tomarse un respiro* ('descansar'), *dejar a alguien respirar,* con el mismo valor.

hule Más propio de otras épocas y oculto bajo las faldillas en las familiares mesas camillas y bajo las sábanas para evitar manchas permanentes en los colchones, el *hule* ha sido viejo compañero de una vida de permanente prevención y ahorro, de un concepto especial de la higiene doméstica, y todo un símbolo de un tiempo que empieza a parecer rancio.

Son varios los problemas que presenta esta palabra para encontrarle su filiación etimológica, habida cuenta de que no se trata de una palabra sino de dos, aunque esto tampoco esté muy claro, como veremos, circunstancia que también influirá en el momento de determinar la etimología.

Por un lado, tenemos la palabra *hule* con el significado conocido de 'tela tratada con óleo y barnizada para impermeabilizarla', que es la más familiar en España, pero, por otro, existe el *hule* que significa 'caucho, goma elástica', más conocida en Hispanoamérica. Por lo que hace a la etimología, muchas teorías sostienen que el primer *hule,* con ciertas reservas, podría proceder de la antigua expresión francesa *toile huilée* con el significado de 'tela aceitada, tratada con aceite (en francés *huile*)', lo cual puede ser perfectamente válido, con una mera adaptación del acento francés al español, donde son mayoría las palabras llanas sobre las agudas. Esta teoría podría afirmarse con el hecho de que en portugués el *hule* se dice directamente *oleado,* es decir, 'aceitado', y en inglés *oil-skin* (literalmente, 'cobertura con aceite') u *oil-cloth* (literalmente, 'tela con aceite'), palabra que está recogida en este idioma mucho antes que en español, si bien hay algunos inconvenientes, que nos llevan al segundo *hule.*

Parece que no hay duda de que el origen de la segunda palabra está en el idioma nahua o náhualt, el que hablaban y hablan los indios mejicanos, en la palabra *olli* (u *ollin,* o *ulli,* o *uli)* con los valores de 'árbol del hule' y 'sustancia viscosa vegetal, caucho, goma, hule', quizá tomado de su verbo *olini,* que significa 'moverse, agitarse', en clarísima referencia a la elasticidad del caucho. Obviamente, no haría falta decir que, en este caso, la *h-* es absolutamente antietimológica, sin que parezca justificada su presencia.

Pero queda sin determinar si existe o no relación entre ambas palabras, y, por tanto, entre sus respectivas etimologías. No falta quien apunta que en realidad estamos ante la misma palabra que se diversificó en caminos diferentes, teoría reforzada por el hecho de que, pese a lo dicho sobre la etimología francesa del primer *hule,* en el francés actual éste se diga *toile cirée,* es decir, 'tela encerada', el mismo concepto que se mantiene hoy en italiano en su *tela incerata,* o en alemán *Waschstuch,* donde no hay ni rastro del antiguo aceite, sino de cera (u otro barniz), lo cual la desvincularía de la etimología francesa y la acercaría a la centroamericana. Por otra parte, es obvio que los *hules* son, en condiciones normales, elásticos, es decir, como el caucho, como la goma, lo que sería una prueba evidente de la participación de la sustancia en la tela impermeable, y, lo que sería lógico, de su etimología en ésta, con lo que la idea de un solo origen cobraría valor.

Quizá a modo de curiosidad, digamos que las primeras cintas métricas que usaban sastres y modistas se hacían de *hule,* pero tenían un pequeño problema. La característica elasticidad de este material jugaba la mala pasada de que, al imprimirle las medidas con los centímetros, el calor de la operación dilataba las cintas, momento en el que medían más (se calcula una media de dos centímetros), fenómeno que se invertía al enfriarse el material. De este modo, los metros medían, más o menos, 98 centímetros aunque se les echara la culpa del mal corte a los alfayates. Anécdota aparte, quede así constancia de la evidente elasticidad del *hule*, lo cual, como se ha dicho, guardaría relación con su etimología, aunque sólo sea una teoría.

I

i Las primeras referencias que tenemos de esta mínima letra se deben a antiguos jeroglíficos egipcios, en los que aparecía como una mano, dibujada de forma esquemática, y representaba el sonido /i/. El signo, llamado *yod*, significaba también 'mano, brazo' y con ese nombre pasó a los fenicios, que la escribían como una *z* actual, con el mismo valor de una *i* en palabras españolas como *aire*, o *veinte*, por ejemplo.

Respecto a su sonido, y después de algunas vacilaciones que llevaron a usar la *i* también como consonante, la Academia en 1815 determinó que la consonante sólo podría representarse mediante la *y*, mientras que la *i* quedaría para siempre para escribir la vocal, aunque con algunos restos para las palabras que terminan en *ay*, *ey*, *oy* y *uy*.

La reducción a una sencilla línea vertical fue obra de los griegos que, al adoptar el alfabeto fenicio, simplificaron la letra y la llamaron *iota*, nombre que, después de algunos cambios, serviría para designar la letra → *j*.

Ya en el abecedario latino, los romanos, allá por el siglo III a. C., le concedieron una mayor presencia al trazar dos líneas horizontales, una arriba y otra abajo, con el útil propósito de poder leerla mejor en las inscripciones hechas en piedra, y evitar así confundirla con letras próximas. Pero no acabarían ahí los retoques gráficos de la *i*. Ya en el siglo XI, y con el mismo fin de diferenciarla de otras letras compuestas por palos como la *m*, o la *n*, se tocaba a la letra con una especie de acento que, poco a poco, se fue reduciendo hasta llegar al punto con el que la conocemos en la actualidad, fijada así por la imprenta desde el siglo XVI.

idioma La lengua propia de un pueblo o de un país, su modo de hablar, recibe este nombre a partir del latín tardío *idioma(m)*, con el valor de 'peculiaridad o particularidad de una lengua', que es lo que en lingüística se llama *idiotismo*.

Pero la palabra realmente procedía del griego *idioma*, que significaba 'carácter propio, peculiaridad de estilo, palabra o frase propias de alguien', y hasta 'dialecto, forma específica de hablar una lengua', voz derivada del verbo griego *idiousthai*, que significaba 'tomar para sí, apropiarse de', de *ídios*, 'propio, peculiar, personal, separado' (→ *idiota*).

Aunque la primera vez que se recoge en un documento español sea, casi como un símbolo, en el capítulo VI de la primera parte de *El Quijote*, aparecida en 1605, lo cierto es que ya existe con anterioridad en francés (1548) y en el mismo siglo en inglés. Fechas aparte, lo que es común a todos los *idiomas* fue el proceso experimentado e iniciado con el valor de 'modo de hablar propio de un individuo' o 'frase de sentido propio', desde donde evolucionó a 'lenguaje propio de una nación', que es lo que significa ya para Cervantes, y que ha sido como se ha fijado hasta la actualidad.

idiota Quien padece el grado más grave del retraso mental, con un cociente intelectual de 20, una edad mental máxima de 3 años, y que tiene graves dificultades para aprender o para valerse por sí mismo recibe (o recibía, en plena vigencia de lo socialmente correcto) el tristemente popular diagnóstico de *idiota*, por un proceso que ya estaba latente desde su propia etimología, y que parece repetirse con la voz → *imbécil*, y otras tantas de la especialidad psiquiátrica (→ *estúpido, mongólico, subnormal, retrasado*, etc.).

La palabra entró en nuestro idioma —allá por el siglo XII— a través del francés, bajo la forma *idiot*, mera adaptación del latín *idiota*, palabra clásica que en dicho idioma significaba 'persona ignorante', curiosamente el mismo valor que tenía en español antiguo. Pero, a su vez, como casi todas las palabras clásicas, el latín la recibió del griego *idiótes*, con dos valores diferentes: por un lado, el ya citado de 'persona ignorante' o 'profano en alguna materia, no especialista, no técnico en una profesión', y, por otro, el de 'hombre de la calle o «de a pie», plebeyo, particular', a partir del adjetivo *ídios*, 'propio, personal, peculiar', raíz que se conserva en la palabra → *idioma*.

Este significado de 'inexperto, poco ducho' tuvo bastante vigencia en la Europa medieval hasta el punto de que en los monasterios se llamaba *idiota* al miembro de la comunidad que no dominaba el latín, que lo hablaba con errores o giros propios de su lengua, lo que generó el doblete de 'lengua propia', es decir, *idioma* e *idiotismo,* pero también, 'lengua incorrecta, defectuosa', que fue por donde vino la connotación insultante que terminaría imponiéndose con tal fuerza que acabaría generando el sustantivo *idiotez,* frente al médico *idiocia,* sólo usado como tecnicismo.

ilusión Tanto para hablar de una 'percepción errónea de la realidad', como la 'creencia errónea' o la 'esperanza sin fundamento', usamos esta palabra no demasiado antigua en nuestro idioma (hacia el siglo XVI) que esconde en su seno la divertida raíz del *juego,* de lo *lúdico,* como ahora se verá.

Procede la palabra *ilusión* de la voz latina tardía *illusione(m),* el acusativo de *illusio,* que ya tenía entonces el valor de 'acción de burlarse o engañar', tomado a partir de *illusus* (origen culto directo del español *iluso)*, participio pasivo del *illudere,* que significaba, por tanto, algo así como 'burlarse, mofarse de, engañar'. Y es aquí donde aparece la raíz del juego, dado que *illudere* es un compuesto de *il* (realmente el prefijo *in-* asimilado a la *l-* siguiente), y de *ludere,* 'jugar', y éste de *ludus,* 'juego, diversión', como se observa en las nuevas palabras, traídas recientemente del latín, *lúdico, ludoterapia* o la terrible *ludópata* ('el enfermo por el juego'), culta manera de llamar, más o menos, al clásico *tahúr.*

Como se aprecia, la *ilusión* guarda la idea de 'burla', por ejemplo, del destino, con el valor de 'decepción', como se ve en la expresión *hacerse ilusiones,* o hasta en el verbo *desilusionar* (frente a su contrario *ilusionarse),* es decir, 'sacar a alguien de un engaño'. Al lado de ello, existe la idea de la ilusión física, del espejismo, de las falsas apariencias, que se mantiene en palabras como *ilusionismo,* voz propia del espectáculo, con la que se llama a un número de *magia.* → *prestidigitador.*

imán El mágico momento en que, de niños, se descubre la sorprendente propiedad del *imán,* lo convierte en algo realmente especial, como lo era, pero por otros motivos, para los griegos, que se referían a él como *adámantos,* palabra, a su vez, formada por la *a-* negativa y el verbo *damán,* 'vencer, domar', por lo que la palabra tenía el valor de 'invencible, indomable'. Esta voz se aplicaba tanto al → *diamante* como al acero, en relación con la dureza y con la resistencia física de ambos materiales. A partir de aquí, el griego prestó su palabra al latín como *adamante(m)*, convertido en *adimante* en latín vulgar. De esta fuente la tomó el francés antiguo modificada en *aïmant*, hasta llegar a la forma actual francesa de *aimant*, de donde la tomó el español.

Se ve, pues, que el *diamante* y el *imán* tienen en común algo más que lo mágico y lo fantástico.

imbécil Aunque en rigor sólo podría recibir este calificativo quien alcanzara una edad mental máxima de entre 3 y 7 años, y un cociente intelectual de entre 20 y 50, con las consiguientes dificultades para desarrollarse por sí mismo, la verdad es que, como ocurre con el término → *idiota*, la voz *imbécil* tiene más de agravio y ofensa que de auténtico diagnóstico médico.

De camino parcialmente idéntico al de *idiota*, debemos la palabra que nos ocupa a la forma francesa *imbécille*, surgida con el valor actual hacia el siglo XVII, si bien este idioma la recibió del latín clásico *imbecillis*, o, más correctamente, *imbecillus*, con el significado de 'enfermo físico o mental, tímido', y, especialmente, 'débil, sin fuerza', valor este último realmente interesante por ser el etimológico: *imbecillus* estaba formado por *im-*, como prefijo negativo, más la palabra *baculum*, en efecto, 'báculo, bastón, apoyo, sostén', por lo que un *imbécil* era, para los romanos, el débil, el que no se sostenía en pie o cojeaba por su enfermedad, idea que se extendió a una innegable deficiencia mental como raíz de su falta de fuerza o seguridad.

De lo médico a lo hiriente sólo hubo un cruel paso.

inaugurar → *augurio.*

infancia → *infante.*

infante La etapa más fantástica del ser humano, la que realmente debería protegerse contra todo posible mal sospechoso de perturbarla, es también tomada como la época vital en que la persona es apenas consciente de los problemas del mundo adulto y —a juzgar por la idea de los antiguos romanos— ni sabe ni puede comunicarse plenamente con el mundo.

Entre otras muchas palabras que poseía el latín para referirse a un niño, existía el de *infans* (origen de *infante*), que era en realidad el 'que no habla', de forma que no es extraño encontrar expresiones latinas como *infantes statuae,* que no eran esculturas de niños sino 'estatuas mudas [de piedra]'.

Los latinos consideraban que el niño se caracterizaba fundamentalmente por su incapacidad transitoria para poder hablar, por lo que la palabra tanto significaba 'mudo' como 'recién nacido'. Su origen es compartido con voces como *fábula* o → *hablar,* dado que parten del verbo latino *fari*, es decir, 'hablar'.

Con el paso del tiempo, *infante* (que entró en nuestra lengua hacia el siglo XII) comenzó a designar —por influencia de la presencia de concepto del árabe *walad*, que era tanto 'hijo, niño' como 'heredero del trono'— casi exclusivamente a un joven noble, y un siglo después, se especializó para referirse a cualquier hijo de un rey que no fuera heredero al trono.

El otro valor, el militar, llegó unos siglos más tarde y por un camino diferente: se trata de una adaptación de la palabra italiana *fante* —acortada de *infante* (→ *chulo*)— que significaba 'mozo, muchacho, criado', valor con el que pasó originariamente a 'soldado de a pie', dado que en la Edad Media eran simples auxiliares de los caballeros.

infantería → *infante*.

infarto Una de las tres causas mayoritarias de muerte de nuestra civilización, el *infarto*, ha conseguido que un término estrictamente médico se convierta, tristemente, en una palabra excesivamente popular, sin que, por otra parte, se entienda muchas veces su sentido real.

Aclaremos, ante todo, que *infartar* significa 'rellenar, atestar, atiborrar', y que, en rigor, debería aplicarse al efecto que provoca un trombo, un cúmulo o coágulo de sangre, que evita que fluya la sangre hasta un punto vital o un músculo, como el → *miocardio*, por ejemplo, aunque hay también *infartos cerebrales*. Así pues, cuando el miocardio sufre un infarto, es porque se produce una muerte celular como consecuencia de un problema de riego en una parte del corazón, generalmente por obstrucción de la arteria llamada coronaria, motivo más que suficiente para producir una lesión en el músculo cardiaco y, en demasiados casos, la muerte.

Y decimos que *infartar* significa 'rellenar, atiborrar', porque así lo tomó del latín *infar(c)tus*, 'relleno, atiborrado', del mismo verbo *infarcire* (o *infercire)*, que encontramos en el español *hartar, harto*, lo cual puede ayudarnos a recordar la muchas veces inseparable relación entre el hartazgo y el paro cardiaco, quizá debido a excesos en los hábitos poco saludables.

izquierda Contra lo que se podría pensar, las palabras *izquierda* y → *derecha* no llegaron a nuestro idioma juntas, aunque formen la pareja de hecho más indisoluble que exista.

En efecto, lo que atañe a la etimología de *derecho*, recordemos que procede del latín *directus*, para poder decir tanto *directo* como *derecho*, incluyendo valores positivos como *enderezar*, o *los derechos* (frente a *los deberes)*, que también vemos en otras lenguas (inglés *right*, o francés *droit)*, o → *diestro* como 'experto, hábil'.

Sin embargo, la palabra que nos ocupa no llegó en absoluto del latín, sino de una lengua propia, de nuestra *casa*, dado que parece que se trata de una palabra prerromana de gran extensión, y que entró en el viejo castellano por mero contacto en las montañas del Norte procedente del vasco *ezker, ezkerra* que no dejó lugar al asentamiento de la esperada opción latina *sinistru(m)*, sólo inicialmente usada en español, pero en franca derrota desde el siglo XV, o incluso antes. No sería extraño que, al haber entrado en el idioma la palabra ya cargada de las connotaciones negativas que tenía en latín, los hablantes sintieran la necesidad de recurrir a otra palabra para designar sólo la idea geográfica, espacial, de 'la mano izquierda', sin los tabúes que representaba la voz → *siniestro*, que ya podemos encontrar en el trágico vuelo de las aves que marcaban el destino del heroico Cid de Vivar, allá por el siglo XI.

J

j La historia de esta letra, que nada tiene que ver con el nombre de bailes aragoneses o castellanos (que deberían su nombre al árabe *shata*, o al latín *saltare*, a través de *sotar*, 'bailar'), es, relativamente, breve, dado que no aparece ni en el alfabeto griego ni en el abecedario romano, sino que vio la luz sólo hace cuatro siglos, tiempo realmente corto para una letra. Y lo hizo de la mano del genial gramático, matemático y filósofo francés, el humanista Pierre de la Ramée, también llamado Petrus Ramus (1527-1572), si bien siempre ha tenido que compartir su paternidad con su paisano y contemporáneo Louis de Meigret. No está claro cuál de los dos franceses fue el creador, pero lo cierto es que, en lo que atañe a nuestro idioma, la letra tuvo mucho más uso que en el suyo, debido a la presencia de arabismos y a la propia evolución del español. Así, por ejemplo, ambas lenguas recibieron del latín palabras como *vetulu(m)*, pero en el país vecino evolucionó a *vieux* o *vieil*, mientras que en español escribimos *viejo*.

Sería el innovador y modélico gramático andaluz Elio Antonio de Nebrija (1444-1522), autor, entre otras obras, de la primera *Gramática de la lengua castellana* (1492), quien propusiera empezar a escribir aquel sonido nuevo con «la *j* luenga ('larga')», para diferenciarla de la *i*. La idea era buena aunque traería después más complicaciones: la nueva *j* empezaría a confundirse con la g y con la → *x*, letra con la que se escribía, por ejemplo, *Don Quixote*, pronunciado, más o menos, como la actual *x* catalana o la *sh* del inglés, sonido que comenzó a desaparecer para dejar paso al que encontramos en *jamón* y *mujer*, al tiempo que la Real Academia decidió, en 1815, representar ese nuevo sonido con la letra más advenediza, que es como lo usamos en la actualidad, salvo determinados restos no evolucionados que algunos mantienen como hace siglos (*Texas, México,* etc.).

Asentado este pequeño lío de letras y sonidos, queda aún pendiente el problema con la → g, que tantos quebraderos de cabeza produce a quienes no dominan la ortografía y que tanto molesta a aquellos que piensan que la ortografía arbitraria debería eliminarse por ser del todo innecesaria.

Por último, y por lo que hace a su etimología, reseñemos que se produce el extraño caso de tener mucho antes el nombre que la letra, ya que los griegos poseían una denominada *iota,* aunque ya antes los fenicios, auténticos pioneros en este asunto de las letras, tenían otra que llamaban *yod,* quizá el auténtico origen del nombre de la nuestra.

jabalí Popularizado entre los jóvenes por ser el alimento preferido de Obélix, el inconmensurable personaje de cómic creado por Uderzo y Goscini, lo cierto es que el *jabalí* ha acompañado durante siglos al hombre mediterráneo y ha constituido uno de sus manjares más cotizados, lo que ha originado una caza despiadada de este 'cerdo salvaje', cada día, por eso mismo, más escaso en nuestros bosques.

Por lo que hace a su nombre, no hay duda de que nos vino del árabe, lengua en la que se dice *yabaliy,* lo cual, en rigor, significa 'de la montaña, montaraz'. Esto se debe a que el nombre original del animal era *jinzir yabaliy,* es decir, 'el cerdo de la montaña', pero con el tiempo sólo se consideró necesario limitarse al calificativo, igual que ocurre en casos similares como *[caballo] percherón, [ovejas] churras y merinas* o *[perro] pastor alemán.* Ese adjetivo árabe pasó así al español, como vemos en este ejemplo, tomado del *Libro del Cavallero* (1326), escrito por el infante don Juan Manuel, en el que dice: «así commo puercos *javalies* et cerdos...», aunque casi al mismo tiempo se usaba como sustantivo, que es como lo hemos recibido.

jabalina Aunque las apariencias puedan hacer pensar lo contrario, la *jabalina* no es ni ha sido nunca esposa ni hermana del cerdo salvaje que llamamos → *jabalí*, dado que, pese a la casi identidad de nombres, pertenecen a dos familias radicalmente diferentes.

Frente al origen árabe del *jabalí*, tenemos que remontarnos al celta y quizá al indoeuropeo para encontrar el nacimiento de esa 'vara, lanza o arma que se arroja con la mano', de vasto uso entre los soldados de hace siglos, y hoy relegada al mundo deportivo como un resto de aquellas acciones bélicas. Parece cierto que *jabalina* nos llegó desde la palabra francesa *javeline*, diminutivo de *javelot*, con el mismo significado, palabra que había tomado del céltico *gabalos*, 'horca, tridente'. A su vez, y como decíamos, parece proceder de la voz indoeuropea **ghabholo-*, forma para denominar una 'horca, rama recta de árbol, vara', etc. Esta misma raíz sirve de origen para palabras como *gablach* o *gaflach*, 'lanza' en idioma galés, o *gabul*, 'rama de árbol' en irlandés antiguo.

jamón Uno de los orgullos de la gastronomía española, joya de la producción más auténticamente hispánica, recibe, para pesar de algún castizo, un nombre que, como en el caso de la → *sangría*, no nació aquí, sino que nos vino del extranjero, en este caso directamente del francés.

Para recorrer la historia de la palabra desde sus orígenes hasta Jabugo o Guijuelo, parece que debemos remontarnos al griego, donde encontramos la voz *kampé*, con el valor de 'corva, corvejón de una pata de animal', significado con el que pasó al latín clásico bajo la forma *camba*, aunque pronto evolucionara a *gamba,* que era la 'pata, corvejón del cuadrúpedo', y que es la forma usada en italiano actual para decir 'pierna'. Muy pronto, hacia 1080, la palabra —escrita *jambe*— comienza a tener vigor en francés para significar 'pata, pierna', de forma que ya en el siglo XIII encontramos testimonios de la forma *jambon,* o sea, 'jamón'.

Ya en español, debemos recordar que, pese a que la palabra tardó algunos siglos en hacer fortuna, no por ello puede pensarse que no existiera el manjar, dado que *pernil* (de *pierna)* satisfacía plenamente las necesidades léxicas del embutido. Pero con la conocida influencia francesa también en el mundo de la cocina, allá por los siglos XV y XVI, la voz *jambon* se hizo *jamón* y se afincó definitivamente en nuestra lengua.

En el ámbito de las artes, recordemos que la voz francesa *jambe* produjo también el tecnicismo arquitectónico de *jamba,* 'cada una de las piezas laterales de una puerta o una ventana', llegada a nosotros de la mano de las tendencias artísticas de los siglos XVI y XVII.

jaque Llamamos así a la amenaza de muerte que recibe la figura del rey en el juego del → *ajedrez,* lo cual lo obliga a cambiar de posición continuamente, hecho que en español produjo la expresión *tener en jaque* para designar un incordio constante. Y debe su nombre al término persa, filtrado por el árabe *shah,* que significa, precisamente, 'rey'. De aquí vienen también —a través del latín *scaccu(m)*— las denominaciones del juego en francés *(échecs)*, en italiano *(scacchi)*, en inglés *(chess)* y en catalán *(escacs)* (en esta lengua se dice *escac al rei*, o sea, 'jaque al rey'), así como los términos *escaquear, escaque* y *escaqueado*, casi limitados al uso en heráldica para hacer referencia a las cuadrículas de un escudo o a un escudo construido con cuadros de colores alternos.

Cuando el *jaque* se convierte en *jaque mate*, lo que hacemos es añadir la forma *mate*, palabra también persa *(mat)*, que significa 'muerto', con lo que el ejército de las blancas o de las negras da por definitivamente perdida su batalla.

Seguramente el término coloquial *escaquearse*, 'evitar la realización de un trabajo o una obligación' tenga que ver con la «fuga» de las piezas del ajedrez a través de los cuadros del tablero, en referencia a sus variados movimientos.

jaqueca Uno de los padecimientos que más igualan a los seres humanos en todo el mundo es, sin duda, el terrible dolor de cabeza que llamamos *jaqueca*, caracterizado, normalmente, por atacar a intervalos y sólo a un lado de la cabeza.

Y es tan universal el dolor que ya los árabes, hace muchos siglos, denominaban a este dolor con la palabra *shaqîqa*, que, además y antes de nombrar la enfermedad, significaba 'mitad', 'lado [de la cabeza]', en evidente alusión a la característica más definitoria de la *jaqueca*. A su vez, y abundando en el mismo valor, digamos que el nombre árabe realmente procedía del verbo *shaqq*, que significaba 'hender, partir, dividir', con lo que no parece haber duda de la exactitud del término.

Sobre su entrada en nuestro idioma, y vacilando entre las formas *axaqueca* y *xaqueca*, se considera al Rey Sabio, Alfonso X, el introductor del término, quien, en su *Lapidario* (1272-1279), escribe: «la dolor que se faze en la media cabeça, a que llaman en arábigo *xaqueca*».

Concluyamos diciendo que, entre las infinitas bondades que la presencia árabe dejó en nuestra cultura, destaca una riqueza léxica muy especial, que se produce cuando somos capaces de referirnos a una misma realidad con dos palabras diferentes, una greco-latina y otra árabe, como ocurre con los casos de *pozo* y *depósito* [de agua], o con las plantas silvestres *hiniesta*, *espliego* y *mejorana*, que tienen sus correspondientes sinónimos arábigos en *aljibe*, *alberca*, *retama*, *alhucema* y *almoraduj*, respectivamente. Sirva esta referencia para reseñar que la palabra árabe *jaqueca* tiene igualmente su homóloga clásica en la no menos tristemente famosa *migraña*, relación que se entenderá mejor si aclaramos que procede del término médico *hemicránea*, o, lo que es lo mismo, 'la mitad del cráneo' en griego, idea ciertamente parecida a la del origen de *jaqueca*.

jazz Recogida como *yaz* por la Academia, no hay duda en cuanto a su origen norteamericano, plasmado en la universalizada palabra *jazz*, y que se refiere al 'género musical que heredó los ritmos del *ragtime* y que surgió en Nueva Orleans a comienzos de siglo', y que apareció escrita por primera vez en 1917 en el disco *Original Dixieland Jazz Band.*

Aunque no certificada plenamente, la etimología de *jazz* parece estar en el verbo *to jazz,* palabra perteneciente a la jerga de los negros sureños norteamericanos, y que, según el trombonista Preston Jackson, significaba 'excitar(se)', por la sensación que producen los ritmos, a veces cálidos, a veces intensos, de una música ya inmortal que cada vez es descubierta por más seguidores en todo el mundo.

Sin embargo, aunque mucho menos aceptada, existe la hipótesis de que la palabra podría proceder del nombre *Jas* como hipocorístico o nombre familiar de un tal *Charles,* algún músico negro de las primeras orquestas, o *jazz-bands.*

jefe Una de las formas más generales de referirse a un superior en el rango es mediante esta palabra, no demasiado antigua en español, debido a la existencia de una buena serie de sinónimos más o menos especializados.

Procede esta palabra del francés *chef* (la misma que se mantiene para el cocinero que ejerce de *jefe* de cocina), y recibida directamente del latín *caput,* evolución absolutamente normal en ese idioma, donde existe *cheval*, del latín *caballus*, *chèvre* a partir de *capra*, o *chez* tomado de *casa*. El valor que tenía *caput* era el de 'cabeza', pero muy pronto se extendió, entre otros, al de 'persona importante, autoridad', y que se mantiene en expresiones como *cabeza de familia* o *cabeza de la Iglesia* (→ *cabeza*), entre otras muchas. De esa idea de 'persona importante' recibimos el concepto de 'jefe', si bien no es difícil oír esa vulgarización de la palabra usada entre iguales en tono supuestamente jocoso: «*¡Jefe*, póngame un café con unos churritos!»

jeringuilla Este instrumento de tortura que atemoriza a los niños que deben vacunarse o medicarse por vía intravenosa o hipodérmica y que, quizá por una progresiva disminución del tamaño, se usa más habitualmente en la forma diminutiva, no era en su origen nada terrible, ni mucho menos, sino algo tan agradable y placentero como la música.

Parece probado que la voz que dio origen a nuestra palabra se sitúa en el griego *syring-*, radical de *syrinx*, palabra que realmente significaba 'caña, tubo', de donde tomó su nombre la ninfa Siringa, transformada en caña según la mitología. Pero después el tubo y la caña se especializaron y la palabra pasó a denominar a la 'flauta' y, más exactamente, la del dios Pan (→ *pánico*), hecha de tubos de diferentes tamaños colocados en progresión. Al pasar la palabra al latín lo hizo bajo las formas *syringa* y *siringa,* y ya volvió a especializarse, en esta ocasión en el mundo de la medicina, adoptó el valor instrumental de 'tubo que se usa para lavativas'. De ahí al significado de 'jeringa' sólo hubo un paso, dado por la evolución de las técnicas sanitarias.

En español, Elio Antonio de Nebrija recoge la palabra quizá por primera vez y en 1495 escribe «*siringa* de cirugiano», pero ya en el Siglo de Oro el propio Quevedo utiliza la palabra en la forma *xeringa,* casi como la actual, después de un proceso que llevó a cambiar *siringa* por *xiringa* por influencia de la *i* siguiente (esa *x* y la *i* pertenecen a la misma familia de los sonidos llamados «palatales»).

jinete Mucho debieron de sorprender a los cristianos la destreza y agilidad de aquellos soldados bereberes a caballo. Y debió de ser tanto el impacto que, sin proponérselo, perpetuaron en la lengua de sus enemigos castellanos el nombre de su tribu.

Asentado el reino nazarí de Granada, y con el fin de defenderse de virtuales ataques, llegaron hacia el siglo XIII al Sur de Al-Ándalus unos soldados montados a caballo con las piernas un poco flexionadas y haciendo alarde de un dominio absoluto de la caballería. Propagada entre los campamentos cristianos la fama de estos bereberes, pronto se hizo famoso también el nombre de su tribu, los *Zanatah* —en español, *cenetes*—, una de las tribus berberiscas más importantes y antiguas de África del Norte y extraordinariamente diestros en la equitación. El adjetivo árabe *zanátiy* ('de los cenetes'), que sonaba en árabe coloquial *zenêti* o *zineti,* pasó a decirse y, lo que es más importante, a significar *jinete* en español.

La identificación de la tribu con los caballeros era tal que, por los primeros testimonios, era difícil determinar si la palabra se refería sólo a los *cenetes* o a los soldados a caballo, si bien ya en el *Poema de Alfonso XI,* es decir, en el siglo XIV, ya son cristianos los que iban «bofordando a la *gineta*», 'tirando dardos como los cenetes', lo cual ya nos habla, no de los bereberes como pueblo sino del nuevo valor de 'caballeros' que ellos, por sus méritos ecuestres, hicieron pronto tan popular, precisamente entre sus enemigos.

jirafa Es más que posible que este mamífero africano tan espectacular reciba su nombre a partir del siglo XVI, denominación procedente directamente del italiano *giraffa,* porque en el castellano de los siglos XIII y XIV se la cita directamente con el nombre árabe, *azorafa, zarafa* o *zirafah,* palabras que significan 'la amable', valor que fue adaptándose a 'la mansa', en clara referencia a la docilidad del animal.

joder → *hocico* y *follar.*

jornada La palabra tiene su origen en la forma *diurnus,* o mejor dicho *djurnus,* documentada ya en el bajo latín, y de donde proceden nuestro adjetivo *diurno* y la palabra italiana *giorno*. Es muy posible que la palabra nos haya llegado filtrada por el provenzal antiguo, lengua en la que *jornada* era el trabajo que se hacía en un día o el camino que se recorría en el mismo periodo de tiempo, y en la que el sufijo de cantidad *-ada* era muy abundante. *Jorn* en provenzal era 'día', y lo sigue siendo actualmente en catalán, formas hermanas del francés actual *jour*, 'día'. Relacionada con esta palabra está *jornal*, 'dinero que se gana en un día de trabajo'.

jovial El nombre latino de Júpiter, máximo dios de los romanos, personificación del cielo y de la luz, era *Iuppiter*, *Iovis* en genitivo, 'de Júpiter' (→ *jueves*). Asimismo, existía en latín el adjetivo *iovialis* con el significado de 'lo que es propio de Júpiter, lo que tiene que ver con Júpiter'.

La mitología romana suele presentarnos a este dios con aspecto malhumorado y con el rayo castigador en las manos, pero encontramos también abundantísimos ejemplos de un dios divertido, jocoso y burlón, de aquí el significado de la palabra que nos ocupa. De lo dicho podrían dar fe sus numerosas andanzas erótico-festivas con diosas y humanas, en las que engendró, quedándonos cortos, unos cuarenta hijos, y sus constantes metamorfosis: en cisne para llevarse a Leda o en lluvia de oro para caer sobre Danae. No olvidemos que

Zeus, correspondiente griego del Júpiter romano, se disfrazó de toro para raptar a la ninfa → *Europa*.

Aparte de lo dicho, y seguramente debido a ello, en astrología se considera que los nacidos bajo el influjo del planeta Júpiter suelen tener un carácter alegre.

joya La palabra parece ser que la toma el castellano del francés antiguo *joie* o *joiel*, y éste del latín vulgar *jocale*, un derivado de *jocus*, 'juego, diversión, objeto placentero', puesto que el sentido lúdico de las joyas y de las piedras preciosas, así como su empleo como amuletos y en las artes adivinatorias (→ *sortija* y *diamante*) estaba bastante arraigado en la antigüedad.

juanete Es muy frecuente en la lengua coloquial llamar *Juan* al personaje inexistente, paradigma de la vida rústica y simple, que a veces sirve de motivo de burla o que hace referencia a alguien de poca cultura o de escasa importancia social. Son muchas las frases hechas y los refranes que podrían ilustrar lo dicho: *Ser un Juan Lanas; déjalo, Juan, y no leas; ser Juan y Manuela; éste no es mi Juan, que me lo han cambiao*... De aquí también el origen de esta palabra, pues se consideraba que los callos y durezas en los pies eran especialmente abundantes en personas de baja categoría social, gente rústica y trabajadores del campo.

judía A pesar de lo que pudiera parecer, nada tiene que ver esta planta herbácea de vaina comestible, llamada también *judía verde, habichuela* o *fréjol* en algunos lugares de España y *fríjol* en Méjico, con el pueblo → *judío*. Seguramente tiene su origen en una forma árabe que, sin que podamos asegurarlo, sería también el origen de *alubia*, es decir, la legumbre, el fruto seco de la judía verde.

Los etimólogos hablan de las formas *al-yudiya* y de *al-lubiya* como orígenes de *judía* y *alubia*, respectivamente, en el segundo caso con el artículo árabe incorporado, cosa nada extraña en nuestra lengua. Vista la cercanía fonética, podemos pensar, con la cautela que debe guiar siempre este tipo de rastreos, que se trate de dos palabras nacidas de la misma raíz: la primera designaría a la planta y la segunda al fruto. Otra explicación es que tal vez podemos estar ante dos versiones dialectales de la misma palabra, o, simplemente, ante dos transcripciones distintas de un idéntico concepto.

judío En sus orígenes, el *judío* es el habitante de Judea, región histórica de Palestina dividida en la actualidad entre los estados de Israel y Jordania. Judea no era otra cosa que 'la tierra de Judá', cuarto hijo de Jacob, y cabeza de la tribu más poderosa de las doce de Israel, a la que perteneció el rey David (1015?-975? a. C.), y que acabó siendo la hegemónica, lo que explica la identificación entre *judío* e *israelita*. → *hebreo*.

judo → *yudo*.

juerga Esta palabra es una variante andaluza de → *huelga*, sustantivo de *holgar*, del latín tardío *follicare*, 'soplar, respirar', palabra relacionada con *fuelle* (→ *follar*). Con el discurrir del tiempo, el significado se transformó en 'tomar aire después de un esfuerzo físico o de una fatiga'. De aquí a 'descansar' hay sólo un paso.

Etimológicamente, por tanto, una *huelga* y una *juerga* no dejan de ser lo mismo.

jueves Entre los romanos el *dies Iovis* era el día dedicado al culto de Júpiter, *Iuppiter/Iovis* en latín (→ *jovial)*, reflejo del Zeus griego, dios de los dioses, supremo hacedor del orden y de la justicia del mundo. Al evolucionar en nuestra lengua, se pierde la primera parte de la expresión y nos queda únicamente *Iovis*, 'de Júpiter'. Este es el motivo de que la palabra evolucione desde el genitivo, no desde el acusativo, como es prácticamente norma en español.

Para nombrar al jueves, los ingleses dicen *Thursday* (recuérdese que *thunder* es en inglés 'trueno') y los alemanes dicen *Donnerstrag*, también 'día del trueno', uno de los atributos más frecuentes y conocidos de Júpiter, al que muchas veces se le representa con un haz de rayos en la mano, lanzando tormentas de ira a los mortales.

julio En el año 45 a. C. Julio César modificó el antiguo calendario romano instaurado en tiempos del rey Numa Pompilio (715-672 a. C.). El que sería el séptimo mes, que había sido el quinto, y así se llamaba, *quin(c)tilis,* pasó a denominarse *iulius* en homenaje al promotor de la reforma, que moriría asesinado pocos meses después. El cambio de nombre fue sugerido por Marco Antonio en el 44 a. C. Habría que señalar que el antiguo año romano comenzaba en → *marzo,* por eso *julio* era el quinto mes y → *diciembre* el décimo, de ahí su nombre.

junio Entre los romanos, el sexto mes estaba dedicado al culto de Juno, esposa de Júpiter y máxima divinidad femenina. Ambos, junto con Minerva, formaban la trilogía de los dioses principales. Juno era la diosa de la fecundidad, de los partos y protectora de las mujeres casadas, no en vano se le consagraba el mes en el que la → *primavera,* estación de la fertilidad, está en su máximo esplendor.

Hay que decir que el nombre latino de la diosa era *Iuno-Iunonis* y que el nombre del mes procede de una forma *iunius,* '[mes] propio de Juno'.

K

k Esta letra tiene su origen en un signo jeroglífico egipcio que representaba una mano. Los fenicios, verdaderos creadores del alfabeto, le dieron una forma parecida a la actual y la llamaron *kaf*. Su progresiva historia de marginación en nuestra lengua, debido a que comparte sonidos con otras letras —*c* y *q*—, se remonta a muchos años atrás.

Cuando los griegos la adoptaron, tuvieron que acomodarla a su lengua, pues tenían tres signos para el mismo sonido. Finalmente prevaleció el signo *kappa* (así se llama la letra también en italiano actual). Sin embargo, los etruscos habían tomado el sistema griego de tres signos para el mismo sonido antes de la unificación, y así también llegó al latín. Los romanos, para evitar confusiones reformaron el triple uso de signos en la representación del sonido: *c* seguida de *e*, *i*; *k* delante de *a*, y *q* delante de *o*, *u*. No obstante, el latín fue marginando poco a poco a la *k* y sustituyéndola por la *c*, con lo que acabó reducida a muy pocas palabras, en especial a aquéllas procedentes del griego.

Ya refiriéndonos a nuestra lengua, fueron varios los gramáticos que despreciaron esta letra, entre ellos el propio Nebrija (1441-1522), incluso llegó a ser suprimida del *Diccionario* de la Real Academia entre 1815 y 1869. En la actualidad se está produciendo una curiosa identificación entre esta letra marginada y varios movimientos sociales que también se autoconsideran marginados o marginales, que la esgrimen y la usan como seña de identidad. Baste citar ejemplos como *okupas, anarkía, Vallekas* o *mili kk*. → *byte*.

kiosco o **kiosko** → *quiosco*.

L

l Como la mayor parte de nuestro alfabeto, esta letra se la debemos a los fenicios, quienes, a su vez, la tomaron de un signo jeroglífico egipcio. Los fenicios la llamaban *lamed,* es decir, 'bastón', debido a la forma que tenía entonces. Griegos y etruscos también la adoptaron a partir del alfabeto fenicio, pero fueron los romanos quienes le dieron, en sus variantes mayúscula y minúscula, la forma que ha pervivido hasta hoy en español. Existe, no obstante, una versión más propia de la escritura manual, con una especie de bucle en forma de pez, que se desarrolló durante la Edad Media debido a la costumbre de los amanuenses de ligar una letra con otra en un solo trazo.

En la realización fonética de la *l* interviene de forma muy activa la lengua, cuya parte delantera hace presión contra los alvéolos de los dientes superiores. En este sentido, resulta sumamente curioso que la palabra *lengua* contenga en muchos idiomas una *l*: *lingua* en latín —que trasladó la letra a todas las lenguas romances—, *glosa* en griego, *lissan* en árabe, *nylev* en húngaro... No en vano, el filósofo griego Platón (427-348 a. C.) consideraba que esta letra había dado nombre «a las cosas *lisas*, el verbo *resbalar* y a lo grasiento y lo viscoso».

la Quinto tono de la escala musical. → *do*.

lacónico Llamamos hoy así a quien, como los antiguos laconios, es sumamente parco en palabras.

Los laconios o espartanos eran los habitantes de la Laconia, llamada también Esparta, una antigua región de la península griega del Peloponeso y una de las ciudades autónomas griegas, las denominadas *polis*. Eran famosos por su dedicación casi exclusiva a la guerra, lo que les exigía una educación tremendamente estricta ya desde la infancia. De hecho, hoy seguimos utilizando el adjetivo *espartano* con el significado de 'excesivamente estricto, muy duro': *educación espartana, leyes espartanas, jefe espartano, padre espartano*, incluso algún deportista llega a decir que su preparador lo somete a *entrenamientos espartanos*...

Para ilustrar lo dicho, baste decir que los niños que nacían en Esparta con el más mínimo defecto físico eran despeñados por el monte Taigeto, por considerárseles inútiles para el combate. Los que nacían sanos eran bañados en vino y colocados en el escudo del padre para infundirles el espíritu guerrero. A los siete años los varones pasaban a ser propiedad del Estado y a vivir en una especie de cuarteles en los que permanecían hasta los veinte años, edad en la que eran libres para casarse. Los espartanos vestían con poquísima ropa, comían lo estrictamente necesario y a veces, pensando en las penurias que a buen seguro pasarían en la guerra, se les obligaba a robar comida sin ser descubiertos, so pena de muerte; periódicamente eran cruelmente azotados, sin que pudiera salir de su boca ni una sola queja, y se bañaban a diario, en invierno y en verano, en las gélidas aguas del río Eurotas.

Toda esta educación les hacía ser prácticamente analfabetos. Despreciaban totalmente la oratoria, al contrario que los atenienses, cuya educación rechazaba la guerra y fomentaba el estudio y las artes. Eran tan pobres y parcos en el hablar que a veces ni entendían a sus vecinos ni sus vecinos a ellos. Una de las numerosas anécdotas sobre lo dicho nos cuenta que un embajador de la ciudad de Melos se presentó ante sus vecinos espartanos para pedirles alimentos. Éstos, como era habitual, no entendieron el discurso y el embajador, cansado de darles explicaciones de mil maneras distintas, les señaló con el dedo un saco de harina. Sólo entonces comprendieron y enviaron la ayuda pedida.

ladino La palabra viene del latín *latinu(m)*, 'latino' y se aplicaba en la Edad Media a los árabes y a los judíos que aprendían la lengua latina o la romance, es decir, la propia de los países del antiguo Imperio

Romano. De hecho, los sefardíes, los judíos españoles que se vieron obligados a abandonar España tras la expulsión de 1492, se referían y se refieren a la lengua que hablaban y aún hoy hablan como *ladino*. Posteriormente el término sirvió también para denominar al lenguaje literario hiperculto y artificioso del siglo XV, cargado de latinismos.

Es posible que el significado actual de 'astuto, sagaz' derive de la primera explicación, en referencia a la astucia e ingenio del moro —y eran multitud— que conseguía infiltrarse, convivir y comerciar en territorios cristianos.

láser El nombre de este rayo luminoso de gran intensidad, realizado por vez primera en 1960, es un acrónimo (palabra formada por iniciales o partes de otras palabras) de la expresión inglesa *Light Amplification by Stimulated Emission of Radiation*, 'amplificación de la luz mediante emisión estimulada de radiación'. → *delco, radar, sonar* y *tergal*.

lavabo Extrañamente, esta palabra tiene su origen en un verbo latino, y no en un sustantivo, como sería de esperar. Es la tercera persona del singular del futuro simple de *lavare*, 'lavar'; es decir, *lavabo* significa literalmente 'lavaré'. El significado actual ha venido a través de la liturgia católica. Cuando la → *misa* se decía en latín, antes del Concilio Vaticano II (1965), el sacerdote tras el ofertorio se mojaba los dedos con un poco de agua con el fin de purificar sus manos, mientras recitaba una parte del salmo XXV que dice: «*Lavabo* inter innocentes manus meas», 'lavaré mis manos entre los inocentes'. Posteriormente se secaba con una toallita que en algunos lugares pasó a denominarse popularmente «el lavabo». Andando el tiempo y las costumbres higiénicas, se comenzó a llamar *lavabo* a la habitación donde la gente se lavaba y se aseaba, el actual «cuarto de baño», de ahí que hoy todavía digamos «ir al lavabo» para referirnos a tal habitación. En la actualidad el *lavabo* suele ser, casi exclusivamente, el aparato sanitario en el que nos lavamos. El fenómeno es paralelo al que se registra en francés, donde *toilette*, la palabra que designa al cuarto de baño, era, en sus orígenes, el paño de la mesa en que se colocaban los objetos de aseo, más tarde fue la propia mesa y, finalmente, el cuarto.

lechuga A pesar de su color verde, los orígenes de esta palabra la relacionan con el blanco de la leche. En latín se denominaba *lactuca(m)*, 'lechosa, de leche', en referencia al color del tallo y al del jugo que sale de él, una especie de látex blanquecino.

lechuguino Llamamos así a quien presume, en el aspecto físico y mental, de madurez y conocimientos pese a ser excesivamente joven, o a quien es excesivamente → *cursi* y afectado en el vestir o en los modales. Parece ser que a principios del siglo XIX se puso de moda entre los jóvenes afrancesados, partidarios de la invasión napoleónica, vestir con calzones, levitas y sombreros de color verde. De ahí que, popularmente, se los comenzara a llamar «lechuguinos». Como en tantas otras ocasiones en la lengua coloquial, el continente pasó a denominar al contenido. → *petimetre.*

León A pesar de que la imagen de este animal figure en su escudo, nada tiene que ver el nombre de la ciudad con el del felino. El topónimo procede del latín *legione(m),* 'legión', un cuerpo de tropa romana compuesto por infantes y caballeros, en referencia a la guarnición que levantó un campamento entre los ríos Bernesga y Torío, al pie de la actual León: la *Legio Septima Gemina,* 'Legión Séptima Doble'.

Por lo que se refiere a la denominación del considerado rey de la selva, su origen está en el latín *leone(m),* término tomado del griego *léon* y de origen semítico, tal vez de alguna lengua hablada en el Asia Menor o en la cuenca de los ríos Éufrates y Tigris.

leotardos Llamamos *leotardos* o *leotardo* —el singular y el plural tienen el mismo valor, como en *pantalones* y → *pantalón* o *nariz* y *narices*— a esa especie de → *medias* largas o *pantys,* generalmente de lana, que cubren desde los pies hasta el vientre. El nombre se debe a quien los popularizó como prenda que podríamos denominar «de trabajo», Monsieur Léotard, famoso acróbata francés del siglo XIX. De hecho, los *leotardos* siguen formando parte de la indumentaria de los trapecistas y otros acróbatas circenses.

liceo La palabra procede del griego *lykeion*, 'lobo' (que aparece en términos como *licántropo* o *licantropía)*, y ello porque en un bosque cercano a la antigua Atenas había un templo dedicado al dios Apolo, que era llamado, entre otros nombres, *Lykoi*, 'vencedor o matador de lobos', porque, según la mitología griega, en los ratos que le dejaba libre su pasión por Dafne, ejercía como pastor y mataba con sus propias manos a los lobos que se acercaban a sus rebaños. No lejos de allí, paseando por el bosque, y a veces junto al templo, en sus mismas escalinatas, daba sus clases el filósofo Aristóteles (384-322 a. C.), por lo que a su escuela comenzó a denominársela *liceo* y también *peripatética*, es decir 'paseante'. En la actualidad, se llama *liceo* a algunas sociedades culturales o recreativas y, en algunos países, a los centros de enseñanza media.

linchar Llamamos hoy *linchar* a la acción de ejecutar sin juicio a un supuesto reo, y lo debemos a Charles Lynch, un estadounidense de origen irlandés que fue elegido juez del condado de Bedford, en el estado de Virginia, a mediados del siglo XVIII. Acérrimo defensor de la independencia de Estados Unidos y luchador infatigable contra los ingleses, se cuenta que, aprovechándose de la carencia de leyes del nuevo país, condenó a morir en la horca, sin procesos previos ni abogados defensores, a muchos de los enemigos que cayeron en sus manos.

llegar El origen de un verbo de uso tan común está en el lenguaje marinero, concretamente en la expresión *plicare ad ripam*. Tenían los marinos la costumbre de doblar las velas, *plicare* en latín, de donde viene nuestra palabra *plegar*, al llegar a puerto, *ad ripam*, literalmente 'a la orilla, junto a la orilla'. Con este gesto daban a entender que ya estaban en casa, que habían *llegado*. El español, el galaicoportugués y el rumano tomaron la primera parte de la expresión, y sobre *plicar(e)*, con pérdida de la *-e* final, construyeron *llegar*, *chegar* y *plicà*, respectivamente. El resto de las lenguas romances y otros idiomas tomaron la segunda parte: *arrivare* en italiano, *arriver* en francés, *arribar* en catalán y *to arrive* en inglés. → *arriba*.

Curiosamente, y como síntesis de ambas opciones, el catalán conserva el verbo *plegar* con el valor de 'terminar un trabajo, dar por finalizada la jornada laboral'. → *suplicar*.

longaniza La palabra griega *loukánikos*, que se sigue usando en el griego moderno, y la latina *lucanicia* designaban a una especie de salchicha que se elaboraba en la zona llamada precisamente Lucania, una parte de la Magna Grecia que es hoy la actual región italiana de la Basilicata. En la actualidad en el noreste de Italia existe un tipo de salchicha llamada *lugánega* en el dialecto local. La palabra española *longaniza* posiblemente se origina en un cruce de *lucanicia* con *longa*, 'larga'.

lunes El origen de esta palabra se encuentra en el nombre que el mismo día recibía de los romanos. Ellos dedicaban esta jornada a nuestro único satélite natural y lo llamaron *lunae dies*, es decir, 'el día de la luna'. Esta forma pasó al latín vulgar como *lunis dies*, por influencia de *martis dies*, '→ *martes*', *iovis dies*, '→ *jueves*' y *veneris dies*, '→ *viernes*'. Debe observarse que la dedicación de este día a la Luna persiste en otras culturas no latinas: en alemán este día se llama *Montag* y en inglés, *Monday*, literalmente 'día de la luna'.

M

m Esta letra se origina en un símbolo jeroglífico egipcio: una sencilla línea ondulada con la que se representaba el mar. No deja de ser curioso que la *m* sea, precisamente, la letra inicial de la palabra *mar*. Los fenicios adoptaron este signo y lo llamaron *mem*, 'agua', pero, tal vez para ahorrar espacio a la hora de escribir, lo transformaron en vertical. Las variantes vertical y horizontal convivieron en griego, en etrusco y, durante un tiempo, en latín. Fue en el siglo III cuando los romanos se decantaron por la variante horizontal, a la que en la época del emperador Augusto (63 a. C.-14 d. C.) le dieron la forma que conocemos hoy.

La *m*, la → *b* y la → *p* son las primeras consonantes que comienzan a pronunciar los bebés: *mamá* y *papá* (→ *memo*), tal vez porque, al articularse con los labios, los niños, aparte de pronunciarlo con facilidad, pueden ver cómo se «realiza» el sonido.

En latín existía la *-m* final, de hecho era la desinencia propia del acusativo, pero nuestra lengua rápidamente la rechazó, y así todas las palabras latinas del español proceden del acusativo, ya sin *-m*.

Los latinismos que perviven, como *memorándum, referéndum, currículum* y → *álbum* tienden a pronunciarse con *-n* final. En los tres primeros casos, la Real Academia admite, aunque prefiere las formas anteriormente citadas, *memorando, referendo* y *currículo,* con sus plurales *memorandos, referendos* y *currículos.* El plural de *memorándum, referéndum* y *currículum* es el propio de los neutros latinos: *memoranda, referenda* y *currícula.* En el caso de *álbum,* el uso ha acabado por imponer *álbumes.*

Como curiosidad, podemos señalar que Quintiliano (42-120), el gran retórico hispanolatino, nacido en Calahorra, para más señas, la llamó *letra mugiente,* por coincidir su sonido con la onomatopeya del mugido de la vaca.

madera La palabra procede de la latina *materia(m),* origen también de *materia,* y ésta de una supuesta voz indoeuropea **mater-*, que es exactamente la misma raíz que origina la palabra *madre.*

Los antiguos indoeuropeos, de cuya lengua sabemos bien poco, exceptuando que tenía una gran dependencia de la naturaleza y de sus fenómenos, consideraban que la parte interior del tronco del árbol, la *madera,* era lo que le daba la vida, la *madre,* o, si se prefiere, la *matriz* —palabra también relacionada con *mater*— del árbol. No está de más decir que en el español de los siglos XV y XVI el «dolor de madre» no era otra cosa que el dolor menstrual, o sea, 'de matriz'. Basta irse, por ejemplo, a *La Celestina*. → *madre, madrigal* y *matriz*.

madre → *madera* y *matriz*.

madrigal El *madrigal* es un poema muy sencillo, de tema amoroso, muchas veces musicado, de procedencia italiana y que tuvo gran vigencia durante los siglos XVI y XVII. La palabra, en su origen, podría estar relacionada con el término latino **matricalis*, literalmente 'de la matriz, de la madre, maternal' (→ *madera*), pero con el sentido implícito de 'tierno, sencillo, natural'. Este sentido de delicadeza, apacibilidad y belleza está también en el origen de algunos topónimos, como el nombre de la villa abulense en la que nació Isabel I de Castilla, la llamada «Católica» (1451-1504) y donde murió fray Luis de León (1528-1591): *Madrigal de las Altas Torres*.

madrugar En su origen, es la misma palabra que *madurar*, del latín *maturare*. En latín vulgar se formó **maturicare*, que, a partir del significado de 'madurar la fruta' crea el de 'apresurarse', de donde procede el significado actual. Seguramente existió en indoeuropeo una raíz **ma-*, que significaría algo así como 'pronto, temprano, a buena hora', presente también en palabras como *mañana, amanecer o madrugada*. → *mañana*.

magdalena Dos interpretaciones hay sobre el origen de la palabra que designa a este bollo que suele tomarse empapado en el café o la leche. Una de ellas va precisamente por este camino: cuando nos llevamos la *magdalena* empapada a la boca, el líquido escurre y el bollo da la impresión de estar llorando *como una magdalena,* expresión que alude a María de Magdala o Magdalena, la pecadora salvada por Jesucristo de la lapidación (*Lucas*, VII, 35-36). La referencia al llanto se debe a que la Magdalena fue una de las mujeres que acompañó al Calvario a la Virgen María y presenció la muerte de Cristo.

Por otra parte, con más visos de realidad, la palabra podría derivar del griego *magdalía,* 'masa, pasta', en alusión a la masa con la que se elabora el dulce. Esta voz griega es también la fuente del término *magdaleón*, con el que se denominaba a un antiguo compuesto farmacéutico que se presentaba como un emplasto. Todo apunta a que esté relacionada con la raíz indoeuropea **mag-* 'amasar, prensar, modelar'. → *maquillaje*, *masón* y *mazapán*.

mahonesa → *mayonesa.*

majo Esta palabra, que se emplea como apelativo cariñoso o irónico y con los significados de 'bonito, simpático, agradable', de uso abundante entre la segunda mitad del siglo XVII y la primera del XIX

—véase la obra de Goya— para hacer referencia a la joven clase aristocrática ociosa, tiene que ver con las antiguas fiestas del mes de → *mayo*, dedicadas a la exaltación de la primavera y adoptadas por el catolicismo como fiestas dedicadas a la Virgen.

El mes de mayo es popularmente conocido como «el mes de las flores». En muchos pueblos se mantiene la tradición de *la cruz de mayo* o de *los mayos*, cruces y palos adornados con flores. Durante estas fiestas los jóvenes, llamados muchas veces *mayos* y *mayas*, se intercambian flores y se adornan con ellas. Existe, incluso, en muchos lugares la expresión *estar hecho un mayo* o *estar hecha una maya* para ponderar la belleza o la elegancia de una persona. En algunas zonas del centro-oeste de España se dice *vestirse* o *ponerse de mayo*, o, incluso, *sacar los majos* y *ponerse los majos* para hacer referencia al traje de fiesta, al «de los domingos». No es difícil deducir que la palabra que nos ocupa tenga, pues, este origen.

malabarismo Este término, de tardía entrada en nuestra lengua (finales del siglo XIX), es un calco del portugués. Llamaron *malabarismo* los portugueses a los complicados equilibrios, saltos o juegos de manos que hacían los habitantes de la costa de Malabar, en el suroeste de la India, zona frecuentada desde antiguo por los marinos y comerciantes lusos en sus rutas hacia Oriente.

mambrú Esta palabra, que hace referencia a un personaje legendario, protagonista de una célebre canción, es una deformación del inglés *Malborough* y se refiere a John Churchill, duque de Malborough (1650-1722), político y general inglés que obtuvo varias victorias contra los franceses. Entre ellas destaca la de Malplaquet, librada el 1 de septiembre de 1709. Pese a la victoria, los ingleses sufrieron varias bajas y los franceses llegaron a creer que Malborough había muerto. Ante este creencia, algún soldado francés compuso una canción burlesca cuya estrofa decía: «Malborough s'en va-t-en guerre/Mironton, mironton, mirontaine/ne sais quand reviendra», es decir, 'Malborough se va a la guerra, no sé cuándo volverá'. Andando el tiempo, la cancioncilla llegó a ser famosísima en toda Francia y acabó pasando a España por influencia de la casa reinante, de origen francés: los Borbones. Curiosamente, se extendió también por nuestro país y llegó a ser muy popular, aunque «adaptando» a nuestra lengua el casi impronunciable nombre del duque inglés. Hay varias versiones, pero quizá la más conocida sea la que dice:

Mambrú se fue a la guerra,
qué dolor, qué dolor, qué pena.
Mambrú se fue a la guerra,
no sé cuándo vendrá,
do, re, mi, do, re, fa,

no sé cuándo vendrá.
Si vendrá por la Pascua,
qué dolor, qué dolor, qué pena,
si vendrá por la Pascua,
o por la Trinidad,
do, re, mi, do, re, fa,
o por la Trinidad.

mameluco Empleamos hoy esta palabra, procedente del árabe *mamlûk*, 'esclavo, sirviente', para referirnos a alguien terco o torpe. Los *mamelucos* eran los soldados egipcios que Napoleón incorporó a su ejército tras sus campañas en Egipto. En combate tenían fama de ser tan crueles y aguerridos como temerarios y poco inteligentes, razón por la que los franceses los colocaban en vanguardia, como fuerza de choque. Francisco de Goya (1746-1828) los pintó en su célebre cuadro *El dos de mayo*, conocido también como *La carga de los mamelucos*.

mamotreto La palabra *mammóthreptos* designaba en griego al niño que, a pesar de ser muy mayor, continuaba mamando; se había formado con *threptós*, 'criado' y *mámme*, 'abuela', en referencia hiperbólica, exagerada, a la edad del niño, que seguía mamando hasta el momento en que tenía hijos propios y hacía abuela a su madre. El término, con la forma *mammothreptu(m)*, pasó al latín, donde adquirió, siempre partiendo del lactante tardío y crecido, el significado de 'gordinflón, pesado'. En nuestra lengua *mamotreto*, mediante una fácilmente interpretable metáfora, se empleó primero para designar a un libro o cuaderno grande y pesado, por lo general de contenido poco provechoso, y después a cualquier objeto cuyas grandes dimensiones y escasa utilidad lo convierten en estorbo.

mandarina Este fruto, cuyo nombre técnico en botánica es *citrus nobilis deliciosa*, algo así como 'cítrico noble delicioso', es originario, como la naranja, de la lejana China —recuérdese la exclamación negativa *¡naranjas de la China!*—, aunque no llegó a Europa, al menos masivamente, hasta la primera mitad del siglo XIX. En cualquier caso, no es en absoluto descartable que los árabes, el propio Marco Polo (1254-1324), los navegantes portugueses y otros comerciantes europeos tuvieran noticias de la *mandarina* y la trajeran mucho antes a Occidente.

Dado su origen oriental y la «nobleza» —por qué no pensar también que fuera alimento propio de clases nobles— y lo exquisito de su sabor denotados en su denominación técnica, el fruto recibió su nombre a partir de la palabra *mandarín*, que vive en nuestra lengua desde principios del siglo XVII, procedente del portugués *mandarim*, término con el que los portugueses denominaron a los altos funcionarios chinos de la época imperial (hasta 1911) y que después también sirvió para hacer referencia a la variedad de chino que hablaban éstos, es decir, a una forma culta de chino pequinés, en sus orígenes una lengua literaria y burocrática. En la actualidad el *chino mandarín* es, por antonomasia, el chino culto.

El portugués *mandarim* tiene raíces en el malayo *mantari*, 'consejero, ministro', del sánscrito *mantrinah* 'funcionario de estado, consejero', con una clara influencia de la voz portuguesa *mandar*, 'mandar, ordenar', del latín *mandare*. Al fin y al cabo, todo vuelve a su origen en esta hermosa etimología que podríamos denominar «circular»: tanto *mantrinah* como *mandare* pudieron muy bien haber salido de la raíz indoeuropea **man-*, 'mano', tomada en el sentido de 'dirección, poder, caudillaje, mando'.

Al árbol que produce *mandarinas* se le denomina con el masculino del nombre del fruto: *mandarino*, cosa nada extraña en español (*naranjo, manzano*). → *clementina*.

mandíbula → *manjar*.

mandil → *mantel*.

manifestar El origen de este término hay que buscarlo en el latín *manufestus* o *manifestus*, derivado de *manus*, 'mano'. La segunda parte de la palabra resulta de más difícil filiación, aunque podría tratarse de la forma latina vulgar *festus,* procedente del verbo *ferre,* 'acercar', 'mostrar'. Tendríamos así una palabra que literalmente significaría 'enseñar las manos', quién sabe si en señal de inocencia, lo que puede interpretarse, y estaría más cerca del significado habitual, como 'no tener nada que ocultar', 'declararlo todo'. De hecho, cuando se realiza un juramento ante, por ejemplo, un tribunal, se alza y se muestra a todos la palma de la mano derecha antes de declarar, de *manifestar,* públicamente lo que se conoce.

maniquí La palabra tiene su origen en el neerlandés, lengua que se habla en Holanda y en la parte flamenca de Bélgica, en la que *manneken* significa 'hombrecito' —recuérdese la famosa estatuilla del *manneken pis* en Bruselas—, pero no parece habernos llegado directamente, como otras, de las campañas de Flandes de los siglos XVI y XVII, sino a través de la forma francesa *mannequin.*

manjar Esta palabra está relacionada con el francés *manger* y con el italiano *mangiare.* Todas ellas proceden de una forma latina vulgar *manducare,* derivada de *mandere,* 'masticar', de donde proviene también el español *mandíbula,* en latín 'que mastica'.

manso Procede del latín *mansu(m),* variante latino vulgar del participio *mansuetus,* del verbo *mansues-*

cere, que literalmente significa 'acostumbrarse a la mano' (*manus suescere*), en referencia a la sumisión del esclavo a un dueño. De similar origen son las palabras *mantener* y *manutención*, de *manu tenere*, 'defender o amparar con la mano', y en sentido figurado 'proteger', 'dar comida', y también *manumitir*, 'poner la mano', con referencia a la imposición de manos con la que el amo otorgaba la libertad al esclavo (→ *alabar*).

mantel En latín *mantele(m)* era una de las formas de nombrar la *toalla*. De aquí también, filtrada por el árabe, salió la forma *mandil*, que sufrió posteriormente un cambio semántico que derivó en el significado actual. De la misma raíz derivan *manto*, *manta* y *mantilla*. Dentro de este batiburrillo de prendas, curioso es reseñar que en el italiano actual *mantel* se dice *tovaglia*.

mantis religiosa Se conoce fundamentalmente a este insecto por las extrañas costumbres sexuales de la hembra, que devora al macho una vez consumada la cópula, lo que, bien mirado, nada tiene de religioso.

El nombre no deja de ser redundante en español, pues *mántis* en griego significaba 'adivino, sacerdote' (raíz que está en palabras como *nigromancia* o *quiromancia*), lo que alude a la actitud que adopta el insecto cuando acecha a sus piezas: las patas delanteras juntas y recogidas junto a la cabeza, como si estuviera rezando. No olvidemos que los antiguos sacerdotes eran los encargados tanto de las artes adivinatorias como de elevar las plegarias a los dioses. El añadido de *religiosa* no es otra cosa que el deseo de aclarar un término directamente procedente del griego.

Manuel Este nombre propio es una forma derivada del hebreo *Immanu'el*, que nos llegó a través del griego *Emmanouel* y significa 'Dios con nosotros'. La raíz hebrea *El* tiene el significado de 'Dios', como en Bab*el*, 'la puerta de Dios', Isab*el*, 'juramento de Dios' Isma*el*, 'Dios oye' o Isra*el*, 'lucha de Dios'.

manzana En latín clásico la *manzana* se denominaba *mala*, de ahí, por ejemplo, el actual italiano, *mela*, aunque posteriormente también se la llamó *pomum* (→ *pomada*). Una de las múltiples variedades de esta fruta era la conocida como *mala mattiana*, en homenaje a quien, por medio de un injerto, la creó: el botánico, tratadista de agricultura y gastrónomo del siglo I a. C. Caius Matius Calvena. De su nombre deriva el de nuestra *manzana*.

manzanilla El botón de esta flor silvestre, muy utilizada en infusiones, recuerda, por su forma y color, incluso por su aroma, a una pequeña manzana, de ahí el nombre. → *manzana*.

mañana En latín vulgar **maneana* funcionaba como un adverbio de tiempo construido sobre *mane*, 'por la mañana', y que significaba 'temprano'. Ambas palabras se derivan de la raíz indoeuropea **ma-*, 'pronto, temprano' (→ *madrugar*). Los romanos diferenciaban en su lengua los dos periodos de tiempo que en español denominamos *mañana: cras*, palabra que existió en el español medieval, era 'el día siguiente' y *mane* o **maneana* en latín vulgar se referían a la primera parte del día. Así, existían expresiones como *hora *maneana*, 'hora temprana' y *cras *maneana*, 'mañana temprano'. A partir de este adverbio se formó nuestro sustantivo actual.

mapa La palabra *mappa* designaba en latín a un pañuelo, una servilleta, toalla, o pedazo de tela en general. A las representaciones del mundo conocido, que entonces se dibujaban sobre una tela o un lienzo, se las llamó *mappa mundi*, algo así como 'tela del mundo'. Nuestra lengua tomó toda la expresión en *mapamundi*, y sólo la primera parte en *mapa*.

maquillaje Este término entró en español a través del francés *maquillage*. Pertenecía en un principio únicamente a la jerga del teatro, y se refería a la caracterización de los actores para interpretar diferentes personajes. Más tarde pasó a la lengua común. Por su parte, el francés la había tomado del germánico antiguo *makon*, 'modelar', procedente de la forma indoeuropea **mag-*, o tal vez **mak-*, 'amasar, prensar, modelar'. Lógicamente, quien se maquilla se construye, se «modela» un nuevo rostro. Esta raíz indoeuropea es la misma presente en palabras como *amasar, macizo,* → *magdalena, masa,* → *masón* o *mazapán*.

maquis Esta palabra significa en francés 'monte bajo', y se llamó en esta lengua *maquisards* a quienes se echaron al monte para combatir a las tropas alemanas durante la Segunda Guerra Mundial, muchos de ellos republicanos españoles en el exilio. El término *maquis*, usado indistintamente para el singular y para el plural, pasó, seguramente a través de estos combatientes españoles, a denominar a los rebeldes que, amparados en los montes, siguieron luchando contra el régimen franquista varios años después de terminadas la Guerra Civil española (1939) y la Segunda Guerra Mundial (1945).

maratón *El maratón*, que no **la maratón*, como se oye más veces de lo que sería menester, debe su nombre al de la localidad griega donde en el 490 a. C. los atenienses, guiados por Milcíades, derrotaron a los persas de Darío, que intentaban invadir Grecia. Cuenta la leyenda que los generales griegos decidieron enviar un mensajero a Atenas para anunciar la gozosa victoria. El elegido para tal honor fue el soldado Filípides, quien, tras haber hecho corriendo el camino y haber dado la noticia, murió del esfuerzo.

La carrera, que suele ser el último acontecimiento de los Juegos Olímpicos, tiene un recorrido de 42,195 kilómetros, exactamente los mismos que separan Atenas de Maratón.

maremágnum Este término, que nos sirve hoy para referirnos a una muchedumbre, a una mezcla o confusión de personas o de cosas, o a algo extenso e inabarcable procede de la expresión latina *Mare Magnu(m)*, 'mar grande', empleada por los romanos para referirse por antonomasia al → *Mediterráneo*.

marfil La palabra procede de la expresión árabe *azm al-fil*, 'el hueso del elefante', aplicada a los colmillos del animal, de los que se extrae tan preciado material. → *alfil*.

margarina El emperador francés Napoleón III (1808-1873), preocupado por el crecimiento de la población en las ciudades, la consiguiente crisis económica y los problemas generados a la hora de adquirir alimentos considerados entonces de primera necesidad, como la mantequilla, encargó al químico Hippolyte Mège-Mauriez que elaborara una sustancia similar, de idéntico uso y sabor parecido, pero mucho más barata. Aunque el científico intentó guardar con celo la fórmula secreta, acabó descubriéndose: sebo de buey mezclado con leche y agua. La sustancia resultante, que, pese a lo que pueda parecer vista su composición, resultó del agrado de todos, incluido el emperador, tenía un color perlado, un gris brillante, que fue lo que indujo a Mège-Mauriez a llamarla *margarine*, palabra formada con el griego *margarón*, 'perla' y la terminación *-ine* (*-ina* en español), 'sustancia'. Más adelante la grasa animal fue sustituida por la vegetal, con lo que se consiguió un color y un sabor más parecidos a los de la mantequilla.

María Este nombre llega al español del latín tardío *Maria*, aunque su origen es bastante incierto. Sabemos que en arameo tenía la forma *Maryam* y que significaba 'la señora'; en hebreo existió y sigue existiendo como *Miryam*. En el Antiguo Testamento lleva este nombre la hermana de Moisés, a quien parece deberse la forma de cocción denominada *baño de María*. Se han apuntado como posible origen dos raíces, la hebrea *mrd*, 'rebelión', y la egipcia *mry*, 'amor'.

Como curiosidad, pues resulta complicado buscar alguna identificación con la palabra que nos ocupa, podemos decir que la raíz indoeuropea **mari-* podría significar 'mujer joven'. Esta raíz, acompañada del sufijo **-to*, 'que tiene', sería también la presente en la palabra latina *maritus*, origen del español *marido*, también hoy 'que tiene mujer', aunque no sea joven.

mariposa La palabra parece un compuesto entre *mari*, abreviatura de → *María*, y *posa* (pósate), imperativo del verbo *posar(se)*, posiblemente originado en alguna antigua canción infantil. La identificación entre este insecto y lo espiritual, la inocencia, la fragilidad y la pureza, connotaciones de la primavera, nos llevarían también a la asociación con la Virgen María, la misma que podría estar presente en el origen de → *mariquita*. Como curiosidades, cabe señalar que en ruso *mariposa* se dice *babochka*, literalmente, 'mujercita' y que los antiguos griegos empleaban la misma palabra para denominar al alma y a la mariposa: *psique*.

mariquita Nos referimos con este diminutivo de → *María* a un insecto alado al que se relaciona con lo espiritual. En algunas zonas de España se le llama «coquito de Dios»; hay incluso una canción infantil que se canta cuando se captura a uno de estos insectos, tras la cual se pide un deseo: «*Coquito de Dios, cuéntame los dedos y vete con Dios.*» Por este mismo camino van el alemán, donde *mariquita* es *Marienkäfer*, 'insecto de María', el francés *bête à bon Dieu*, 'animal del buen Dios', y el inglés *ladybug*, 'insecto de la Señora'. → *mariposa*.

marqués De la raíz germánica *mark-*, 'señalar, limitar', la misma del español *marcar*, sale el provenzal *marques*, que en sus orígenes designaba a la persona encargada de gobernar una *marca*, es decir, un territorio fronterizo, o a un noble cuyas posesiones estaban en una zona de frontera. → *barón*, *conde* y *duque*.

marrano Es posible que el término tenga asiento en el árabe *mahram*, 'cosa prohibida'. Sabido es que ni árabes ni judíos, por expresa prohibición de sus religiones, pueden comer carne de cerdo y no es difícil deducir que la palabra pasara de referirse a la prohibición a designar al propio animal.

A principios del siglo XIII se comenzó a llamar *marranos* a los judíos conversos españoles, utilizando el nombre del animal como un insulto en una época en la que los judíos no estaban demasiado bien considerados.

marrullero Antiguamente se llamaba así a quien era astuto y cauteloso, como un gato; hoy empleamos esta palabra para hacer referencia a alguien tramposo, que recurre a ventajas o que muestra malos modos en el juego, y en especial en alguna competición deportiva. La palabra parece tener un origen onomatopéyico: *marrullar* podría ser un cruce entre el *maullar* del gato y *arrullar*.

martes Los romanos, como los griegos, dedicaban a Marte, dios de la guerra, un día de la semana: era el *dies Martis,* día de Marte. De este dios o, mejor dicho, de sus características, derivan también → *marzo* y *marcial.*

mártir *Martys-yros,* palabra de la que, a través de la latina *martyre(m),* procede la que nos ocupa significaba en griego 'testigo'. Los primeros cristianos se la aplicaron a los que morían por causa de su religión, a los que consideraban *testigos* que declaraban con su sacrificio la fortaleza de su fe. De hecho existe en el Evangelio la expresión «testigos de la fe» aplicada a aquellos cuya misión era predicar y extender por el mundo sus convicciones religiosas.

marzo El hecho de ser el mes dedicado por los romanos al dios Marte justifica también el nombre: *martius* era '[mes] propio de Marte', divinidad bajo cuya advocación y protección estaba no sólo la guerra, sino también la fertilidad de los campos, la vegetación y el ganado. Quizá esta bucólica capacidad divina, más que las razones bélicas, sea lo que explique la consagración a Marte. No olvidemos que la → *primavera* empieza precisamente en este mes. → *martes.*

máscara El origen hay que buscarlo en el árabe *máshara,* 'bufón, payaso', sustantivo del verbo *masáhir,* 'burlarse de alguien'. De designar al cómico, la palabra pasaría a referirse a las caretas que le ayudaban a construir diferentes personajes, por un fenómeno absolutamente común en la lengua coloquial: la metonimia. Es lo mismo que, por ejemplo, sucede con → *cárdigan*, → *pamela* o → *rebeca*. No obstante, parece que el término entró en nuestra lengua, ya finalizando el siglo XV, a través del italiano *maschera*.

Es posible que la palabra sufriera un cruce con el antiguo provenzal *masca*, 'bruja' y que, a causa de ello, pasara a emplearse para denominar a cualquier tipo de careta o de disfraz, fuera o no cómico. → *persona*.

masón Las organizaciones secretas conocidas como *masónicas*, tan perseguidas y denostadas en otras épocas no muy remotas de nuestra Historia, no son otra cosa, por lo que se refiere a su origen, que el desarrollo de los gremios o cofradías medievales de trabajadores, en concreto, del gremio de los albañiles. Esto explica que los *masones* utilicen en su simbología el compás y las escuadras. Baste decir que en francés actual *maçon* significa 'albañil', lo mismo que *mason* en inglés antiguo.

La palabra tiene su origen en la raíz indoeuropea **mag-/*mak-*, 'amasar, prensar, modelar' (→ *maquillaje*, *magdalena* y *mazapán*), de donde vendrían también las formas del franco **makon*, 'hacer, construir' y **makjo*, 'constructor, albañil', el francés antiguo *masson*, del germánico **makon*, 'hacer', el griego *máza*, 'masa, montón' y 'torta de cebada' y el inglés actual *make*, 'hacer'.

mastodonte Utilizamos hoy esta palabra para ponderar el exagerado tamaño de alguien o de algo. La voz, con la misma forma que hoy tiene en nuestra lengua, se utilizó por primera vez en francés a comienzos del siglo XIX para denominar a una especie extinguida de elefante gigantesco, similar al mamut, cuyas enormes muelas recordaban por su forma a un pecho de mujer; tenían incluso una especie de apéndice en forma de → *pezón*. Esto lo que realmente significa la palabra *mastodonte*, formada con los términos griegos *mastós*, 'pecho, mama, pezón' (→ *amazona*) y *odontos*, 'diente'.

matriz En latín clásico *matrice(m)* no hacía referencia al órgano reproductor femenino, lo que sucedió posteriormente, sino a la capacidad reproductora de la mujer. Asimismo, la palabra significaba también 'tronco, tallo', es decir, la «madre» del árbol (→ *madera*) y 'fuente, causa, origen', significado presente hoy cuando nos referimos a la institución fundadora o generadora de otras, hecho muy habitual, por ejemplo, en las órdenes religiosas, cuyos miembros se refieren al núcleo fundacional como *casa madre* o *casa matriz* (→ *casa*). La misma acepción nos sirve cuando queremos referirnos al molde en el que se funden objetos de metal, llamado también *matriz,* del que van saliendo *hijos* forzosamente iguales.

Existe en nuestra lengua una acepción más de la palabra *matriz,* 'parte de un talonario que queda cosida o grapada cuando se van arrancando las hojas' (→ *cheque*). La imagen del tronco del árbol, que permanece aunque las hojas se desprendan, es clara, pero tampoco está de más decir que ya los romanos llamaban *matrix* a algunos libros de registro o de matrícula, no sabemos si por la metáfora arbórea antes expuesta o porque servían para anotar el origen y la filiación, o dicho de otro modo «el origen», «la madre», de las personas.

mausoleo La palabra que nos sirve para designar al monumento funerario en cuyo interior se depositan los féretros nos llegó del latín *Mausoleu(m)* y, originariamente de Mausolo, rey de Caria, una región del Sur de Asia Menor, actual Turquía, que vivió en el siglo IV a. C.

Mausolo, como era usanza del país, se casó con su hermana, Artemisa, y dedicó su vida a la guerra y a hacer de Halicarnaso, la capital de su reino, una de las ciudades más hermosas del mundo conocido. Se dice que cuando murió el rey, su fraternal esposa se bebió sus cenizas mezcladas con vino y ordenó levantar en lo alto de una colina lo que sería una de las siete maravillas del mundo antiguo: un monumento funerario dedicado a Mausolo, una gigantesca pirámide truncada de mármol de más de cuarenta metros de altura que, además, servía como faro para los muchos barcos que se dirigían a Halicarnaso.

El edificio estuvo en pie durante casi mil quinientos años, pero los saqueos de los turcos en los siglos X y XI y un fortísimo terremoto en el siglo XII acabaron por derruirlo. A mediados del siglo XIX se hallaron algunos restos, entre ellos las magníficas estatuas de Mausolo y de Artemisa, que se conservan hoy en el Museo Británico.

Los romanos adoptaron el nombre *Mausoleum* para referirse a las suntuosas tumbas de los emperadores o de los personajes poderosos, aunque ya hemos visto que Mausolo no acabó reposando en su tumba, sino en el estómago de su esposa. Del latín la palabra acabó pasando a la práctica totalidad de las lenguas románicas.

mayo El llamado «mes de las flores» o «mes de la Virgen», lo que al fin y al cabo viene a ser lo mismo (→ *majo, maja)*, y frente a versiones que, sin demasiado fundamento, atribuyen su nombre al hecho de estar consagrado por los romanos a los mayores *(maiorum)*, parece que recibe su nombre del de la diosa Maya, a quien estaba dedicado, de manera que el nombre de este mes en latín era *maius*.

No tenemos muy clara la filiación de la tal diosa Maya, dado que, según qué estudiosos, podría ser tanto hija como esposa de Fauno, o tal vez las dos cosas. Lo que parece claro es que era conocida también como *Bona Dea*, es decir, 'la Buena Diosa', y que era una de las llamadas *pléyades*, las siete hijas de Atlas y de Pleyona, que acabaron convertidas en constelación con Orión y su perro.

Digamos, por último, que el mencionado y conocido apelativo floral de este mes se debe también a los romanos, quienes el día 3 de mayo ponían fin a unas fiestas, iniciadas ya en abril, que se llamaban, precisamente, *Floralia*. → *abril*.

mayonesa Esta salsa tan común debe su nombre a que tuvo su origen en la ciudad de Mahón, en la isla de Menorca. A pesar de lo que pueda parecer, en español entró primero la forma *mayonesa*, la preferida hoy por la Real Academia, a través del francés *mayonnaise*. El término tiene una historia muy interesante:

En 1756 el general francés Louis-François-Armand de Vignerot du Plessis, duque de Richelieu, se encontraba empeñado en el asedio de Mahón. La isla estaba bajo soberanía inglesa tras la invasión de 1708, soberanía ratificada por el rey español Felipe V en el Tratado de Utrecht, de 1713. Por aquellas fechas, franceses e ingleses estaban inmersos en la llamada Guerra de los Siete Años. El general francés descubrió en la ciudad balear una salsa amarilla que se hacía con aceite y yema de huevo, con la que se acompañaba al pescado. Tanto le gustó que, con el nombre de su lugar de origen adaptado a la lengua francesa, la importó a su país. Es totalmente falsa la versión francesa que sostiene que la *mayonesa* fue inventada a finales del siglo XVI por el duque de Mayenne. Sí es francesa, en cambio, otra famosa salsa: la → *bechamel*.

Existe la forma incorrecta *bayonesa*, construida sobre una falsa etimología al creer originaria la salsa de la ciudad francesa de Bayona.

mazapán Podemos dar varias explicaciones sobre el origen de esta palabra, sin por ello ser capaces de decantarnos por ninguna de ellas, como sucede muchas veces en la ciencia etimológica.

En primer lugar, parece que en la palabra está presente la raíz indoeuropea **mag-*, o tal vez **mak-*, 'amasar, prensar, modelar', en referencia a la pasta de la que se hace el dulce. → *magdalena, maquillaje* y *masón*.

Otras interpretaciones la traen del árabe *mantha-ban*, 'rey sentado', puesto que a un dulce toledano de características similares se le aplicaba antes de meterlo al horno, a modo de sello, una moneda con la imagen de un rey sedente, a fin de que esta figura quedara impresa al cocerlo. Es más bien inconsistente esta hipótesis, aunque lo que sí puede suponerse por el tipo de dulce es que lo árabe y lo toledano están íntimamente ligados en su creación.

Otra teoría hace derivar el nombre del de las cajas de madera en las que se comercializaba el producto, llamadas *maysaban; maysaba* es en árabe 'madera de caña'.

Los italianos, en concreto los venecianos, se atribuyen también —como sucede con el → *turrón*— la invención del dulce. El *marzipane*, término italiano que derivó en el actual *marzapane*, no sería otra cosa que 'el pan de marzo', tal vez heredero de un pan que se elaborara para ser consumido durante las fiestas con las que se celebraba la llegada de la primavera (→ *marzo*). Emparentada con éstas, se documenta en la Península a comienzos del siglo XIII una forma *marzapanus* en el bajo latín levantino.

Tampoco carecen de lógica las suposiciones que hablan de la unión de *maza* y *pan* en la palabra que nos ocupa, aludiendo al mortero en el que se trituraban la almendra y el azúcar, o incluso las que intentan justificar su origen con la unión de *masa* y *pan*, por la composición y la forma con la que se presenta el pastel.

meandro Las curvas y contracurvas de un río se llaman *meandros*, con origen en la forma latina de igual significado *mæandru(m)*, en recuerdo de un sinuoso río del Asia Menor, actual Turquía, denominado en griego *Máiandros*.

mecenas Cayo Cilnio Mecenas (69-8 a. C.) fue un político romano, consejero del emperador Augusto, a quien ayudó a conquistar el poder. Su fama, en cambio, nos ha llegado por otro camino: por haber sido protector y, si se quiere decir así, «patrocinador» (*sponsor,* dirían algunos, con horrible anglicismo), de los grandes escritores de la Edad de Oro de la literatura latina: Horacio, Virgilio, Propercio, Domicio Marso, Cayo Vario... A todos ellos amparó económicamente Mecenas —ya se sabe que los escritores, incluso muchos hoy considerados excelsos, pocas veces han vivido de su trabajo— y gracias a él, que pagó el trabajo de los copistas y de los *editores,* que eran entonces los que leían para que los amanuenses copiaran, hoy conocemos muchas de las obras de sus protegidos.

La patria y la época doradas de los *mecenas* fue, sin duda, la Florencia de los siglos XIV y XV, y el *mecenazgo* más importante fue el ejercido por la familia Médicis, llamada *Medici,* literalmente 'médicos', en italiano, por haber contado entre sus primeros antepasados con varios afamados galenos. Parece ser, no obstante, que el primero que empleó, y hay que decir que con éxito, la palabra *mecenas* para referirse a quien protege y financia a un artista, en su caso el rey Francisco I, fue el poeta francés Clément Marot (1496-1544).

medias Desde 1.500 años antes de Cristo, cuando eran prendas propias de las clases nobles cercanas a los faraones egipcios, hasta el siglo XVIII, momento en que se extendió el uso del → *pantalón,* las *medias*, «altas» fueron de uso preferentemente masculino. De hecho, en la antigua Roma los homosexuales que querían ser reconocidos como tales llevaban *medias* hasta el muslo, y en la Europa de los siglos XVI y XVII éstas se consideraban indumentaria exclusiva de las prostitutas.

Los hombres utilizaban entonces las *calzas*, una especie de *pantys* de hoy, que cubrían las dos piernas y el vientre, y, cuando llevaban → *calzón* largo, la *media calza*, que llegaba hasta las rodillas. *Calza* y *calzón*, así como *calzado*, proceden del término latino vulgar *calcea(m)*, que designaba tanto a varios tipos de zapato (*calceus* en latín clásico), entre ellos a una especie de bota alta que cubría el pie y la → *pantorrilla*, como a las medias o → *leotardos* que usaban algunas tribus germanas y que los romanos no dudaron en adoptar.

Con el paso de los años la expresión *media calza* quedó reducida a *media*, y *calza* se transformó en *calcetín* para designar la parte inferior de la antigua prenda y en *calzón*, *calzones* o *calzoncillos* para hacer referencia a la parte superior.

Mediterráneo La palabra nos ha llegado del latín tardío *Mediterraneu(m) Mare*, forma documentada en el siglo VII, literalmente, '(mar) que está en el medio de la tierra'. No olvidemos que se trata del mayor mar interior del mundo, aunque tal vez deberíamos escribir «la Tierra», porque en el siglo VII el Mediterráneo, casualmente, estaba en el centro geográfico del mundo —de la Tierra— conocido.

Hay que decir que los romanos denominaban a este mar de diversas maneras: *Mare Magnum*, 'mar grande' (→ *maremágnum*), *Mare Internum*, 'mar interior' o *Mare Nostrum*, 'nuestro mar'. No olvidemos que en el año 30 a. C. todos los países costeros del Mediterráneo quedaron sometidos al Imperio Romano.

memo El término, igual que su sinónimo *lelo*, nos remite a una onomatopeya que intenta reproducir la expresión balbuceante del tartamudo o del niño que no sabe hablar; de aquí, por un normalísimo proceso de envilecimiento semántico, la palabra se carga de connotaciones negativas y pasa a significar 'tonto'. No olvidemos que seguramente los sonidos más fáciles de pronunciar y, por tanto, los primeros que se aprenden, son los consonánticos bilabiales: *[b]*, *[p]*, *[m]* (→ *m*), que nos sirven para construir palabras como → *bobo*, que, también a través de una onomatopeya, se origina en el latín *balbu(m)*, 'tartamudo, balbuciente', *baba* o *memo*, y también, curiosamente, *papá* y *mamá*.

mengano Esta palabra, que utilizamos para hacer referencia a alguien cuyo nombre no conocemos, pero siempre después de haber utilizado el término → *fulano*, es muy posible que tenga que ver con la expresión árabe *man kan*, 'uno cualquiera, el que sea'. → *perengano* y *zutano*.

menhir El monumento prehistórico que consiste en una gran piedra clavada verticalmente en el suelo recibe su nombre en nuestra lengua, ya a finales del siglo XIX, a través de la forma francesa *menhir*, de origen bretón, lengua en la que *men* es 'piedra' e *hir* 'larga'. → *dolmen*.

menisco El cartílago que facilita el movimiento de la articulación de la → *rodilla* se llama así por su forma de media luna, que es precisamente lo que significa el término griego del que procede, *meniskós*. También, por la misma razón, se llama en óptica *menisco* al vidrio cóncavo por una cara y convexo por otra.

mentor *Méntor* es un personaje de la *Odisea* de Homero (s. IX a. C.?), en concreto el maestro de Telémaco, hijo de Ulises y Penélope, de ahí que llamemos hoy así a quien ayuda, aconseja o guía espiritualmente a otra persona.

mequetrefe El *Diccionario* de la Real Academia define esta palabra como 'hombre entrometido, bullicioso y de poco provecho', aunque se emplea más para referirnos a alguien de dudosa catadura moral, de poca importancia o de aspecto físico débil.

La etimología de esta voz es, como en tantos otros casos, bastante dudosa, aunque sí parece claro que debemos partirla en *meque* y *trefe*. Lo más probable es que la palabra nos haya llegado directamente del portugués, donde *meco* se empleaba en el siglo XVI con las acepciones de 'hombre libertino' y de 'astuto, malicioso' y *trefe* o *trefo*, documentado en el siglo XV, se usaba como 'travieso' y también como 'delgado, flojo'. Hay que señalar que en el dialecto italiano de la región del Véneto se usa también *meco*, pero con el significado de 'tonto', lo que de alguna manera identifica la palabra con el significado actual en español. Es fácil pensar en intercambios entre portugueses y venecianos, pues ambos compartían las mismas rutas comerciales de Oriente.

Volviendo un poco más atrás en la historia de ambas palabras, descubrimos que la primera podría tener asiento en la forma latina *moechu(m)*, que se aplicaba a alguien de moral libertina, en concreto al hombre adúltero, y la segunda podría proceder del hebreo *terefa*, 'carne podrida' y también 'carne de consumo prohibido, carne de cerdo' (→ *marrano*). El significado de ambas partes está, pues, recogido en el actual de la palabra.

Algunos autores sostienen la hipótesis, consideramos que poco probable, de que la palabra sea de origen inglés y que proceda de *maketripe*, 'fabricante de baratijas'. *Tripe* es en inglés actual 'tripa, callos', quién sabe si emparentada con la forma hebrea *terefa*, bastante lógico por el significado antes expuesto (nuestra palabra *tripa* es también de origen incierto), y también, a partir del anterior significado, 'baratija, cosa sin importancia, tontería'.

merienda Antes de que pasara a ser la comida de media tarde, la *merenda(m)* latina era cualquier comida extra, lo que hoy denominamos «comida entre horas». Es posible que entre los romanos fuera una especie de premio al buen comportamiento de los esclavos, eso explicaría que venga de *merendus*, 'lo que se merece', participio pasivo de *merere* 'merecer, ganar'.

merina La raza de ovejas conocida como *merina* debe su nombre, según la teoría más comúnmente aceptada, a quienes la introdujeron en nuestras tierras: los *Benimerines*, una de las muchas tribus norteafricanas que tras el 711 llegaron a la Península Ibérica. No obstante, y dado que estas ovejas eran más grandes que las autóctonas, no sería descabellado pensar que la palabra proceda del latín *maiorina(m)*, femenino de *maiorinus*, 'que pertenece a la especie o a la clase mayor o más importante'. Las formas *mairino* o *merino* se emplearon en español medieval para hacer referencia a personas de autoridad.

mesías El término griego y latino tardío *messias*, empleado ya con el mismo significado que tiene en español, tiene su origen en el hebreo *mashiah*, 'ungido', por la antigua costumbre de ungir con óleos o esencias a las personas cuyo poder o dignidad quería remarcarse de forma especial.

mesta En 1273, amparada y patrocinada por el rey Alfonso X, *el Sabio*, y con el nombre de *Honrado Concejo de la Mesta*, nació la asociación de ganaderos del Reino de Castilla, que oficializaba las agrupaciones de pastores y ganaderos que desde años antes se reunían para defenderse de los ataques de los agricultores y de los dueños de los pastizales. La *Mesta* alcanzó su apogeo, con más de 3.000 ganaderos afiliados, a mediados del siglo XV. Fue abolida en 1836, aunque aún hoy algunos rebaños transitan, con derecho de precedencia, por sus antiguas cañadas y cordeles, que en muchos casos atraviesan las ciudades.

Mesta es la evolución en nuestra lengua de la segunda parte de la expresión latina *animalia mixta*, es decir, 'animales mixtos, reses mezcladas'.

metafísica El nombre de la parte de la filosofía que trata sobre las causas primeras y las propiedades del ser tiene una curiosa historia. Procede de la expresión griega *metá [ta] Phisiká*, 'lo que está *después* de la Física', entendiendo *Física* con el sentido griego de 'Naturaleza'.

Ese *después* puede interpretarse tanto metafórica como literalmente, porque es verdad que lo que se refiere a lo filosófico del ser trasciende o supera lo meramente físico o natural, pero también es cierto que cuando en el siglo I a. C. Aristarco de Rodas ordenó para editarlos los escritos de Aristóteles (384-322 a. C.) los colocó *detrás* de los que hacían referencia a la naturaleza, seguramente a causa de las características de su contenido.

metáfora Llamamos *metáfora* a la figura retórica que nos consiente llamar *perlas* a los dientes o *araña* a una lámpara con muchos brazos, es decir, trasladar el sentido de una palabra a otra que, por alguna razón —color y forma en los ejemplos expuestos—, la evoca. Esa traslación del sentido es la que está presente en el término griego del que viene la palabra: *metaphorá*, adoptado como *metaphora* en latín, compuesto del prefijo *meta-* 'más allá, después' y también 'cambio, transformación' *(metamorfosis, metátesis, metabolismo...)*, y *phérein*, 'llevar'; es decir, una *metáfora* no es otra cosa que 'llevar a otro lugar' el significado de una palabra.

Como curiosidad podemos decir que hoy los camiones de mudanzas en Grecia llevan escrita la palabra *metaphoré*. Y es que la *metáfora* es, dicho con una *metáfora*, el camión de mudanzas de la lengua.

metralla En francés actual *mitraille*, es 'calderilla, monedas de poco valor'. En el siglo XIII existió en

Francia una moneda de muy poco valor denominada *mite*, literalmente 'polilla'. Sobre esta palabra se construyó primero *mitaille* y más tarde *mitraille*. Muchos años más tarde se emplearía *mitraille* para hacer referencia a los pedazos de metal que producían las explosiones o que se introducían en las bombas. En español tenemos noticias de *metralla* desde la primera mitad del siglo XVIII.

mi Tercer tono de la escala musical. → *do*.

microbio De las palabras griegas *mikrós*, 'pequeño', como en *micra*, *Micronesia* o *miga*, y *bio*, 'vida', surge la palabra que nos ocupa, empleada para denominar a los *minúsculos* organismos, visibles sólo al *microscopio* (literalmente, 'ver pequeño').

Hay que decir que la palabra es relativamente moderna, como moderno es el descubrimiento de los *microbios*, y que entró en nuestra lengua a través del francés *microbe*, término acuñado en 1878 por el cirujano galo Charles Sedillot en una conferencia que dio sobre los descubrimientos del insigne biólogo, también francés, Louis Pasteur (1822-1895) (→ *pasteurización*), que fue, precisamente, el primero en «ver» los microorganismos de los que hablamos. Hasta el hallazgo de Sedillot, tales «bichitos» se llamaron de diferentes maneras: *microzoarios*, *microgérmenes*, *vibriones*... El propio Pasteur, que los llamaba «animúlculos infusorios», acabó aceptando, según sus propias palabras, «la nueva y feliz palabra propuesta por el señor Sedillot».

miércoles Los romanos dedicaban el tercer día de la semana al culto del dios Mercurio; era el llamado *Mercurii dies* 'día de Mercurio', aunque posteriormente se eliminó la segunda parte de la expresión y quedó sólo en *mercurii*, de donde procede nuestra palabra.

Era Mercurio dios de múltiples advocaciones: mensajero de los dioses (por eso se le representa con alas en los pies), dios del comercio, protector de mercaderes, viajeros, poetas, conductor de las almas al infierno y, si es que se puede llamar así, «patrono» de los ladrones, a cuya volatilidad tras la comisión de un delito atribuyen algunos lo de las alas en los pies. Los ladrones lo convirtieron en su dios porque, según la leyenda, el dios griego Hermes, correspondiente de Mercurio en la mitología helena, robó nada más nacer los rebaños de Apolo: ni más ni menos que cien terneras, doce vacas y un toro.

migraña → *jaqueca*.

milla Para los romanos, la *milia*, reducción de *milia passuu(m)*, era la medida de longitud que equivalía a la distancia recorrida con mil pasos, que es lo que significa la expresión latina: exactamente 1.478,5 metros. En sus vías y caminos colocaban una piedra *miliaria* para señalar cada *milla*. El mundo anglosajón, que no adoptó el sistema métrico decimal, conserva la *milla* como medida de longitud, aunque un poco más larga que la romana: 1.609,3 m. En las navegaciones marítima y aérea la *milla* equivale a 1.852 m.

ministro Los romanos distinguían dentro de la función pública a dos tipos de empleados: los *magistru(m)*, de donde también procede el español *maestro*, literalmente 'más grande', y figuradamente 'jefe, director, alto funcionario' y los *ministru(m)*, de donde viene la palabra que nos ocupa, literalmente 'más pequeño', y figuradamente 'servidor, ayudante'. Es curioso y significativo que, con el andar del tiempo, se hayan invertido las tornas.

miocardio La parte musculosa del corazón de los mamíferos debe su nombre a un compuesto griego resultante de la unión de *myo*, 'músculo' y *kardia* 'corazón' (→ *taquicardia)*. *Myo* tiene su origen en la forma indoeuropea **mus-*, 'ratón', en alusión a los movimientos del → *músculo*, presente también en palabras como → *morcillo*, → *murciélago* y → *muslo*. El *miocardio* está entre el *pericardio*, el tejido membranoso que protege al corazón, literalmente 'alrededor del corazón' y el *endocardio*, la parte interna, 'interior del corazón'. → *infarto*.

misa La palabra *missa* era en latín el participio del verbo *mittere*, 'enviar' y era utilizada por los romanos como despedida al finalizar una reunión. El término pasó a las asambleas de los cristianos, a sus ceremonias religiosas y a la propia liturgia, que finalizaba con las palabras «ite, *missa* est», 'marchad, es la despedida'. A partir del siglo IV la palabra pasó a referirse en la práctica totalidad de las lenguas romances a toda la ceremonia y no sólo al final.

mochila Probablemente el nombre del objeto que entre los escolares está sustituyendo, si no ha sustituido ya, a la cartera está relacionado con la voz vasca *motxil*, 'chico de los recados, recadero', derivado de *motz*, 'rapado', por la antigua costumbre de, por motivos de higiene, rapar a los niños (→ *mozo* y *muchacho*). Estos recaderos portaban a la espalda una bolsa de piel o de tela con la que llevaban la comida a los campesinos o a los pastores, y que acabaría recibiendo el nombre del portador.

mojigato Esta voz parece un compuesto de *mojo* y *gato*. Familiarmente en algunos lugares, como Mallorca, tal vez por imitación del maullido, al gato se le llama *moix* (se pronuncia *mosh*), palabra que se traduciría como 'mojo' en español. *Mojigato* sería, pues, una especie de «gato al cuadrado», y se aludiría con este término a una persona que tiene, como el gato, apariencia débil y es asustadiza y desconfiada, aunque en realidad es astuta y traicionera, lo que coincide con el primer significado que nos da el *Diccionario* de la Academia.

En realidad hoy *mojigato* se emplea más como sinónimo de *estrecho,* y se aplica a personas de moral muy estricta, de mente poco abierta, tal vez porque, igual que el gato, actúan con doblez e hipocresía.

momia Sabemos que los árabes usaban para preservar los cadáveres un ungüento al que denominaban *mumiya,* término posiblemente emparentado con el persa *mûm,* 'cera'. Era una especie de betún que tal vez tuviera alguna relación con el → *petróleo.* La sustancia, por una metonimia, fenómeno nada extraño en la lengua hablada, acabó por designar al propio cadáver.

moneda Los romanos llamaban al dinero *pecuniu(m),* de donde sale *pecuniario,* derivado de *pecus,* 'ganado', porque muchas transacciones económicas se hacían con animales. Posteriormente se empezaron a utilizar piezas de bronce que se acuñaban en Roma, en el templo de la diosa Juno (→ *junio),* situado en la parte más alta del Capitolio. Uno de los sobrenombres de esta diosa era el de *Moneta,* 'la que aconseja, avisa o advierte', derivado del verbo *moneo,* 'aconsejar, advertir, avisar', de donde vienen, por ejemplo, *amonestar* o *admonitorio.* Ello parece obedecer a que, según la leyenda, cuando en el 390 a. C. los galos invadieron Roma las ocas sagradas que vivían junto al templo comenzaron a gritar, o más propiamente, a parpar, con lo que advirtieron a los romanos del peligro.

Otra leyenda, relacionada también con el apodo de la diosa, narra que durante las guerras con Pirro (319-273 a. C.), rey de Epiro (→ *pírrica*), los romanos, temiendo no tener dinero para afrontarlas, pidieron consejo a Juno, quien les recomendó no meterse en guerras inútiles. En agradecimiento por el sabio consejo, decidieron acuñar el dinero bajo su patrocinio y advocación. De aquí el término *moneta(m)*, del que se deriva nuestra palabra.

mono Como en otros casos en que el español presenta dobletes léxicos: *oliva* y *aceituna*, *migraña* y → *jaqueca*, *sésamo* y *ajonjolí*, debemos sospechar que una palabra sea de origen latino —las primeras de las parejas anteriores y, en el caso que nos ocupa *simio*, de *simius*— y la otra —las segundas de los dobletes y *mono*—, de procedencia árabe. Efectivamente, parece ser que en el bajo latín y en italiano están documentados los términos *maimona* y *maimón* para hacer referencia a estos primates, seguramente con raíces en el término árabe *maymum*, 'feliz', adjetivo procedente del verbo *yamona*, 'alegrarse, ser feliz', emparentado a su vez con *yaman*, 'lado derecho', ya entre los árabes relacionado con la felicidad (→ *diestro* y *siniestro*). Bien pudo haber sucedido que, a causa de su despreocupada vida y del escaso peligro que, debido a su hábitat, suponen para ellos otros animales, se identificara a los simios con la felicidad. Tampoco hay que descartar que se pensara que procedían de *Yemen,* en árabe 'el país feliz' o que se constatara que en este país abundaban sobremanera.

Con el nombre de este animal, especialmente con el femenino, que prevaleció durante mucho tiempo en nuestra lengua, se han construido varias expresiones coloquiales: *pintar la mona, cogerse una mona, vete a freír monas...*, siempre en referencia a las *monerías* de los simios. En algunos dialectos del Norte de Italia, el veneciano, por ejemplo, *mona* significa 'tonto, estúpido', el mismo significado que podría darse a un *simple* o *tonto* bizcocho típico de la provincia de Salamanca, llamado, curiosamente, *bollo maimón,* que podría estar directamente relacionado con las populares *roscas* o *rosquillas tontas,* tan populares en Madrid.

monosabio El mundo de la tauromaquia es absolutamente permeable: recibe términos de otros campos en la misma manera y cantidad en la que deja escapar términos propios hacia otros espacios de la lengua. Son innumerables los ejemplos (→ *verónica),* y este que nos ocupa, y que designa a los mozos que se ocupan de asistir al picador y de dirigir con sus varas los movimientos de la caballería, es uno de ellos.

Se cuenta que a mediados del siglo XIX apareció por Madrid un circo cuyas principales «estrellas» eran una tropa de monos amaestrados a los que, de tantas habilidades y destrezas que exhibían, la gente dio en llamar los *monos sabios*. Los simios y su domador llegaron a ser famosísimos en Madrid, sobre todo después de que a alguien se le ocurriera comparar el uniforme de los monos —camisilla roja y pantalón azul— con el que llevaban los mozos ayudantes del picador en la plaza de toros, y que, hasta hoy, se llaman *monosabios*, conservando la palabra y hasta el uniforme.

montaña rusa El nombre de una de las atracciones de feria más conocidas entra en nuestra lengua a través del francés *montagnes russes*, 'montañas rusas'. El plural hacía referencia a los diferentes toboganes que formaban la atracción.

La primera *montaña rusa* de la que tenemos noticia se instaló en 1815 en el parque de atracciones parisino conocido como *Tivoli* y se denominó así en recuerdo de las laderas artificiales, aún existentes, construidas en muchos parques de Rusia para que, tras las nevadas, la gente pudiera deslizarse con sus trineos y que en ruso se llaman *gory*, 'montañas' o *ledyanya gory*, 'montañas heladas'.

Curiosamente, quién sabe si por históricos despechos, la *montaña rusa* se llama en ruso *amerikanskie gory*, o sea, 'montañas americanas'.

monte de piedad A mediados del siglo XV, con la intención de liberar a los más necesitados del poder casi omnímodo de los prestamistas y usureros, el fraile italiano Bernardino da Feltre fundó una institución benéfica a la que denominó *monte di pietà*. Se trataba de crear, mediante suscripciones, empeños, limosnas y donaciones, un fondo —de ahí la denominación de *monte*, en referencia a la acumulación de dinero— que permitiera entregar cantidades en metálico, con un mínimo interés a cambio para cubrir gastos, a quienes más lo necesitaban. Era, no puede dudarse, una obra piadosa.

Siglos más tarde las *cajas de ahorros*, con la idea de abrir las instituciones bancarias a las clases menos pudientes, añadieron a su nombre la denominación, desaparecida hace no mucho, de *monte de piedad* y nacieron numerosas instituciones, algunas más benéficas que otras, a las que se denominó con un sinónimo de *monte de piedad*: *montepío*. El español sigue conservando *monte* como 'acumulación de dinero' en *montante*, vinculado con el término inglés *amount*, que significa 'cantidad'.

moño → *muñeca*.

morcilla Este embutido, cuyo ingrediente principal es la sangre de cerdo, debe su nombre a su color negro. Sobre la forma latina *maurus* 'oscuro, negro' (→ *moro*), procedente del término griego de igual significado *amaurós*, se construye en latín vulgar el adjetivo *mauricellus, mauricella(m)* en femenino, de donde sale la voz que nos ocupa.

En relación con lo dicho, habría que decir que el adjetivo *morcillo*, se aplica en la actualidad al caballo o a la yegua de capa negra.

morcillo Pocos podrían pensar que el nombre de este tipo de carne, generalmente vacuna, la preferida para potajes y cocidos, jugosa para unos y estoposa para otros, tiene que ver con un ratón. Y así es, porque procede del término latino *murecellu(m)*, es decir, 'ratoncillo', del mismo origen indoeuropeo (**mus-*, 'ratón'), que, por ejemplo, → *miocardio*, → *músculo*, → *murciélago*, → *musaraña* y → *muslo*, y todo debido a que el músculo del que hablamos, y que no es otro que el → *bíceps*, tiene forma de ratón, y se mueve como si tuviera vida propia.

moreno → *moro*.

morfina Esta sustancia opiácea, usada en Medicina para provocar el sueño y calmar los dolores, debe su nombre a Morfeo, dios griego y latino del sueño, hijo de la Noche. A veces se le representa como un anciano con dos alas en la cabeza, símbolo de la imaginación y fantasía propias de los sueños. Otras veces su representación es un joven recostado sobre un lecho de amapolas, flor del sueño, emparentada con la adormidera, de la que se extrae el opio.

moro Los españoles tenemos la falsa tendencia a identificar *moro* con *árabe* y con *musulmán*, tal vez debido a la Historia, o mejor, a las *historias*, de la invasión musulmana —que no *mora* ni *árabe*, al menos en sus comienzos— y a la posterior reconquista. *Árabe* hace referencia al origen, y los que aquí llegaron no venían de la Península Arábiga, sí algunos que vinieron años más tarde, o a la lengua, y seguramente Tarik y Muza ni hablaban ni entendían árabe culto. Sí podemos decir que la mayoría de los que en el 711 cruzaron el Estrecho de → *Gibraltar* eran *musulmanes*, de religión musulmana (→ *musulmán*) o mahometana. Lo que sí es cierto es que eran *moros*, es decir, de piel oscura, muchos de ellos, incluso, de raza negra. *Moro* procede del latín *mauru(m)* 'oscuro, negro', con origen en el término griego de idéntico significado *amaurós* (→ *morcilla*). Idéntica procedencia tiene la palabra *moreno*.

mosaico El término, llegado a nuestra lengua a través de la forma latina medieval *mosaicu(m)*, es un derivado del griego *mouseios* 'relativo a las musas', tal vez evolucionado de forma extraña en la Edad Media por un cruce con *mosaikon*, 'relativo a Moisés'. Las musas eran las nueve divinidades grecorromanas de las artes y las letras. Hijas de Mnemosina y Zeus, cada una de ellas protegía una rama artística o de estudio, a saber: Caliope, la poesía épica; Erato, la poesía lírica; Clío, la historia; Euterpe, la música; Polimnia, el canto; Terpsícore, la danza y el canto coral; Melpómene, la tragedia; Talía, la comedia, y Urania, que acabaría dando nombre al → *planeta* Urano, la astronomía. → *museo*.

mosquetero En italiano, lengua de la que procede esta palabra, se llamó *moschetto* a la flecha de la ballesta, comparando el zumbido de una *mosca* con el del proyectil al rasgar el aire. Más tarde, entre los siglos XVI y XVIII —la palabra llegó a nuestra lengua mediado el siglo XVI— se denominó *moschetto* al fusil, cuya bala también zumbaba como el insecto. El *mosquetero* era, por tanto, aunque la literatura y el cine nos hayan transmitido la imagen de un hábil espadachín, el soldado que manejaba el *mosquete*.

mozo Se ha apuntado como el más probable el origen vasco del término, en concreto el término *motz*, literalmente 'rapado', relacionado con *mocho* y *desmochar* en castellano, *esmozar* 'desmochar' en gallego y *mousse*, 'despuntado' en francés. No era extraño que antiguamente a los niños, por motivos de higiene, se les rapara el pelo. De todas formas, no se puede descartar la relación con *mustu(m)*, en latín 'mosto, vino joven'. → *mochila* y *muchacho*.

muchacho Siguiendo con la hipótesis apuntada en → *mozo*, el término sería un derivado de *mocho*, 'cortado, rapado'. Confirma lo dicho el hecho de que en dialecto veneciano *toso,* literalmente 'cortado', del latín *tonsu(m),* signifique, precisamente, 'muchacho'. → *mochila.*

mulato Antiguamente se llamaba así al mulo joven, con un diminutivo *-ato* aplicado frecuentemente en español a las crías de animales: *ballenato, cervato, jabato, lobato...* El mulo, como se sabe, es un híbrido de burro y yegua o de caballo y burra, paralelismo que, con agria ironía y no poca mala intención, se trasladó al hijo de blanco y negra o negro y blanca.

municipio En latín la palabra *municeps* designaba al ciudadano que, excepto el del voto, contaba con los mismos derechos que el romano. *Municipiu(m),* de donde viene el término que nos ocupa, era el lugar en el que residían tales ciudadanos.

La historia de esta palabra nos lleva un tanto más atrás, porque *municeps* era en latín un compuesto del neutro *munia,* 'deberes, obligaciones, funciones' y el sufijo *-ceps,* surgido del verbo *capio,* 'coger, tomar' (→ *bíceps* y *tríceps),* empleado en varias palabras con el significado de 'cabeza, principal', en referencia a la persona que ostenta, que toma, el poder (→ *príncipe).* De la raíz *indoeuropea* **kap-,* 'tomar, coger', de la que procede *capio,* surgen también → *cabeza,* → *caudillo, capitel, capital...*

Hoy el muy democrático término *munícipe,* hijo de *municipe(m),* muy poco usado, sigue haciendo referencia al ciudadano, es decir, a quien realmente, por encima del → *alcalde,* tiene el poder en la ciudad.

muñeca El rastro de esta palabra y el de la portuguesa *boneca* nos llevan hasta un término prerromano, posiblemente galo **bodinnicca,* o quizá **bonnicca,* 'mojón, hito', alusiva a las piedras que señalaban y delimitaban caminos y marcaban distancias, de donde se derivarían el latín medieval *bodina,* el francés antiguo *bodne* o *bonne,* el francés actual *borne,* todos usados con el significado de 'mojón, límite', e incluso el español *borne,* 'extremos de un aparato eléctrico a los que se unen los cables'. Es posible también que el vasco *muino,* 'colina', esté emparentado con las formas anteriores y que haya influido para que la *b-* inicial acabara transformándose en *m-*. Por otra parte, no sería nada extraño pensar que *bonete,* 'gorro alto que usaban algunos clérigos', que llega al español a través del francés *bonnet,* tenga el mismo origen, derivado de la forma del mojón. Como dato curioso, podemos decir que el dulce típico de la región italiana del Piamonte, en la que se habla un dialecto emparentado con el francés, es una especie de flan alto de chocolate llamado, precisamente, *bonêt.*

Volviendo a la palabra que nos ocupa, y que, como sucede con *boneca* en portugués, llega a nuestra lengua directamente en femenino, seguramente adquiere el significado actual porque los líos de trapos con los que jugaban los niños y que simulaban pequeñas figuras humanas recordaban la forma de los mojones a los que antes nos referimos; de hecho, *muñeca* también es, según el *Diccionario* de la Real Academia 'pieza pequeña de trapo que, atada por las puntas (...) encierra algún ingrediente o sustancia medicinal (...)' y 'lío de trapo de forma redondeada, que se embebe en un líquido para barnizar maderas o metales, para refrescar la boca de un enfermo o para cualquier otro uso'. Siempre relacionadas con la forma de los mojones o hitos citados al principio y con la de estos líos de trapos estarían también las palabras *moño* y *muñón*.

De más difícil explicación resulta la acepción de 'parte del cuerpo en donde se articula la mano con el antebrazo'. Podría tener que ver con la forma producida por el estrechamiento del antebrazo en la articulación y el posterior ensanchamiento en el nacimiento de la mano, que recordaría a la forma de los mojones o piedras miliarias, o tal vez a las propias *muñecas* de trapo. No sería tampoco descabellado pensar que el movimiento de la articulación hace que la mano se mueva como una muñeca y que parezca tener vida propia: hay muñecos que en los teatros de guiñol se manejan metiendo la mano en una especie de manga y sujetando la cabeza con los dedos. Por último, recogiendo el significado de 'límite' del que se habló al principio, no se puede negar que la *muñeca* es la frontera entre el brazo y la mano.

muñón → *muñeca.*

murciélago Bien mirado, un *murciélago* no es otra cosa que un ratón ciego con alas, y eso es precisamente lo que significa su nombre: *mur ciego,* procedente del compuesto latino *mur caecu(m),* 'ratón ciego', la primera parte originada en la raíz indoeuropea **mus-*, 'ratón' (→ *miocardio, morcillo, musaraña* y *músculo),* la misma que se detecta en el inglés *mouse,* 'ratón', sea roedor o informático.

El claro origen popular del término hace que sufra diversas transformaciones a lo largo del tiempo y que dé origen a variantes que aún se siguen usando coloquial o dialectalmente. Hagamos un poco de historia.

Murciego, palabra documentada a mediados del siglo XIII en español, y aún presente en varios lugares de nuestra geografía, aparece posteriormente como *murciégalo,* con una ampliación habitual en la lengua hablada, y más tarde, alternando con la forma anterior, como *murciélago,* a causa de un fenómeno llamado metátesis, que consiste en alterar el orden de sonidos o sílabas, y que es también frecuente en la lengua coloquial *(*Grabiel* por *Gabriel* o **petril* por *pretil). Murciégalo* se sigue empleando en varias zonas de España y es forma que la Real Academia reconoce y recoge en el *Diccionario,* aunque remitiendo a la más extendida *murciélago.*

mus Hacia dos posibles orígenes nos lleva el rastro de la palabra que denomina a uno de los juegos de cartas más populares en España. La primera pista, y posiblemente la más cierta, nos conduce a las formas vascas *musus*, 'labio' y *mustur*, 'hocico', relacionadas con las muecas y gestos que se hacen entre sí los participantes en este juego de engaños; de hecho, es más que posible que el *mus* se inventara en el País Vasco, y es en toda la mitad Norte de la Península donde más se juega.

El otro posible origen, y siempre coincidiendo geográficamente con la zona a la que nos hemos referido, estaría en el francés *mouche*, 'mosca', pero en su significado figurado de 'espía, persona sagaz y astuta', como debe ser quien juegue al *mus*. → *brisca* y *tute*.

musaraña El nombre de este minúsculo mamífero insectívoro, llamado también *musgaño* en algunas partes de España, una especie de ratón con hocico puntiagudo, es la unión de las palabras latinas *mus*, 'ratón' (→ *miocardio, morcillo, murciélago, músculo* y *muslo)* y *aranea(m)*, 'araña', en alusión a su pequeñísimo tamaño. Por eso, quien *piensa en las musarañas* o las mira, se distrae con asuntos de escasa importancia e interés. Puede ser también que la expresión *pensar en las musarañas* sea un cruce humorístico e irónico con «estar pensando en las musas», o sea, estar en trance de inspiración.

músculo La palabra latina *mus-muris* significaba 'ratón'. De la forma del acusativo *mure(m)*, surgieron → *morcillo* y → *murciélago*, mientras que a partir del nominativo *mus* se construyó *musculu(m)*, 'ratoncillo', desde donde, siempre estableciendo un paralelismo entre la forma y el movimiento del animal y los del músculo, evolucionaron *músculo* y *muslo*. → *miocardio, morcillo, murciélago, músculo* y *muslo*.

museo En griego *mouseion*, que pasó al latín como *museu(m)* era, literalmente 'lugar en el que habitan las musas', las nueve divinidades de las artes (→ *mosaico)*; a veces se usaba también con el significado metafórico de 'biblioteca', por considerar a ésta lugar de inspiración y de arte. Posteriormente pasó a significar 'lugar en que se custodian y exhiben obras de arte'.

muslo Esta palabra no es otra cosa que el final de la evolución en nuestra lengua del término latino *musculu(m)*, al desaparecer la sílaba *-cu-* (es muy habitual que en la evolución hacia nuestra lengua caiga la sílaba postónica, es decir, la que está detrás de la acentuada), con lo que la reducción a *muslo* está ya hecha. Como tantas otras, la palabra sufrió una adaptación o especialización en su significado y pasó a denominar no sólo a un músculo, sino a toda la parte de la pierna que está entre la → *cade-*

ra y la → *rodilla.* → *miocardio, morcillo, murciélago* y *músculo.*

musulmán La palabra nos llega, ya en el siglo XVIII, del francés, que a su vez la toma del persa *musulmân,* una variante del árabe *muslim,* 'el que obedece a Dios', participio activo del verbo *áslam,* 'obedecer, entregarse a Dios'. Este verbo es también origen de *Islam,* 'obediencia a Dios'.

N

n Encontramos por primera vez un símbolo parecido a esta letra en la escritura egipcia, donde se denominaba *nahasch*, 'serpiente', animal cuyo movimiento en zigzag pretendía representar. Actualmente en hebreo *nahasch* significa 'serpiente marina'. Cuando los fenicios crearon su alfabeto adoptaron esta letra llamándola *nun*, 'pez', tal vez por creer que los egipcios la identificaban con animales marinos. Retocada en su forma por griegos, etruscos y romanos, la letra ha llegado hasta nuestros días.

nailon La Real Academia prefiere *nailon* o *nilón* a *nylon*, denominación inglesa de esta fibra textil artificial, inventada en Estados Unidos por Wallace Hume Carothers en 1931. Aunque no es del todo seguro, parece ser que el nombre es un compuesto de *(vin)nyl*, 'vinilo', y *(cott)on*, 'algodón'. → *tergal*.

náusea Hoy empleamos esta palabra para referirnos a los efectos producidos en nuestro aparato digestivo por el *mareo*, que, etimológicamente no es otra cosa que 'mal del *mar*', pero en sus orígenes la *náusea* era sólo el efecto de un viaje en nave.

Náusea es palabra que llega directamente del latín *nausea(m)*, 'náusea, mareo', pero con origen en el griego *naus*, 'nave' y, más atrás en la raíz indoeuropea **nau-*, 'bote, barca', de donde proceden también, por ejemplo, *náufrago* y *navegar*. En español existe aún hoy, aunque apenas se usa, la palabra *nao*. No olvidemos que, por ejemplo, a la carabela colombina *Santa María* se la llama en todas las crónicas «la *nao* capitana».

nefasto Los romanos, desde los tiempos de Numa Pompilio (715-672 a. C.), segundo rey de Roma, dividían los días del año en *fastos (dies fasti)*, 'de buenos presagios', de donde vienen las palabras *fasto* y *fastuoso*, y *nefastos (dies nefasti)*, 'de malos presagios' o de mala suerte. Los primeros, que marcaban en el calendario con una *F*, eran los destinados a todo tipo de actividades públicas y negocios; durante los segundos sólo se llevaban a cabo los trabajos absolutamente imprescindibles.

La palabra *nefasto*, que en un principio se refería únicamente a los días, pasó poco a poco a denominar a todo tipo de acontecimientos desgraciados.

negocio Entre los antiguos romanos era costumbre que las clases acomodadas se dedicaran exclusivamente al cultivo de las artes y de las letras, renunciando por completo a cualquier otra tarea. Estas actividades, más placenteras que necesarias, recibían el nombre de *otium*, es decir, 'ocio'. Al resto de trabajos, más manuales que intelectuales, se les daba la denominación un tanto peyorativa de *nec otium*, o sea, 'no ocio', de donde viene nuestra palabra. Con el paso del tiempo, la palabra *negocio* pasó a referirse sobre todo a actividades de tipo lucrativo, y hoy nos encontramos escritores, pintores y filósofos que reciben el poco afectivo apelativo de *negociantes*.

nicotina La palabra entró en español a finales del siglo XIX, procedente del francés *nicotine*. Esta sustancia alcaloide, presente en el → *tabaco*, debe su nombre a Jean Nicot, embajador de Francia en Lisboa, que introdujo por primera vez el tabaco en la corte francesa cuando en 1560 se lo envió como regalo a la reina regente Catalina de Medici (1519-1589), viuda de Enrique II (1519-1559).

niña de los ojos → *pupila*.

niño Podría considerarse como origen de esta palabra una posible voz latina, aunque originada en la Penísula Ibérica, **ninnus*, seguramente onomatopéyica, un intento de reproducir los balbuceos infantiles. Estaría, por tanto, relacionada con otras del mismo origen, como *nene, mamá* y *mama, papá* y *papa, nanna* 'madre' en griego y *nonno,* 'abuelo' en italiano. → *ñoño.*

novela A comienzos del siglo XV se introdujo en nuestra lengua el término italiano *novella,* femenino de *novello,* 'nuevo'. *Novella* se empleaba en italiano con el sentido de 'narración de un hecho o noticia', como *nueva* en español en expresiones como *la buena nueva,* y se llamaba también así a una especie de cuento largo o de novela corta que relataba unos hechos, reales o imaginados. La palabra acabó designando en español a toda obra narrativa extensa, generalmente de ficción, mientras que en italiano *(romanzo)* y en francés *(roman)* se impuso la forma del francés antiguo *romanz.* Se considera que la primera *novela* española es *El Lazarillo de Tormes,* publicada en 1554.

noviembre Al antiguo mes noveno romano se le llamaba *november,* de *nove(m),* e *imber,* 'lluvia' (→ *septiembre).* Tras la reforma del → *calendario* llevada a cabo por Julio César en el 45 a. C., pasó a ser el undécimo. → *enero* y *julio.*

novio En el latín vulgar *novius,* voz construida sobre *novu(m),* 'nuevo' designaba sólo al *nuevo* esposo, al recién casado, o a quien estaba ante el altar para serlo. El significado de *novio* como 'persona con la que se mantienen relaciones amorosas antes del matrimonio' es muy posterior.

nuca En latín medieval *nucha(m)*, palabra prácticamente exclusiva del léxico de la Medicina, significaba 'médula espinal, cerviz', lo mismo que el término árabe del que procedía, *nuha*. El significado pudo alterarse, dentro de la propia jerga de los médicos, por una confusión con la palabra, también árabe, *núkra*, 'cogote'.

Ñ

ñ Esta letra, que tantos quebraderos causa a los fabricantes de ordenadores, corresponde a un fonema palatal nasal que no existía en latín culto, sí en latín vulgar, y que se representaba con la grafía *-gn-*: *agnus* 'cordero', *magnus* 'grande', *lignum*, 'leño'... En su evolución, las lenguas romances optaron por diferentes soluciones gráficas para representar tal sonido, y así el italiano y el francés mantuvieron la solución latina *(Spagna* y *Espagne*, respectivamente), el gallego, el portugués y el provenzal optaron por *-nh- (Espanha)* y el catalán por *-ny- (Espanya)*.

En español medieval alternaron numerosas grafías, más propiamente dígrafos ('dos letras'), para representar el sonido: *in, yn, ni, nj, ny, gn*..., pero fue la solución de la doble *n (nn)* la que se impuso, y así se escribía *panno* o *duenno* y se pronunciaba *paño* o *dueño*. Para abreviar la grafía, siempre con la idea última de ahorrar el pergamino, la vitela o el papel sobre los que se escribía, se adoptaron abreviaturas (→ *Paco* y *Pepe):* una *n* pequeña sobre una más grande o una pequeña raya o tilde (~) encima de la *n*. Había nacido nuestra letra más representativa, que ya Nebrija reconocía a finales del siglo XV como «independiente y propia».

Hay que decir que no sólo el español usa esta letra. Lo hacen también el gallego, el vasco, el tagalo de Filipinas, el chamorro de las Islas Marianas y las lenguas americanas precolombinas que han subsistido.

ñoño En latín vulgar *nonnu(m)*, designaba al anciano que se ocupaba de cuidar a los niños (→ *niño*). Seguramente la palabra acabó cargándose de connotaciones negativas y pasó a significar algo así como 'viejo inútil', de donde llegamos al significado actual.

O

o Como en tantos otros casos, esta letra se origina en la escritura jeroglífica egipcia, en concreto en la figura de un ojo que mira de frente. Los fenicios simplificaron el dibujo en una simple forma circular a la que, respetando la idea egipcia, llamaron *ayin*, 'ojo', palabra que, como sucede en otros casos (→ *m*), se inicia con el símbolo que la representaba jeroglíficamente. Griegos, etruscos y romanos mantuvieron intacto el signo fenicio, y así llegó y se mantiene en nuestra lengua.

obstetricia Según el diccionario, *obstetricia* es la 'parte de la medicina que trata de la gestación, el parto y el puerperio'. La palabra se genera en un compuesto latino del verbo *obstare*, 'estar de pie' y el sufijo *-trix*, femenino de *-tor*, 'la que hace, la que actúa', presente en palabras como *actriz, institutriz o motriz*; y, efectivamente, durante el parto la partera o el ginecólogo están «de pie» delante de 'la que actúa'.

obús La *catapulta* (del griego *katapaltes*, 'lanzamiento hacia abajo') era una antigua máquina de guerra con la que se lanzaban piedras o proyectiles incendiarios al interior de los castillos o de las ciudades amuralladas. En checo el nombre del artilugio era *houfnice,* al alemán pasó como *haubitze,* y de aquí al francés, de donde, a finales del siglo XVIII, lo tomó el español y lo transformó en *obús.*

ocasión A veces en la historia de las palabras se produce lo que se denomina «ennoblecimiento semántico», es decir, una palabra que tenía un significado negativo acaba teniéndolo positivo. *Ocasión,* procedente del latín *occasione(m)* valía en español medieval por 'accidente o suceso grave' y hoy es sinónimo de 'oportunidad, momento propicio para hacer algo', siempre con carácter positivo. Hay dudas sobre el origen de *occasione(m),* porque podría haber salido de *occidere* 'caer al suelo, morir' (→ *Occidente),* de *accidere,* 'suceder' o de un cruce entre ambos verbos.

Occidente Para referirse a los puntos cardinales que hoy denominamos → *Este* y → *Oeste* los pueblos de la antigüedad tomaron como referencia el recorrido del sol, y así los romanos llamaban *Oriente(m),* forma del participio presente del verbo *oriri,* 'nacer', a la parte del horizonte por la que aparecía el sol, es decir, el *Este.* De la misma manera, *Occidente(m),* forma derivada del verbo *occidere,* 'caer al suelo, morir' (→ *ocasión),* era en latín la parte por la que se ocultaba, o sea, el *Oeste.*

octubre Antes de la reforma juliana del 45 a. C. (→ *enero* y *julio*) éste era el octavo mes del calendario romano, llamado *october*, de *octu(m)*, 'ocho' e *imber*, 'lluvia' (→ *septiembre*).

Oeste El término se deriva del germánico *west*, forma actual del inglés, con sustento en el indoeuropeo **wes*-, 'el anochecer', en alusión a que el sol se oculta por el *Oeste*. Esta raíz indoeuropea, a través del latín *vespera(m)*, genera en español *vísperas*, 'hora del oficio divino que se dice hacia el anochecer', y *víspera*, 'día previo a otro, generalmente a una celebración'. → *Occidente*, *Oriente* y *ocasión*.

ogro Parece provenir esta palabra del nombre de *Orcus* (u *Orchus*), una de las divinidades infernales de los romanos, identificado con Plutón, dios romano del mundo subterráneo y que podía llegar a representar directamente a la muerte.

Orcus era, con sus hijas y un dragón de múltiples cabezas, señor del mal, se alimentaba de carne humana, y aparece representado ya en antiguas tumbas etruscas del siglo V a. C. como un gigante con el cuerpo completamente lleno de pelo. La mitología europea se encargó de caracterizarlo como un ser maligno que se alimentaba de carne humana. De ahí al *ogro* de nuestros cuentos (recuérdense *Pulgarcito* o *El gato con botas*) no hay sino un imaginativo paso.

ojalá Esta partícula, que nos sirve para expresar un deseo ferviente, proviene de una invocación antigua árabe de valor idéntico al que tiene hoy en nuestra lengua: *wa sha' Allah*, 'quiera Dios'. En el árabe actual podríamos transcribir la interjección como *en sh<u>al lah</u>*, en cuya última parte se advierte perfectamente la invocación a la suprema deidad de los musulmanes.

O.K. Sobre la procedencia de la forma más internacional de decir *de acuerdo*, transcrita a veces como *okay* y acompañada frecuentemente por el gesto de formar un círculo con el índice y el pulgar de la mano derecha, lo único cierto que podemos afirmar es que se originó en Estados Unidos.

La teoría más aceptada afirma que apareció durante la campaña de las elecciones presidenciales llevada a cabo en 1837 por Martin van Buren, originario de *Old Kinderhook* (Nueva York). El nombre de esta pequeña localidad, abreviado en sus iniciales, *O.K.*, fue usado para dar nombre a la asociación creada por sus seguidores en Nueva York para sostener económicamente la campaña: el *O.K. Club*. La victoria de Van Buren, apodado «el zorro rojo de Old Kinderhook», que fue presidente del país más poderoso de la Tierra entre 1837 y 1841, contribuyó seguramente a trasladar el éxito a la labor desempeñada por su club y a la propia denominación de éste, que acabaría siendo, ya para siempre, símbolo de que todo va bien o de que se está de acuerdo con algo o con alguien.

Hay también quien quiere ver en *O.K.* lo opuesto al *K.O. (knock out,* 'fuera de combate') del boxeo. Contrariamente a lo que sugerirían los sentimientos —si es que en ese momento los tiene— del boxeador que queda *grogui* tendido en la lona tras haber recibido el puñetazo de su adversario, el significado de *O.K.* sería algo así como 'correcto, de acuerdo, todo bien'.

Por último, y aunque la teoría no parece tener mucho fundamento, se ha dicho también que *O.K.* son las iniciales de *oll korrect,* alteración gráfica con la que se intentaría transcribir la pronunciación de la expresión del inglés *all correct,* es decir, 'todo correcto, no hay problema, todo va bien'.

Sea cual fuera su origen, el caso es que la expresión se extendió rápidamente por todo el país, y se acabó haciendo de uso tan común que hoy, incluso, existe en el inglés de Estados Unidos el verbo *to okay* con el significado de 'aprobar, estar de acuerdo'.

onanismo La *masturbación* recibe también este nombre en referencia a Onán, un personaje bíblico, hijo de Judá, quien, según lo estipulado en la ley hebraica, se vio obligado a casarse con la viuda de su hermano Er, muerto por haber ofendido a Yahvé. Como Onán tenía por inmoral tal precepto y sabía además que los hijos que pudiera tener no serían considerados suyos, sino de su hermano, puso en práctica un plan que nos relata así la *Biblia:* «cuando entraba en la mujer de su hermano se derramaba en tierra (...). Era malo a los ojos de Yahvé lo que hacía Onán, y también lo mató a él». Curiosamente, como habrá podido comprobarse, el pobre Onán no recurría a la masturbación, sino al *coitus interruptus*. De todas formas, fuera lo uno o lo otro, de poco le sirvió.

ónice En griego *ónyx* significaba 'uña' y ese nombre se le dio también a la piedra semipreciosa, una especie de ágata listada, que presenta una alternancia de colores rosa y blanco que recuerda a la uña humana.

oportuno La palabra procede del término latino *opportunu(m)*. Ya en latín llevaba implícito el significado de 'adecuado, conveniente', originado en el lenguaje marinero, de donde realmente proviene, y es que en realidad es un compuesto de *ob-*, 'hacia', que se transformaba en *op-* cuando el prefijo antecedía a una palabra que comenzaba con *p-* y **portunu(m)*, forma generada a partir de *portu(m)*, 'puerto'. *Oportuno* era, pues, el viento que soplaba hacia el puerto y que ayudaba a llegar a su destino a las naves.

orangután El término, empleado por primera vez en español a mediados del siglo XIX, nos ha llegado prácticamente calcado del malayo, el idioma más hablado en las selvas de Borneo y Sumatra, hábitat prácticamente exclusivo de este homínido. En dicha lengua *orangután* no significa otra cosa que 'hombre de la selva', de *orang*, 'hombre, persona' y *hutan*, 'selva, bosque'.

ordeñar En latín vulgar *ordiniare* era, simplemente, 'arreglar, disponer, colocar'. El término era una variante del *ordinare*, en latín culto, y posteriormente en español 'ordenar'. La forma *ordeñar*, con esa palatalización propia de la lengua coloquial, y el significado que tiene hoy esta palabra hay que atribuirlos seguramente a la jerga de los pastores, para los que extraer la leche era el trabajo más importante para dejar preparados, es decir, *ordenados* u *ordeñados*, a sus animales.

orégano Esta hierba montaraz debe su nombre al término latino *origanu(m)*, tomado del griego *oríganos*, literalmente 'la alegría de las montañas' (de *óros*, 'montaña', y *gános*, 'alegría, delicia'), seguramente debido al aroma que desprende y al sabor que otorga a los platos en los que se utiliza. Los herboristas aseguran que en infusión y tomada moderadamente reanima y que en dosis elevadas puede llegar a provocar estados de euforia no tan beneficiosos. De las bondades del *orégano* nos habla el dicho, que empleamos cuando algo no es tan maravilloso como se pensaba, que asegura que *no todo el monte es orégano*.

orfeón A pesar de tener origen en la mitología griega, se trata de una palabra de muy corta vida en nuestra lengua. Parece seguro que entró a principios del siglo XX procedente del francés *orphéon*, lengua en la que, pocos años antes, la había «inventado» el compositor alemán Gustav Wilhem, quien había reunido un amplio grupo de cantantes a los que también dirigía. Como la denominación «coro» le parecía poco adecuada a la cantidad y calidad de su grupo, decidió llamarlo *orfeón*, en recuerdo de Orfeo, personaje de la mitología griega, extraordinario músico y cantor, capaz de conmover con su arte a todos los seres de la Naturaleza. Cuenta la leyenda que, con la sola ayuda del encantamiento que producía su música en quienes la escuchaban, descendió a los infiernos para recuperar a Eurídice, su esposa, muerta por la picadura de una serpiente. Como no podía ser menos, las aventuras de Orfeo han dado origen a sublimes piezas musicales, como la ópera *Orfeo y Eurídice*, del compositor alemán Christoph von Gluck (1714-1787), o la opereta *Orfeo en los infiernos*, del francés Jacques Offenbach (1819-1880).

Llama la atención en la palabra la terminación *-on*, que seguramente se debe a una analogía con el término francés *odéon*, 'edificio destinado a ensayos musicales', tomado del griego *odeion*, palabra con la que los griegos se referían al teatro en el que se desarrollaban representaciones menores, muchas de ellas de tipo musical.

Oriente → *Occidente.*

ornitorrinco Cuando hace no muchos años se tuvo noticia de la existencia en la lejana Australia de este mamífero del orden de los monotremas, cuya hembra pone huevos y amamanta a sus crías, se le denominó, literalmente, 'pico de ave', con un compuesto griego de *ornithos,* 'ave' y *rhynkhos,* 'hocico, pico'. Efectivamente, parece una nutria, pero tiene pico de pato.

orquídea Las raíces de esta planta, de flores tan apreciadas, están constituidas por dos bulbos simétricos. Su nombre, basado en la similitud con tales bulbos, proviene del griego *orkhis,* 'testículo' (→ *testículo),* a través de una metáfora antropomórfica común en la lengua: la *boca* del metro, el *brazo* de la lámpara, el *cuello* de la botella o el *ojo* de la aguja. → *pistilo* y *tulipán.*

orujo Se llama así al hollejo de la uva o de la aceituna después de exprimidas. Del primero se saca un buen aguardiente y del segundo, un aceite de baja calidad. El término se origina en el latino *involucru(m),* es decir, 'envoltorio', presente hoy casi literalmente, en forma y significado, en el verbo *involucrar,* tras haber pasado por el latín vulgar *voluclu(m)* y por el término *borujo,* documentado en nuestra lengua hacia 1300. Hoy en algunos lugares de Asturias se llama *burullu* o *burullón* al envoltorio de ropas con que se cubre a los niños pequeños. Se conservan también las variantes leonesas *gorullo* o *gurullo,* 'hatillo de ropas', 'bulto o imperfección en prendas de lana' o 'grumo en la masa o en un líquido que se coagula'.

orzuelo El nombre de ese molesto grano que se suele instalar en el borde del párpado inferior se debe a un diminutivo de la forma latina *hordeu(m),* 'cebada', en concreto en *hordeolu(m),* palabra que podríamos traducir como 'granito de cebada'.

óscar El nombre propio, de origen germánico, significa 'lanza de los dioses', pero no es eso lo que aquí nos preocupa, sino la curiosa razón por la que a la codiciada estatuilla de oro y bronce, o mejor, de bronce y algo de oro, con la que la Academia de Ciencias y Artes Cinematográficas de Hollywood premia anualmente a las estrellas del cine se la llama *óscar.*

Los premios, que se empezaron a entregar en 1927, no se llamaron *óscar* hasta 1931, cuando Margaret Herrik, miembro del jurado, exclamó al ver la estatuilla, «¡Anda, si se parece a tío Óscar!». Hay que decir que se refería a un tal Óscar Pierce, que no era su tío, sino su primo, un frutero conocido entre sus compañeros del mercado como «tío Óscar».

oscilar Los romanos tenían la costumbre de adornar los árboles de sus jardines con pequeñas caras de metal o de cerámica que representaban a Baco, dios del vino, y que se colocaban colgadas de hilos. A estos adornos se les llamaba *oscillu(m)* diminutivo de *os*, 'boca, cara'. Más adelante la palabra pasó a servir también para indicar el movimiento de las caras provocado por el viento, y acabó significando 'columpio'. Sobre *oscillu(m)*, para hacer referencia al balanceo del columpio, se creó el verbo *oscillare*, de donde salió en español *oscilar*.

ostracismo No es extraño leer hoy frases como «El entrenador condena a Raúl al ostracismo» o «El cantante Paco Pérez lleva más de veinte años en el ostracismo», que hacen referencia a que alguien, por su voluntad o por la de otros, ha caído en las garras del olvido, pero en sus orígenes, condenar a alguien al ostracismo era algo mucho más trágico.

El destierro, *ostrakismós*, era para los antiguos griegos el peor de los castigos. Existía entre los atenienses la costumbre de escribir en unos pedazos de arcilla cocida o de cerámica con forma de concha el nombre de los que, por haber cometido delitos graves, debían ser expulsados de la ciudad. Esas tejuelas se llamaban *óstrakon*, 'concha', palabra de la misma familia que *óstreon*, 'ostra'. Es más que posible que todas estas palabras, así como la forma latina *ossu(m)* y la griega *ostéon*, 'hueso' se originaran a partir de la raíz indoeuropea **osth-*, 'hueso, concha'.

P

p Parece ser, aunque está menos claro que en el caso de otras letras, que el origen de este signo está también en un dibujo jeroglífico egipcio, en concreto en uno que simbolizaba una boca abierta. Curiosamente, el sonido representado por esta letra se define como *oclusivo,* es decir, se articula con los labios cerrados, lo que provoca un cierre u oclusión de la cavidad bucal, aunque posteriormente se produce la apertura que deja pasar el aire. Sea como fuere, la historia continúa, también como casi siempre, con la adopción del signo por los fenicios, que la llamaron *pe,* 'boca'. Los griegos le cambiaron el nombre por *pi* (la célebre letra que se emplea en geometría y matemáticas y que tiene el valor, aproximado, de 3,1416) y la desvincularon de su antiguo significado. En la lengua helénica existieron varias versiones en cuanto a la forma, y fue de una de ellas, una línea vertical con un semicírculo a la derecha de la parte superior, de donde los romanos tomaron el signo que aún perdura.

pabellón Hoy usamos casi exclusivamente esta palabra en su acepción de 'construcción que forma parte de un conjunto: hospital, cuartel, complejo universitario, monumento, etc.', o para referirnos al edificio donde se llevan a cabo eventos deportivos (*pabellón de deportes*), pero cuando a finales del siglo XV entró en español, procedente del francés antiguo *paveillon* (en francés actual *pavillon*), era un término del vocabulario militar que significaba 'tienda de campaña'. Del hecho de que en un campamento se colocaran varias tiendas deriva el significado actual, al que antes nos referíamos.

De todas formas, la palabra tiene una curiosa historia, pues llegamos a *paveillon* partiendo del latín *papilione(m)*, 'mariposa', con lo que se identificaba el movimiento y textura de las lonas y telas de la tienda con los de las alas del insecto. Más tarde, y siempre con la mariposa como punto de referencia, pasó a llamarse también *pabellón* al dosel o colgadura que cubría una cama, un trono o un altar y a las banderas o emblemas que portaban los ejércitos, en especial a aquéllos con las armas de los reyes.

Algunos autores sostienen que el significado de 'bandera' es anterior al de 'tienda de campaña'. Si bien es cierto que resulta más fácil identificar a la *mariposa* con la *bandera* y de ahí pasar a la *tienda de campaña*, las fechas en las que se documentan ambos significados en español parecen confirmar todo lo contrario, aunque también es verdad que la lengua oral y la escrita suelen ir por caminos independientes, con lo que el asunto de las fechas se relativiza sobremanera.

Finalmente, cabe decir que, también por semejanza con la forma de las alas de la mariposa, hablamos de *pabellón auricular* para referirnos a la *oreja*.

Pacífico En latín *pacificu(m)* no era otra cosa que 'lo que tiene paz', derivado de *pace(m)*, 'paz'. Cuando en 1520 el explorador portugués Fernando de Magallanes, al servicio de la Corona española, llegó al océano que estaba al otro lado de América, sus aguas le parecieron tan tranquilas que le dio el nombre con el que hoy lo conocemos.

Paco Todo el mundo sabe que *Paco* es el hipocorístico, es decir, la forma familar, de *Francisco,* pero no tan conocido es el porqué de tal variante, sobre todo cuando en otros casos lo habitual son reducciones del nombre, más o menos fieles: Fran, Tere, Pili, Chema, Mari...

Durante la Edad Media, cuando no estaban aún fijadas las grafías que se correspondían con los diferentes sonidos, era normal transcribir el fonema /f/ (→ *f*) a la griega, es decir, con el dígrafo *ph,* solución que habían adoptado los romanos para representar la *fi* de los griegos. Era normal que los copistas medievales escribieran, por ejemplo *Phranciscus* o *Phrancisco,* y más considerando que utilizar el grupo *ph* y otros helenismos otorgaba un cierto prestigio cultural. Hay que decir aquí que no está nada claro cuál es el origen del antropónimo Francisco, que podría ser franco, pero desde luego no es helénico.

Como el material sobre el que se escribía —pergamino, piel, papel...— era muy caro (→ *ñ*) y exigía una ardua y costosa preparación previa, los amanuenses se veían obligados a utilizar abreviaturas siempre que fuera posible, sobre todo en los nombres propios, de más fácil identificación para el lector (→ *Pepe*), y así *Phrancisco* acabó siendo *Phco.* o *Pco.*, igual que hoy lo convertimos en *Fco.* Bastaban una errónea transcripción, una mancha de tinta, un mínimo despiste o la necesidad de introducir una vocal para poder leer las ilegibles formas *Phco.* o *Pco.* para llegar primero a **Phaco* y más tarde a *Paco.*

paella El proceso, común en la lengua hablada y en especial en lo que se refiere a bebidas o alimentos, de denominar al contenido con la palabra del continente se trasluce a la perfección en la historia de esta palabra. Es lo mismo que sucede, por ejemplo, cuando nos bebemos «un *botellín*», nos tomamos «unos *vasos*» o nos comemos «un *pote* gallego». El nombre de nuestro plato más universal debería ser *arroz en paella*, o sea, 'arroz en sartén', aunque la Academia ya admite los términos *paella* y *paellera* —este último de creación popular— referidos respectivamente al contenido y al continente. El nombre del recipiente procede de *patella(m)*, derivado de *patina(m)*, en latín 'plato, recipiente plano', aunque es más que posible que llegara al español, con parada en el catalán, a través del francés antiguo *paelle*. En la actualidad *sartén* se dice *padella* en italiano y *poêle* en francés, hecho que confirma claramente lo expuesto.

pagano Nada tenía que ver con la religión esta palabra en sus orígenes, porque *paganu(m)* era en latín 'el que no es de ciudad, el de campo'. *Pagus*, de donde viene la palabra española *pago*, usada en la expresión *(no) ser de estos pagos*, era 'aldea', de aquí también el catalán *payés*, 'campesino'. Se suponía que el que provenía del campo tenía otra mentalidad, otras creencias y costumbres diferentes de las del habitante de la urbe, y, de hecho, el proceso de cristianización fue mucho más difícil entre las gentes del mundo rural.

De la forma latina tardía *pagensis*, 'habitante del campo', salió la francesa *pays*, origen de *país*, que significó primero 'territorio rural, pueblo', más tarde 'comarca, región' y, por último, 'país, nación', aunque no es extraño encontrar en textos anteriores al siglo XVIII alternancia de significados. *País* como 'territorio rural' se conserva en español en algunos usos de la palabra *paisano* y en *paisaje*, término también de origen francés.

país → *pagano.*

palacio El origen de este término está en el latino *palatiu(m)*, procedente a su vez del nombre de una de las siete colinas de Roma, denominada *Palatinu(m)*, 'monte Palatino', voz posiblemente de origen etrusco. Los emperadores romanos que gobernaron entre los siglos I a. C. y I d. C.: Augusto, Tiberio y Nerón, entre otros, establecieron allí sus lugares de residencia, es decir sus *palacios*. Al cortesano que habitaba en el palacio se le llamó *palatinu(m)*, de donde surge *paladín*.

paliza Aunque hoy casi se emplee más con el significado metafórico de 'cansancio' o 'aburrimiento', que con el original de 'apaleamiento', una *paliza* no es otra cosa que la acumulación de golpes dados con un *palo*.

pamela La denominación de este sombrero femenino, de amplia ala y por lo general de paja, aunque en la actualidad también se denominan así sombreros de otros materiales, se debe al nombre de la protagonista de la novela homónima del escritor inglés Samuel Richardson (1689-1761), que aparece frecuentemente tocada con ese tipo de sombrero. No es el único caso en que una prenda ha tomado en nuestra lengua el nombre del personaje que la usaba (→ *cárdigan, pantalón, peluca* y *rebeca*). *Pamela,* publicada en 1741, es una novela epistolar de tema amoroso y ha sido considerada por muchos estudiosos como una de las bases de la narrativa inglesa contemporánea. El nombre propio *Pamela* había sido inventado por el escritor, también inglés, Philip Sidney para un personaje de su obra *Arcadia* (1580).

pamplina La *pamplina,* llamada *oreja de ratón* en el *Diccionario* de la Academia de 1791, es una planta herbácea que crece entre los sembrados. Por su inutilidad, por la molestia que supone a la hora de la recogida del grano y por ser hierba apetecida por algunos pájaros, el nombre de esta hierba pasó a denominar también a las cosas inútiles o insignificantes o a las excusas de poco fundamento. Es posible que de un cruce entre *pamplina* y → *memo* surgiera la palabra, también aplicada a cosas vanas o inútiles, *pamema.*

pandilla Empleamos hoy esta palabra casi exclusivamente con el significado de 'grupo de amigos', aunque en algunos contextos *pandilla* y *panda* pueden tener unas connotaciones negativas (→ *camarilla)* que se explican fácilmente analizando el origen del término.

El *Diccionario* de la Academia recoge en primer lugar la acepción, hoy en desuso, que seguramente dio origen al significado antes expuesto: 'trampa, fullería, especialmente la hecha juntando cartas'. Del grupo de cartas que los fulleros robaban y cambiaban por otras se habría pasado a emplear *pandilla* como 'grupo de malhechores que cometen juntos fechorías' o como 'grupo de personas' en general. *Pandilla* podría derivarse de *pando,* 'torcido, encorvado', término que se sigue usando en nuestra lengua, y que se aplicaría aquí referido a la habitual acción de doblar el mazo de cartas para manipularlo.

pánfilo → *panfleto.*

panfleto Esta palabra, que según el *Diccionario* de la Real Academia significa únicamente 'libelo difamatorio; opúsculo de carácter agresivo' se está empleando en la actualidad con otro significado que no deja de ser flagrante, y de paso arcaico, anglicismo: 'folleto, prospecto'.

El origen está en una célebre comedia anónima de enredo amoroso, con alcahueta incluida, escrita en verso latino, que circuló por Europa y alcanzó gran fama en Inglaterra durante el siglo XII: *Pamphilus sive De Amore* ('Pánfilo o del amor'), y muchas de cuyas partes fueron adaptadas por el Arcipreste de Hita (1295-1351) en su *Libro de* (no *del,* como se suele ver y oír) *Buen Amor*. El nombre del protagonista, de carácter tranquilo y bonachón, existió también en español hasta que se tiñó de significado negativo: Pánfilo de Narváez (1450?-1528), por ejemplo, fue un famoso conquistador, encargado más tarde de someter y traer a España al rebelde Hernán Cortés.

Pánfilo nace de la palabra griega *pamphilos*, compuesto de *pan*, 'todo' y *filos* 'amigo' (→ *pánico*), que significa literalmente, 'el amigo de todo y de todos', empleado también con el significado de 'bondadoso'. El significado que tiene hoy en español la palabra *pánfilo* sale tras un proceso de envilecimiento semántico fácilmente explicable: a quien es demasiado bueno y excesivamente cándido su inocencia le hace moverse en los límites de la estulticia.

La obra empezó a llamarse en muchas partes, por influencia del francés, *Pamphilet* y, andando el tiempo, dado que el texto era breve y cabía en pocas páginas, la palabra inglesa *pamphlet* tomó, en un primer momento, el significado de 'folleto'. Después, como la pieza tenía un contenido malicioso y burlesco, la palabra pasó a significar, en inglés y más tarde en español a través del francés, lo que se ha expuesto al principio: 'libelo difamatorio'.

pánico La palabra procede del nombre del dios griego Pan, divinidad de los montes y de los campos, protector de los rebaños. Tenía predilección por los bosques, por la música y la danza y se le suele representar con cuernos y patas de cabra, confundiéndolo a veces con los sátiros (→ *tragedia*). Se le dio el nombre de *Pan*, porque tal palabra significa en griego 'todo' (*panacea, panamericano...*) y él estaba destinado a ser una especie de «dios-comodín» que participara en todas las ceremonias y llevara la alegría a todos los ambientes.

Sin embargo, a Hermes, su padre, y a Zeus, su abuelo, les salió mal la jugada, pues, según la mitología, el tiempo que no tocaba la flauta (→ *jeringuilla*) lo dedicaba a espiar mientras se bañaban a las ninfas, las divinidades femeninas de las fuentes, los ríos, los lagos y los bosques, y a perseguirlas permanentemente para tratar de satisfacer unos insaciables instintos sexuales. Llegó, incluso, a acosar a jovencitas y jovencitos de carne y hueso que nada tenían de dioses. Además, cuentan que poseía la capacidad de lanzar un grito sobrecogedor. No es extraño, pues, que su sola presencia provocara revuelo y temor entre todas estas criaturas y que *pánico* pasara a significar 'miedo grande o temor muy intenso'.

panorama En 1788 Robert Barker presentó en Edimburgo un invento, precursor del cinematógrafo, que consistía en un gran cilindro en cuyas paredes estaban dibujadas una serie de imágenes. Al girar el cilindro, daba la impresión de que los espectadores veían todas las imágenes a la vez. Barker llamó a su invento *panorama*, un compuesto de los términos griegos *pan-* 'todo' y *hórama* 'lo que se ve'. Llegada a nuestra lengua un siglo después, la palabra pronto pasó a designar a 'lo que se ve', en especial desde un lugar elevado o que posibilita una vista extensa (vista *panorámica*).

pantagruélico Decimos que una comida es *pantagruélica* o un banquete *pantagruélico* cuando han sido abundantes en exceso. Empleamos un adjetivo procedente del francés *pantagruélique*, derivado del nombre propio *Pantagruel*, gran glotón y bebedor, hijo del gigante *Gargantúa*, personajes protagonistas de la obra *Horribles y espantosos hechos y proezas del famosísimo Pantagruel*, novela satírica en cinco libros del humanista francés François Rabelais (1494-1553).

pantalón Los romanos descubrieron el pantalón cuando Julio César (100-44 a. C.) invadió las Galias, pues dicha prenda formaba parte de la indumentaria de varios pueblos galos y de otros de origen céltico (→ *bragas*), pero durante mucho tiempo lo consideraron propio de gente baja y vil, tanto que llegaron, incluso, a ser prohibidos en un decreto del año 460.

Cuando los bárbaros dinamitaron el Imperio Romano, popularizaron su uso y, con diversas variantes a lo largo de la historia, los *pantalones* acabaron llegando a nuestros días, aunque siempre formaron parte del atavío de campesinos y de gente considerada de poco fuste social. En nuestra lengua se llamaron de diversas formas: *bragas, calzas, calzones, gregüescos...* (→ *medias*). El término *pantalón* apareció a finales del siglo XVIII, procedente del francés *pantalon*, pero originado en el nombre de un personaje de la *Commedia dell'Arte* italiana del siglo XVIII: *Pantalone* o *Pantalón* en dialecto véneto, un tipo vestido con calzas largas de color rojo (→ *birria*), vecino del barrio veneciano de *San Pantaleone*, o *San Pantalón* en véneto —de ahí su nombre—, mercader avariento, ridículo y lascivo que se cree inteligentísimo y siempre acaba siendo burlado y recibiendo las mofas de los demás personajes y del propio público. → *cárdigan, pamela, rebeca y peluca.*

pantorrilla Como en tantas otras ocasiones, los nombres de las partes del cuerpo se deben a objetos a cuya forma o utilidad se asemejan (→ *cadera, glande, músculo, pelvis, pene, pómulo, rodilla, tibia, tímpano, úvula* y *vagina*). En este caso, vamos un paso más allá: una parte del cuerpo parece haber servido para dar nombre a otra. El término sería el diminutivo de *pantorra*, 'pantorrilla', término registrado en el *Diccionario* de la Academia y limitado actualmente a usos familiares o coloquiales y que parece tener que ver con *bandorria*, 'vientre' en asturiano, y a *panturra*, 'barriga' en portugués: la *pantorrilla* sería, por tanto, la → *barriga* de la pierna. Es posible que todos estos términos tengan asiento en la forma latina *pantice(m)*, 'barriga', de la que procede *panza*. Corominas sugiere un cruce bastante improbable con *panduria(m)*, 'bandurria' en relación con la forma abombada, «barriguda», del instrumento musical.

papanatas Literalmente, un *papanatas* no es otra cosa que un «comenatas», pues la palabra es un compuesto de *papa,* del bajo latín *pappare,* 'comer', y *natas.* En un principio, la palabra hacía referencia a una persona crédula e inocente, tal vez recordando al niño que aún toma leche; en la actualidad el significado es un tanto más despectivo y a la inocencia se añade el matiz de inutilidad, de insignificancia, o de estulticia. A veces se usa con el significado de 'persona que habla mucho y hace poco', seguramente por identificar erróneamente la palabra *papanatas* con la onomatopeya del sonido producido por la gallina y otras aves de corral.

De idéntico significado es en español la palabra *papamoscas:* la boca abierta de quien parece querer comerse las moscas —en realidad el *papamoscas* es un ave insectívora— nos lleva a ese sentido despectivo antes apuntado.

paquidermo La palabra la toma el español directamente del francés *pachyderme,* término que se acuñó para denominar a un grupo de mamíferos, como el elefante, el rinoceronte y el → *hipopótamo,* caracterizados por tener la piel muy gruesa, que es lo que significa precisamente el compuesto griego *pakhydermos,* de *pakhys,* 'grueso, gordo' y *derma*, 'piel' (como en *epidermis*, *dermatitis* y *dermatología*).

paraninfo Entre los griegos el *paranymphos*, palabra formada con el prefijo *para-* 'al lado de' y *nymphe*, 'novia', era el padrino de boda, que ejercía entonces como organizador de la ceremonia y estaba encargado de ir a recoger en un carro a la novia, de ahí su denominación.

Cuando las universidades, acabado el medievo, se independizaron de la Iglesia, se recuperó el término *paraninfo* para designar al maestro de ceremonias, encargado de abrir el cortejo en los actos solemnes. Años más tarde la denominación pasaría a la sala en la que tales actos tenían y tienen lugar.

parásito En griego *parasitós*, palabra formada con el verbo *siteo* 'alimentar', derivado, a su vez, de *sitos*, 'trigo, pan, comida' y el prefijo *para-* 'junto a, al lado de', era, simplemente, 'comensal, huésped'. En zoología y botánica el término se aplicó a los organismos que viven, es decir, que «comen», a costa o en el cuerpo de otros.

parchís Este juego tiene su origen en la India y fue introducido en Europa por los británicos. La palabra inglesa *parcheesi*, de la que procede la española, es la versión del término hindi *pachisi*, un derivado de *pachis*, 'veinte', seguramente en referencia al número de casillas que cuenta un jugador cuando elimina la ficha del contrario.

parqué En francés *parquet* era, literalmente, 'parquecito, pequeña zona de hierba', un diminutivo de *parc*. Más tarde asumió el significado de 'pequeño espacio interior de un edificio', e, incluso, 'estrado de un Tribunal o de la Bolsa' (hoy a la zona de la Bolsa donde se realizan las transacciones la seguimos llamando *el parqué*). Como estos lugares estaban entarimados, la palabra pasó también a designar a la tarima de madera y al propio material. La Real Academia, como en otros casos de procedencia francesa (→ *chalé*, → *carné*, → *quinqué*), no recoge la forma *parquet*.

pascua La *Pascua* es la fiesta con la que los judíos conmemoran la huida de Egipto. *Pesach*, origen del término que nos ocupa, es en hebreo tanto 'salida', como 'paso, tránsito' y, según algunos, podría aludir también al *paso* del ángel exterminador por las casas de los egipcios para dar muerte a todos los primogénitos. El sentido positivo que tiene en español la expresión *estar como unas pascuas* se habría desprendido del primer hecho; el negativo de *hacer la pascua*, del segundo. Los cristianos aplicaron el término a la Resurrección (*paso* de la muerte a la vida) de Cristo. En la actualidad llamamos *Pascuas*, conservando el sentido festivo original hebreo, a las fiestas de Navidad.

pasquín Esta es otra de las palabras que, como, → *panfleto* se está empezando a cargar de significados que no son los suyos. Un *pasquín* es un escrito satírico o de protesta, generalmente anónimo, que se fija en un lugar público, y no cualquier papeleta, folleto u hoja informativa.

Entre los siglos XVI y XIX existió en Roma la costumbre de adherir a una estatua escritos satíricos, muchos de ellos en verso, y de protesta. La estatua, hoy desaparecida, representaba a un anónimo gladiador y estaba situada en una placita donde tenía su taller un zapatero remendón, de nombre Pasquino, tan popular, que terminó por dar su nombre a la escultura y a los escritos que se fijaban a ella, que acabaron llamándose *pasquino* o *pasquinata* en italiano. Tras la muerte del zapatero, los romanos siguieron manteniendo, y creyéndose, la broma de que el personaje esculpido era el propio zapatero.

La palabra entró en español a finales del siglo XVI.

pasteurización Aunque suene a ello, la *leche pasteurizada* no tiene dentro ningunos polvos ni sustancia química alguna, porque la *pasteurización* no es otra cosa que calentar un alimento líquido, generalmente leche, zumos o vino, para que se conserve durante más tiempo. La temperatura se eleva a un nivel inferior al del punto de ebullición y se mantiene así durante muy poco tiempo, después de lo cual el producto se somete a un rápido proceso de enfriamiento. Se consigue así destruir los microorganismos sin alterar las propiedades del líquido. El inventor de este proceso, al que dio su nombre, fue el gran biólogo francés Louis Pasteur (1822-1895) (→ *microbio*).

La Real Academia admite también las formas *pasterizar, pasterizado* y *pasterización,* aunque prefiere *pasteurizar, pasteurizado* y *pasteurización.*

patata Sabido es que la *patata,* junto con, por ejemplo, el *tomate,* el → *chocolate* y el → *tabaco,* llegó a Europa tras el Descubrimiento procedente de las nuevas tierras de América.

Los quichés, pueblo maya que habitaba en lo que hoy es el Este de Guatemala, llamaban *papa* a este tubérculo en su lengua, palabra que fue la que se usó durante mucho tiempo en la nuestra, y que, como denominación exclusiva del producto, se conserva en el español de América, en Canarias y en muchos lugares del Sur de España. A finales del siglo XVIII, por un error derivado de la confusión de la *papa* con la *batata,* otra raíz tuberosa comestible muy similar y de idéntico origen, se extendió en nuestra lengua la palabra *patata,* que posteriormente pasó al italiano y al inglés.

pavana La *pavana* es una danza majestuosa, grave, seria y de movimientos pausados, que estuvo de moda en el siglo XVI. Tiene un origen italiano, y de ello da fe el propio nombre, un derivado de *padovana*, es decir, 'propia de la ciudad de Padova', *Padua* en español.

payaso A través de la forma francesa *paillasse*, la palabra entra en nuestra lengua a comienzos del siglo XIX, pero el origen hay que buscarlo en la forma italiana, mucho más antigua, *pagliaccio*, 'saco o colchón de paja', derivado de *paglia* en italiano, del término latino *palea(m)*, 'paja'.

En la comedia tradicional italiana, representada al aire libre, el gracioso o bufón iba vestido con telas bastas, de textura similar a la de los sacos de paja, lo que hizo que se le acabara denominando *pagliaccio*. Por otra parte, fácil es asociar el aspecto y los movimientos del payaso con un espantapájaros relleno de paja.

pedagogo Hoy los *pedagogos* son los que, tras haber obtenido un título universitario, se encargan de educar o de enseñar a educar a los niños, pero para los romanos el *paedagogu(m)* era, simplemente, 'el maestro'.

La historia de la palabra nos lleva más atrás, en concreto a la forma griega *paidagogós*, término que, en su origen, se aplicaba al esclavo que acompañaba a los niños a la escuela o que, simplemente, cuidaba de ellos. *Pais, paidós* era en griego 'niño' (recordemos formas como *pediatra, pederasta* o *pedofilia)* y *agogós* era 'el que conduce, guía', derivado del verbo *agein*, 'dirigir, conducir'. (→ *pedante*).

Hay que decir, por último, que el significado de la palabra latina *educare*, origen de *educar*, es paralelo al de *pedagogo*, pues se origina en el verbo *ducere*, 'conducir, guiar (física y espiritualmente)', en este caso al niño.

pedante Esta palabra probablemente salió de la forma *paedagogante(m)*, 'el que instruye', participio presente del verbo *paedagogare*, 'instruir, enseñar, educar', a su vez derivado de *paedagogus*, 'maestro' (→ *pedagogo*). Lo que en un principio era una alusión positiva a la correcta forma de expresarse y a los conocimientos de los maestros se cargó posteriormente, como en tantos otros casos, con connotaciones negativas que derivaron en el significado actual de 'persona engreída que hace vano e inoportuno alarde de erudición'. → *petimetre*.

pedigrí El término con el que nos referimos a la genealogía de un animal y al documento en el que consta la pureza de su raza nos llegó a través del inglés *pedigree*, aunque el origen está en la expresión francesa *pied de grue*, 'pie de grulla', pues la forma de los árboles genealógicos es muy similar a la de la pata del ave.

pelear Esta palabra nace a partir de *pelo*, del latín *pilu(m)*, pues, aunque hoy signifique 'reñir violentamente, combatir' en sus orígenes, no era otra cosa que 'luchar agarrándose del pelo', un tipo de lucha que llegó a ser popular entre algunos pueblos de la antigüedad.

película Desde muchísimo antes de la invención de la fotografía y el cine existe en nuestra lengua la palabra película, 'piel fina y delicada', que etimológicamente no es otra cosa que la evolución del término latino *pellicula(m)*, formada con *pelle(m)*, 'piel', y el sufijo diminutivo femenino *-cula*, 'pequeño, fino'. A la cinta donde quedan impresas las imágenes se le aplicó este nombre porque el celuloide, la sustancia con la que se fabrica, tiene una textura y un tacto similares a los de una piel muy fina.

peluca En sus orígenes la peluca tiene que ver bastante más con un ave que con el propio pelo. Y es que hacia finales del siglo XVI entró en español la palabra francesa *perruque*, que se transformó en un primer momento en *perruca* en nuestra lengua y que se destinó a denominar esas matas o cascadas de pelo postizo, generalmente rizado, que se empezaban a poner de moda entre la nobleza. Posteriormente, con la influencia de *pelo*, se transformaría en *peluca*.

Perruque es la evolución en francés de una antigua forma *perruquet*, 'loro', emparentada con el español *periquito*, seguramente construida sobre la onomatopeya que intentaba reproducir los ruidos emitidos por tales pájaros. Y es que los antiguos franceses llamaban despectivamente *perruquet*, 'loros', a los jueces, abogados y funcionarios de justicia en general, tocados con larguísimas pelucas —tradición que se mantiene en Inglaterra—, por su vana palabrería, su incomprensible jerigonza, su afectada forma de hablar y, tal vez, comparando también las exóticas plumas del ave con los extraños postizos capilares. Esta asociación de ideas generó una metonimia, es decir, la denominación de la persona se tomó para hacer referencia a una parte de su indumentaria (→ *cárdigan, pamela, pantalón* y *rebeca)*, que condujo al significado actual.

pelvis Estamos ante otro de los casos en que en español una parte del cuerpo humano recibe su nombre considerando su forma o la función que desempeña (→ *cadera, glande, músculo, pantorrilla, pene, pómulo, rodilla, tibia, tímpano, úvula* y *vagina)*. *Pelvis* era en latín 'recipiente, vasija, bacineta, palangana'. A partir del siglo XVII se comienza a usar la palabra en tratados ingleses de anatomía para nominar, con una metáfora nacida en el significado original de 'recipiente', la cavidad del cuerpo del hombre y de los mamíferos, situada en la parte inferior del tronco, que *contiene* la vejiga, los intestinos y el aparato reproductor en las hembras. La palabra llega a nuestra lengua mediado el siglo XVII. El hecho de que entrara como cultismo explica que no haya evolucionado, como es habitual, desde el acusativo latino.

pene La historia etimológica de esta palabra no tiene mucho interés, pues procede de la forma latina *pene(m)*, acusativo de *penis, -is*, 'pene, miembro viril'. La curiosidad está en el propio latín, donde, en primer lugar, significó 'cola de animal', en alusión a su movimiento oscilante. De la misma raíz, existía en esta lengua el verbo *pendere*, en español actual *pender*, que significaba 'colgar' y 'pesar'; no olvidemos que en la balanza romana, en uso aún hoy en algunos lugares, había que colgar las cosas para pesarlas. También palabras como *péndulo, pendón* o *pendular* están emparentadas con las anteriores a través de la raíz indoeuropea **(s)pen-*, 'hilar, estirar'. Seguramente fue la colocación y el movimiento del huso de la rueca lo que llevó al significado del *pendere* latino que antes comentamos.

Por una clara metáfora zoomórfica *penis* comenzó también a significar en latín 'pincel' —no podemos negar que tiene forma de cola de animal—, significado que se mantiene en el italiano *pennello*. Lo que ya resulta más difícil de explicar es si al significado de 'miembro viril' se pasó desde la *cola* o desde el *pincel*. Nos inclinamos a pensar que fue desde el primer significado, y más considerando todo lo dicho sobre raíces comunes con *pender* y *péndulo*.

Para corroborar lo dicho, no está de más afirmar aquí que al *pene* lo seguimos denominando vulgarmente «cola» o «rabo», y no «pincel». → *penicilina.*

penicilina A veces la etimología relaciona palabras tan aparentemente dispares entre sí como *penicilina* y → *pene*. En 1867 se creó en inglés la palabra neolatina *penicillium* para dar nombre a un moho filamentoso que, visto al microscopio, parecía una cola de animal o un pincel, objetos que, dada su similitud en la forma, se decían en latín de la misma manera: *penis*. Años más tarde, en 1928, se produjo uno de los pasos más trascendentales en la historia de la Medicina: el bacteriólogo inglés Alexander Fleming (1881-1955) descubrió por casualidad que el *penicillium* tenía sustancias antibióticas que acababan con las infecciones: había nacido la *penicilina,* nombre formado con el del moho y la terminación *-ina,* femenino de *-ino/-in,* 'sustancia procedente de, originaria de', sufijo habitual en la formación de nombres de compuestos medicinales, fisiológicos o alimenticios: *aspirina, bilirrubina, insulina,* → *margarina,* → *morfina...*

Pepe Como en el caso de → *Paco,* nos encontramos ante una forma familiar de un nombre propio que no se origina a partir de una reducción, aunque sí tiene mucho que ver con una abreviatura.

Durante la Edad Media era normal que escritores y copistas al referirse a los santos los citaran, para mayor claridad de los lectores y para distinguirlos entre sí, con un apelativo referido a su origen o a algún hecho significativo de su vida. Muchos de éstos han llegado hasta hoy: Santiago *Matamoros*, san Juan (el) *Bautista*, Simón *el Estilita*, san Pascual *Bailón*... Así, cuando se citaba a san José, se le añadía el apelativo de *Jesus Christi Pater Putativus*, 'El padre putativo (adoptivo) de Jesucristo'. Siempre con la idea de ahorrar en el gasto del carísimo material sobre el que se escribía, generalmente papel, vitela o pergamino, los copistas recurrían con mucha frecuencia al uso de abreviaturas (→ *ñ*). San José se convirtió en *JHS PP* y más tarde en *PP*. Bastaba sólo añadir la vocal que compone el nombre de la letra, es decir, pronunciar las dos letras, para llegar al actual *Pepe*. No obstante, algunos autores no descartan la posibilidad de que se trate de un derivado de la forma italiana del nombre, Giuseppe, en cuya lengua es habitual convertirlo, en ámbitos familiares y coloquiales, en Beppo o Peppo(ne). De ahí a nuestro Pepe no hay tanta distancia.

perdigón El significado que más se conoce de esta palabra es el que se refiere a cada uno de los granos de plomo que contiene un cartucho, pero también se llama *perdigón* al pollo de la perdiz, a la perdiz nueva o a la perdiz macho que los cazadores emplean como reclamo, y todas estas acepciones son anteriores, en nuestra lengua, a la primera expuesta.

Perdigón es, pues, palabra derivada de *perdiz*, por lo que el objeto con el que se la mata ha recibido el nombre de la víctima. → *perdiz* y *desperdigar*.

perdiz A esta palabra llegamos a través del griego *perdix* y del latín *perdice(m)*, pero detrás hay una hermosísima historia mitológica que merece la pena recordar.

Según la mitología griega, Dédalo, el padre de Ícaro —los dos que escaparon volando del laberinto de Minos, aunque el segundo se acercó tanto al Sol que se le derritieron las alas—, tenía un sobrino llamado Perdix, al que custodiaba y protegía. Perdix era de una inteligencia sobrenatural y estaba dotado para hacer cualquier trabajo. Dédalo, que era arquitecto, envidioso de los conocimientos de su sobrino, capaz de trazar planos y levantar edificios más rápidamente y mejor que él, lo arrojó desde lo alto de una torre. Antes de estrellarse contra el suelo, Atenea, diosa de las artes, lo recogió, pero, a cambio de su vida, lo transformó en perdiz. → *desperdigar* y *perdigón*.

perengano Dado que este término se usa para citar a alguien desconocido, pero siempre después de → *fulano* y → *mengano*, seguramente se trate de una ampliación formada con *per-* y *mengano*. → *zutano*.

perfume Desde la antigüedad más remota el hombre ha perfumado con hierbas, óleos, incienso, ámbar y otras sustancias sus recintos sacros, y generalmente mediante sahumerios, es decir, quemando estas sustancias para que el humo las esparciera. La etimología de *perfume*, palabra que después entraría en el ámbito del aseo personal, es bien clara en este sentido, pues se origina en el latín *perfumum*, literalmente 'a través del humo'. → *colonia*.

pergamino El pergamino, que vino a sustituir al papiro en la escritura, era la piel, generalmente de ternera o de vaca, limpia, estirada y seca sobre la que se escribía o con la que se hacían las cubiertas de los libros durante la Edad Media. Si la piel era de nonato, de feto, se llamaba *vitela*, femenino del latín *vitellu(m)*, 'ternero'. En la actualidad el empleo de pergamino está reducido a usos decorativos.

El nombre se debe a que las mejores pieles, ya tratadas, destinadas a la escritura procedían de Pérgamo, ciudad situada en la región de Misia, en el Asia Menor, actual Turquía. En griego el nombre del material era *pergamene*, femenino del gentilicio *pergamenos*, 'perteneciente a Pérgamo'; en latín clásico se transformó en *pergamena* y en el bajo latín medieval, de donde pasó al castellano, en *pergaminu(m)*.

perillán *Per (Pedro) Illán*, transcripción del latín *Petrus Iulianus*, fue un personaje, famoso por su sagacidad y sus hazañas, que vivió en Toledo durante el siglo XIII. Cuenta la leyenda que quiso ser enterrado en alto, para que nadie pisara su tumba, y efectivamente, así fue sepultado, en la capilla de

Santa Engracia de la catedral de Toledo. Sus astucias, mañas y travesuras dieron sentido a la palabra que salió de su nombre. → *perogrullada.*

perogrullada Llamamos así a las verdades cuya confirmación, por obvia, resulta necedad, y lo hacemos en recuerdo de un tal *Pero (Pedro) Grullo,* personaje que, seguramente nunca existió, y forma parte de la extensa nómina de *Pedros* y *Juanes* (→ *juanete*) que pululan por las expresiones populares sirviendo de prototipos de simpleza o necedad: *Periquillo sabio; Perico el de los palotes; Pedrules el de las bragas azules, ser un Juan Lanas; déjalo, Juan, y no leas; Juan de la Torre, al que la baba le corre; Juan Cagao, vestido de colorao; Juan de la Valmuza, sin capa ni caperuza...*

Hay que considerar también que *grullo,* masculino de *grulla,* vale en algunos lugares del Sur de España por 'cateto, palurdo'. *Pero Grullo* debió de ser un personaje muy popular en dichos y relatos de épocas pasadas, pues aparece periódicamente en la literatura. Lo cita, y lo supone de origen asturiano, Francisco López de Úbeda en su obra *La pícara Justina,* publicada en 1605; Sancho Panza habla de él en el capítulo LXII de la segunda parte de *El Quijote,* que apareció en 1615: «Son esas profecías de *Perogrullo,* que a la mano cerrada llamaba puño»; por último, Quevedo (1580-1645) en la *Visita de los chistes,* lo utiliza como interlocutor y pone en su boca «proféticas» *perogrulladas:* «Las mujeres parirán, / si se empreñan y parieren, / y los hijos que nacieren / de cuyos (quienes) fueren serán.» → *perillán.*

peroné El hueso que recorre la pierna desde la rodilla al tobillo por detrás de la tibia toma su nombre del término griego *peroné,* 'broche, hebilla, clavija', tal vez por su forma, un tanto curvada y de menor diámetro que la → *tibia,* quizá también porque con el *peroné* de algunos animales, menos duro que otros huesos, se fabricaran adornos, hebillas, agujas y pasadores. En cualquier caso, en la palabra se detecta la raíz indoeuropea, presente también en latín y en griego, *per-*, 'a través de', pues el hueso atraviesa completamente la pierna.

perra Para hacer desaparecer las monedas con la efigie de la reina Isabel II, destronada tras las revueltas de 1868, en 1870 comenzaron a acuñarse nuevas piezas de cinco y diez céntimos. En el anverso figuraba una representación simbólica de España: una mujer sentada con una corona almenada, y en el reverso, un león rampante que sostenía el escudo del país. Sucedió que al diseñador del dibujo o al propio acuñador, o a los dos, les salió algo más parecido a un perro de aguas que al terrible felino. La gente rápidamente comenzó a llamar *perro* al león —aún hoy en algunos lugares se juega a *tío* o *perro* en vez de *cara* o *cruz*— y posteriormente, para más humillación de la pobre fiera, decidió cambiarle el sexo y llamarlo *perra*. Las monedas de diez céntimos se llamaban *perras gordas* y las de cinco *perras chicas*. El lenguaje popular identifica el plural *perras* con *dinero* y ha creado sobre esta palabra expresiones tan usadas como *pa'ti la perra gorda, estar sin gorda* o *no valer una gorda (o una perra)*. → *peseta.*

perro Es ésta una de las palabras de origen más incierto del español. Como suele suceder cuando nos movemos entre hipótesis poco fiables, se han propuesto orígenes célticos o ibéricos, pero sin ninguna base medianamente sólida. Lo que sí sabemos es que no existe en ninguna otra lengua neolatina, ni siquiera en otra lengua peninsular, incluido el vasco, que se detecta exclusivamente en castellano a mediados del siglo XII y que durante la Edad Media convive con el vocablo *can*, del latín *cane(m)*, término que adoptaron casi todas las lenguas romances, si bien *perro* era palabra más propia de clases populares y se empleaba muchas veces como insulto y *can* se usaba sobre todo entre las clases nobles. Andando el tiempo, como suele suceder casi siempre con estos dobletes, acabó imponiéndose el término de carácter más popular. Algo parecido sucedió en catalán, donde la voz, quizá onomatopéyica, *gos* se impuso a *ca*.

Muchos investigadores apuntan la posibilidad de que la palabra se origine en onomatopeyas del tipo *prrr* o *brrr,* sonidos usados por los pastores para llamar o para dirigir a los perros y a las ovejas. La hipótesis podría apoyarse en el hecho de que en gallego exista el verbo *apurrar,* 'azuzar los perros', aunque no está claro si el verbo se origina en la onomatopeya o en la propia palabra *perro.*

perrito caliente Como todo el mundo sabe, esta expresión, que tanta gracia hace a los extranjeros, es la traducción, aunque añadiendo el diminutivo, de la inglesa *hot dog.*

En 1852 unos carniceros de la ciudad alemana de Frankfurt elaboraron una salchicha de piel muy fina y carne muy picada a la que pusieron el nombre de la ciudad. Al parecer, otro carnicero alemán dio a la salchicha el nombre de la raza de su perro: *dachhund,* uno de esos simpáticos canes alargados (popularmente llamados en español *perro-salchicha*) especialistas en meterse en las madrigueras para cazar tejones y hurones.

El producto, como sucediera con la también alemana *hamburguesa,* acabó llegando a Estados Unidos, donde, allá por 1906, a un tal Harry Mozely Stevens, un humilde y avispado propietario de un puesto callejero de bocadillos y refrescos, se le ocurrió la feliz idea de vender masivamente en los estadios de béisbol unos bocadillos cuyo contenido eran estas salchichas. El éxito fue increíble, hasta tal punto que, en 1913, T. A. Dorgan, un ingenioso caricaturista deportivo, publicó un chiste sobre la dudosa calidad de la carne de las salchichas de Stevens: un perro *dachhund,* humeante, entre dos rebanadas de pan. El chiste se hizo tan popular que acabó dando nombre a los bocadillos: *hot dog,* es decir, '*perro (o perrito) caliente*'.

persiana El utensilio es, seguramente, de invención muy antigua, aunque es posible que empezara a utilizarse hace relativamente poco en Occidente, donde se usaban cortinas, celosías y contraventanas para impedir el paso de la luz a las habitaciones. En Inglaterra, por ejemplo, hay muy pocas casas y hoteles que tengan *persianas.*

El término es bastante reciente en nuestra lengua, porque hasta mediados del siglo XVIII no aparece en francés, el término *persienne,* femenino de *persien,* 'persa, de Persia', bien porque fue allí donde se tuvo por primera vez noticia del objeto, bien porque se consideró algo exótico, propio de la fiebre de orientalismo que en aquella época se vivía en Europa (→ *baldaquín),* y especialmente en Francia, donde lo oriental por antonomasia era lo persa: recordemos, por ejemplo, la obra de Montesquieu (1689-1755), las famosas *Lettres persanes (Cartas persas)* (1721), recopilación de las supuestas cartas que envían a su país dos persas de viaje por Europa, modelo de las *Cartas marruecas* de José Cadalso (1741-1782).

Es muy difícil saber si el español tomó el término directamente del francés o si, de forma paralela, creó *persiana*. Aunque en franca retirada, *persiano* y *persiana* se siguen utilizando en español, en convivencia con *persa*, como gentilicios de Persia, actual Irán.

persona Con el término *persona(m)* se designaba en latín la → *máscara* del actor. La palabra había llegado a través de la voz etrusca de idéntico significado *phersu(s)*, emparentada posiblemente con la griega *prosopon*, 'cara, máscara, personaje dramático'.

En el teatro clásico griego y latino cada actor podía interpretar varios personajes, varias *personas:* viejo, joven, niño...; para ello sólo tenía que cambiarse la máscara.

Se ha apuntado también como posible origen de la palabra el verbo latino *personare*, 'resonar', por el hecho de que la máscara recogía, alteraba y proyectaba la voz del actor.

pésame Esta palabra, reducida prácticamente en su uso en la expresión *dar el pésame*, no es otra cosa que el verbo *pesar*, 'doler, entristecer' acompañado del pronombre *me* pospuesto, forma habitual en español —y aún hoy en gallego y asturiano— hasta no hace mucho. Hoy diríamos «me pesa».

peseta Curiosamente, no está nada claro el origen de la palabra con la que damos nombre a nuestra moneda nacional hasta la implantación del *euro*. La mayoría de los investigadores se decanta por la idea de que se trata de un diminutivo de la palabra *peso*, moneda ya existente cuando se empezaron a acuñar a principios del siglo XVIII, posiblemente en algunas misiones jesuíticas de California, lo que acabarían siendo las *pesetas*.

Dentro del caótico sistema monetario español de la época, el *peso*, llamado también *peso duro* equivalía a veinte reales, como nuestra moneda de cinco pesetas o de *duro*, y la nueva moneda equivaldría a la quinta parte de un peso, o sea, a cuatro reales. Esta sería, según muchos etimólogos, la razón del nombre *peseta*, o sea, 'peso pequeño'. Se olvidan de un detalle: el sufijo diminutivo *-eta* es catalán y la palabra castellana debería haber sido **pesita* o **pesilla*. De todas formas, sabemos que las primeras pesetas peninsulares eran catalanas, pues se acuñaron en Barcelona por orden del rey José I Bonaparte en 1808, con lo que podría quedar justificado el diminutivo.

Existe otra teoría, basada en esta acuñación catalana, que hace derivar el término del catalán *peçeta*, diminutivo de *peça*, es decir, 'pieza pequeña', 'moneda pequeña', en referencia tanto al tamaño como al valor. No sería extraño que los dos posibles orígenes se entrecruzaran en la historia de nuestra palabra. → *perra*.

petimetre Esta palabra significa prácticamente lo mismo que → *lechuguino*, 'persona, por lo general joven, presuntuosa y afectada'. Ambas palabras hacen referencia a estos mismos jóvenes afrancesados de finales del XVIII y comienzos del XIX que se las daban de cultos por el simple hecho de saber dos palabras en francés y que se atenían escrupulosamente a las modas y comportamientos que venían del país vecino. *Petimetre* no es otra cosa que la españolización del francés *petit maître*, es decir, 'pequeño maestro' (→ *pedante*), caracterización irónica de aquellos jovenzuelos.

petróleo Poco podían imaginar los pueblos de la antigüedad los usos que se le acabarían dando a la sustancia negra, espesa e inflamable que los egipcios usaban para conservar cadáveres, los babilonios, seiscientos años antes del nacimiento de Cristo, como cemento en la construcción de las monumentales edificaciones de su capital, Nínive, y los caldeos, sucesores de los anteriores, en forma de ungüento para las enfermedades de la piel. Se pensaba entonces que aquel líquido fluía directamente del subsuelo, de las rocas, por eso los bizantinos lo llamaron *petrelaion*, término que se transformó en el bajo latín medieval en *petroleu(m)*, compuesto de *petra(m)* y *oleu(m)*, es decir, 'aceite de piedra'. → *momia*.

pezón Resulta curioso saber que esta palabra está relacionada etimológicamente con los *pies*, pues nace a partir del latín *pediciolu(m)*, diminutivo de *pede(m)*, 'pie', pasando por el latín vulgar *pecciolu(m)*, forma que encontramos en español en el término botánico *peciolo*, el tallito o *pezón* —así se llama en el *Diccionario*— que une la hoja a la rama. La asociación se produce seguramente, como en tantos otros casos, por la vía de una metáfora antropomórfica, es decir, por semejanza con alguna parte del cuerpo humano: la disposición y la forma de los «botoncitos» o brotes de la rama de los que nacerán las flores o el fruto recordarían a las de los dedos de un pie. Esos «botoncitos» de las ramas —primera acepción que da el *Diccionario* académico de *pezón*— serían también los que, por su forma, nos llevarían a la palabra que nos ocupa, documentada en castellano a finales del siglo XV (→ *mastodonte*).

Hay que decir que, ya en nuestra lengua, la palabra sufre un cambio de sufijo y el diminutivo se sustituye por el aumentativo *-ón*, cambio lógico si comparamos el tamaño del *peciolo* de una planta con el del *pezón*. Así, *pecciolu(m)* pasa de *pezuelo* a *pezón*, o quizá genera las dos formas simultáneamente. Es curioso señalar que en español, desde finales del siglo XIV existe la palabra *pezuelo*, 'principio o fundamento del lienzo', que no es otra cosa que un fleco de varios hilos —véase aquí la similitud con la rama y los *peciolos* que de ella salen— que se van entretejiendo hasta urdir la tela.

picardía → *pícaro.*

pícaro De origen incierto, la palabra ha sido relacionada con el verbo *picar,* tal vez por la destreza en el manejo de armas blancas de estos personajes, que se ganaban la vida, entre otros trabajos, como matones a sueldo. Efectivamente existe en nuestra lengua la expresión *no ser puñalada de pícaro,* en referencia a la importancia de algún asunto. En cualquier caso *pícaro,* que aparece en español a mediados del siglo XVI, y *picaño,* un término sinónimo más antiguo, serían voces jergales. Algunos autores emparentan esta palabra con *pinche,* un derivado de *pinchar,* verbo surgido de *punchar,* variante de *punzar,* y que limita el manejo de cuchillos a las artes culinarias. De hecho hay algunos documentos del siglo XVI en que al ayudante de cocina se le llama *pinche* y *pícaro* indistintamente.

Se ha apuntado también la teoría del origen árabe del término, que estaría relacionado con *fakir,* literalmente 'pobre, pedigüeño'. Hay también algunos que lo relacionan con *bigardo,* del francés *begard* y originariamente del neerlandés *beggaert,* 'monje mendicante', presente hoy en el flamenco *pickaert,* 'ratero'. *Bigardo* sirvió para calificar a los frailes de vida libertina y que después, acepción que ha prevalecido, pasó a significar 'vago, burlón, vicioso'.

Otras suposiciones, entre ellas la de Sebastián de Covarrubias en su *Tesoro de la Lengua Castellana o Española* (1611), nos llevan a pensar en los orígenes de *pícaro* como una variante de *picardo*, gentilicio de la región septentrional francesa de Picardía, con la misma dislocación del acento que se produce en la palabra, también de origen francés, *chófer*, de *chauffeur*. Es probable que la palabra se cargara del significado que le damos hoy en el siglo XVI, en la época de los enfrentamientos entre Francisco I de Francia y Carlos I de España. Al parecer, los soldados de Picardía, muchos de ellos mercenarios a sueldo (→ *salario, soldado* y *sueldo*) del rey francés, eran famosos entre las tropas españolas tanto por su valor como por su comportamiento en combate, alejado de toda norma militar y de cualquier precepto moral. Es posible que a los soldados españoles que terminaban de servir al ejército o que desertaban, muchos de ellos reconvertidos en vagabundos, pedigüeños y matones a sueldo, se los llamara *picardos*, y más tarde *pícaros*, en recuerdo de los mercenarios franceses.

Por último, podemos hacer referencia a las llamadas «farsas picardas», piezas teatrales de carácter burlesco originarias de Picardía, famosas en los siglos XV y XVI, algunas con títulos de tanto aroma *lazarillesco* como *Le garçon et l'aveugle picard (El mozo y el ciego picardo)*, tal vez la más conocida.

Bien el comportamiento de los soldados o bien el contenido de las farsas son también el origen de la palabra *picardía*.

pigmeo *Pygmé* era en griego 'puño' y en la mitología helénica los *pygmaíos* (*pygmaeus* en latín), literalmente 'del tamaño o de la altura de un puño' eran los enanos que habitaban zonas muy diversas de la Tierra: las fuentes del Nilo, Tracia, Libia o India. Se los suele representar luchando con las grullas, de quienes querían vengarse porque una de sus reinas había sido transformada en esta ave por la diosa Hera. Cuando se supo que en las selvas del África ecuatorial habitaban unas tribus cuyos miembros no superaban el metro y medio de altura, se recuperó el antiguo nombre mitológico para designarlos.

pijama Hasta bien entrado el siglo XX los españoles dormían con camisas de noche o camisones (→ *camisa*). A comienzos del XIX los ingleses se trajeron de la India lo que ellos llamaron *pyjamas*, que no era otra cosa que la adaptación, añadiendo una pieza para cubrir el torso, de los pantalones amplios y frescos que formaban y forman parte de la indumentaria de los hindúes. Los franceses, siempre abiertos a las nuevas modas, lo introdujeron pocos años después, pero en nuestro país la prenda, y con ella la palabra, no se impuso hasta los años veinte.

Hay que decir que los detractores del *pijama* esgrimían un argumento contundente: para hacer el amor había que quitarse los pantalones, con lo que quedaba clara la indecente voluntad de fornicio, mientras que antes bastaba con subirse púdica y casi distraídamente la camisa o el camisón.

Etimológicamente, *pyjamas* es un compuesto de dos palabras del hindi: *pae,* 'pierna', donde se advierte claramente la raíz indoeuropea **ped-*, 'pie', y *yama,* 'vestido'.

piropo La palabra tiene su origen en la latina *pyropu(m)* y ésta en la griega *pyropos,* un compuesto de *pyr-pyrós,* «fuego» (de donde surgen, por ejemplo *pira, pirita, pirotecnia* y *antipirético)* y *ops,* 'vista, ojo' (óptica) que podríamos traducir como 'ojo de fuego'. El término entra en español en el siglo XV para designar a una piedra preciosa de color rojo brillante y generalmente tallada en óvalo, y que perfectamente podrían ser el rubí y el granate. Más tarde, como → *metáfora* propia de los tópicos de la literatura renacentista, se aplicó a la descripción de la belleza femenina, bien al color del rostro, bien al 'fuego' de los ojos (abundantes son los ejemplos de mejillas o labios *rubíes,* dientes *perlas,* ojos *aguamarina, zafiro* o *esmeralda,* etc.). A partir de este último significado, y considerando también los efectos flamígeros de sonrojo que el buen piropo debía causar en la receptora, llegamos al actual de 'requiebro'.

pírrica Este calificativo se emplea en nuestra lengua sobre todo en femenino y en la locución *victoria* *pírrica* (a veces convertida en *triunfo pírrico* por los cronistas deportivos), con la que nos referimos a un éxito cuya consecución no ha merecido la pena porque ha costado grandes esfuerzos y sacrificios.

La palabra hace referencia a Pirro (319-273 a. C.), rey de Epiro, una antigua región balcánica griega, el cual dedicó casi toda su vida a luchar obsesivamente contra los romanos, a los que derrotó varias veces. La expresión parece referirse a la victoria que consiguió en el Sur de Italia. En el año 280 a. C. los ejércitos de Pirro y sus elefantes habían llegado a la ciudad sureña de Taranto con la intención de marchar hacia Roma. El cónsul romano Valerio Levino salió a su encuentro, que tuvo lugar en Heraclea. Los elefantes aplastaron, nunca mejor dicho, a la caballería romana y Pirro, aunque contaba con menos soldados, acabó doblegando al ejército más peligroso del mundo. A pesar de la sonada victoria, el rey de Epiro perdió a unos cuatro mil hombres, entre ellos a sus mejores generales y cuenta la leyenda que, al darse cuenta del desastre, exclamó: «Si consigo otra victoria como ésta estoy perdido.»

piscolabis Esta palabra es, como su sinónimo *tentempié*, de creación humorística, y se genera posiblemente en el latín cargado de defectos, muchas veces buscados, al que se denominó «macarrónico», vehículo habitual de bromas y escritos burlescos estudiantiles entre los siglos XVI y XVIII. *Piscolabis* no sería otra cosa que el futuro de un supuesto verbo latino **piscolare* o **pizcolare,* 'comer una pizca', es decir, 'comerás una pizca, comerás muy poco'. → *pizca.*

pistilo También en el mundo de la botánica funcionan las metáforas que, a través de la semejanza con un objeto, pasan a ser la denominación de una planta (→ *orquídea* y *tulipán*) o de una parte de ella, como en este caso. El *pistilo,* órgano femenino de la flor, tiene forma de maza o mano de mortero, que es lo que significaba el término latino *pistillu(m).*

pizca Aunque hoy llamamos así una mínima cantidad de cualquier cosa, sea sal, vino, sueño o suerte, decir «una pizca de sal» es, al menos etimológicamente hablando, lo mismo que «un pellizco de sal», es decir, lo que cabe entre el pulgar y el índice, los dos que «pellizcan».

Pizca y *pellizco,* como *pinza,* son palabras de origen muy incierto. Es posible que el verbo español *pellizcar,* el italiano *pizzicare,* el rumano *pitigà* y el catalán *pessigar* estén relacionados con el latino, *vellicare,* 'acariciar, hacer cosquillas', que podría haber sufrido una alteración en su forma al ser influido por una onomatopeya que intentaría reproducir el sonido de algunos instrumentos musicales de cuerda que se tocaban —como hoy el contrabajo y a veces el violín o la guitarra— pellizcándolos, lo que se llama en música *pizzicato.* → *piscolabis.*

placebo Se llama así a la sustancia que, aunque no tenga valor curativo, provoca la curación o el alivio de un enfermo si la toma convencido de que tiene efectos terapéuticos. Se ha comprobado que algunos pacientes mejoran considerablemente e incluso sanan por completo ingiriendo, por ejemplo, pastillas que únicamente contienen glucosa.

Placebo, término usado por primera vez por médicos ingleses a comienzos del siglo XIX, no es otra cosa que la primera persona del singular del futuro imperfecto del verbo latino *placere*, 'gustar', es decir, 'me gustará' (→ *lavabo*), en un intento de reproducir el pensamiento del enfermo antes de tomar el supuesto medicamento.

plagio El término latino *plagiu(m)* significaba 'robo de esclavos ajenos'. La ley que protegía a quienes eran objeto de estos robos se denominaba *ley flavia*, por haber sido promulgada en época de la familia imperial de los Flavios —Vespasiano y sus hijos Tito y Domiciano— (s. I), o *ley plagaria*, porque los ladrones solían ser castigados *ad plagas*, es decir, a la pena de latigazos. *Plaga(m)*, de donde sale *llaga* en español, era en latín 'azote, latigazo' y también la herida producida por el látigo, derivada de la raíz indoeuropea **plak-*, 'golpear'.

Ya Marcial (40-104?), el gran epigramista bilbilitano, empleó la palabra con el sentido figurado de 'copia o apropiación de una obra o idea ajena', aunque tal significado no cobró carta de naturaleza en nuestra lengua hasta entrado el siglo XIX.

planeta Los astrónomos de la antigüedad creían que algunos cuerpos celestes permanecían fijos en el firmamento, como la Tierra y las estrellas, y que otros (la Luna, el Sol, Mercurio, Venus, Marte, Júpiter y Saturno) vagaban a su antojo por el universo. A éstos se les llamó en latín tardío *planeta(m)*, reflejo del griego *planétes*, 'errante, vagabundo'.

Aunque los pueblos antiguos les atribuyeran una forma de disco, es decir, *plana*, los planetas, como hemos visto, nada tenían que ver con *plano*.

polémica Hoy el significado de esta palabra está bastante atenuado con respecto al que tenía en griego su étimo *polemikós*, 'relativo a la guerra, que tiene que ver con la guerra', derivado de *pólemos*, 'guerra'.

poltrona La cómoda silla que nadie quiere dejar, en especial cuando se emplea en sentido metafórico, referida a un cargo o puesto de relevancia, no es otra cosa que el lugar en el que se sienta el *poltrón*, es decir, 'el vago', palabra llegada, para algunos autores, de la italiana del mismo significado *poltrone*.

Los diccionarios etimológicos italianos hacen derivar este término de **pullitrone*, aumentativo de una supuesta forma latino vulgar **pulliter* que habría derivado en la palabra italiana *puledro*, 'caballo o burro joven'. Todas estas formas tendrían su origen en la latina *pullus*, 'animal joven', origen de palabras como *pollo* y *pollino*. De la regalada, tranquila y reposada vida del joven equino, ajeno aún a las duras labores del campo se habría tomado el significado que persiste en nuestros días.

Existe, no obstante, una segunda explicación del origen de *poltrón*, que hace derivar la palabra de la expresión latina *pollice truncu(m)*, literalmente 'pulgar cortado'. *Poltrón* sería un acrónimo formado por las primeras sílabas de cada una de las palabras, ya evolucionadas, del compuesto: **pol-* **tron-* o, simplemente, un acortamiento generado por el uso (→ *guisante*). Y es que en el siglo IV, en tiempos de los emperadores romanos Valentiniano I, emperador de Occidente, y Valente, hermano del anterior, emperador de Oriente, se hizo público en todo el Imperio un edicto que condenaba a ser quemados vivos a los que, para librarse del servicio militar, se mutilaban los dedos, lo que les impedía empuñar lanza y espada. En sus orígenes la expresión se refería sólo a los cobardes que desertaban del ejército; más adelante pasaría a denominar, por extensión, a los poco amigos del trabajo o de cualquier otra actividad.

pomada No sabemos si la palabra llega al español a través del francés *pommade* o del italiano *pomata*, aunque tiene más visos de ser cierta la primera hipótesis; lo que sí es seguro es que tiene que ver con el latín *pomu(m)*, que significó primero 'fruto comestible de árbol' y después 'manzana' (→ *manzana*), de aquí el francés *pomme*, el italiano *pomo* y el catalán *poma*. Durante el siglo XVII se extendió la costumbre de perfumar con manzana los fétidos ungüentos que se utilizaban en medicina, elaborados casi en su totalidad con grasas. → *pomo* y *pómulo*.

pomo El pomo de la espada y el de la puerta deben su nombre a su forma redondeada, que recuerda la de la manzana. → *pomada*.

pómulo De nuevo estamos ante una metáfora que, partiendo de un objeto semejante en forma o utilidad, genera el nombre de una parte del cuerpo (→ *cadera, glande, músculo, muslo, pantorrilla, pelvis, pene, tibia, tímpano, úvula* y *vagina*). Las prominencias de las mejillas se llaman así porque por su forma redondeada, y tal vez por su color al ruborizarse, recuerdan a pequeñas manzanas u otros frutos de reducido tamaño. *Pomulu(m)* era en latín 'fruto pequeño, manzana pequeña'. → *pomada* y *pomo*.

ponche Llamamos hoy así a una combinación de licores con azúcar y limón que puede tomarse caliente. Sin embargo, originariamente el *ponche* que los ingleses conocieron en la India y extendieron después por

Europa con el nombre de *punch*, constaba sólo de cinco ingredientes, que es lo que significa la palabra hindi de la que procede, *panch*, 'cinco', originada, como el griego *pente (pentágono, pentagrama, Pentateuco...)* en la raíz indoeuropea **penk(w)e*.

pontífice Los antiguos romanos llamaban *pontifice(m)* a cada uno de los sacerdotes que, presididos por el *pontifex maximus*, tenían el encargo de velar por las tradiciones jurídicas y religiosas de la ciudad. La palabra latina significaba literalmente 'el que hace puentes', pues era un compuesto de formas procedentes de *pons/pontis*, 'puente', y *facere*, 'hacer', y estaba referida en un principio a quienes construyeron los puentes sobre el río Tíber y posteriormente a los que vigilaron la entrada a la ciudad a través de ellos. La misión y la responsabilidad de esta especie de guardianes se mantuvo después en la de los sacerdotes a los que nos referíamos antes y se mantiene hoy en el significado de la palabra *pontífice*: 'obispo o arzobispo de una diócesis', aunque el *pontífice* por excelencia sea el Papa, actual *pontifex maximus*.

popurrí Llamamos así a la mezcolanza de cosas diversas, especialmente a esas mezclas de fragmentos de canciones con las que intentan resucitar su fama de antaño los cantantes venidos a menos. La palabra es una adaptación a nuestra lengua de la expresión francesa *pot-pourri*, literalmente 'olla podrida', guiso que también existe con este nombre en España y que no es otra cosa que un cocido de carne de diferentes tipos con verduras y legumbres variadas.

porcelana La *porcelana*, según parece, fue inventada por los chinos en la época de la dinastía Hang (220-206 a. C.). Los primeros objetos de *porcelana* llegaron a Europa a través de mercaderes turcos y bizantinos, pero fueron los venecianos, en especial después de los viajes de Marco Polo (1254-1324) al lejano Oriente, los que extendieron su comercio.

Durante muchísimos años se intentó dar con la fórmula de la *porcelana*, elaborada por los chinos, como se supo mucho después, con una mezcla de caolín, polvo extraído de una roca arcillosa, y feldespato, cocida a más de mil grados. En el siglo XVI los holandeses comenzaron a fabricar lo que dio en llamarse *porcelana tierna*, excesivamente frágil, que se intentó perfeccionar posteriormente en los talleres de la localidad francesa de Sèvres. En 1698 el barón Schnorr descubrió en Sajonia (Alemania) el primer yacimiento de caolín de Europa. Poco después, en 1709, un alquimista, también alemán, llamado Jean Friedrich Boettger halló una fórmula, mezcla de gres y caolín, que se fue progresivamente perfeccionando, y con la que se conseguían fabricar objetos de similar textura y consistencia que los llegados de China.

Sobre el origen de la palabra, lo que sí parece seguro es que llegara a nuestra lengua a través de la italiana *porcellana*, y que no es una adaptación de un término chino traído por los mercaderes, porque ya existía esta palabra en italiano antes de que se conociera la *porcelana* china. En concreto, servía para designar a la concha de algunos moluscos, especialmente la *vieira*, llamada también *concha de Venus*, *concha venera* (pues se creía que Venus había nacido en una de ellas) (→ *venéreo*) o *concha del peregrino*. Sí está claro que en Italia se pensó que los objetos que llegaban de la lejana China estaban fabricados con un polvo que se obtenía de dichas conchas, y de ahí que al material también se le llamara *porcellana*. Más difícil es saber si el término tiene alguna relación con *porcella*, 'cerda' en italiano. Algunos etimólogos sostienen que se llamó así a la concha por su similitud con la vulva de una cerda, aunque más bien hay que inclinarse a pensar que la semejanza estuviera entre la vulva y el animal que alojaba la venera. No olvidemos el significado que vulgarmente se da en nuestra lengua, por ejemplo, a la palabra *almeja* y el que tiene la palabra *concha* en Argentina y otros lugares de América del Sur.

No obstante, parece más consistente la hipótesis que identifica, a causa del color, el nombre de este material con el de una planta herbácea comestible llamada *porcellana* en italiano y *verdolaga* en español, con origen en el latín vulgar **porcelagina(m)*, alteración de *portulaca(m)*. Esta planta tiene unas hojas redondeadas, verdes por el haz y blanquecinas por el envés. Hay también una variedad que se llama en botánica *portulaca lattaria*, 'verdolaga lechosa' (→ *lechuga*), de color totalmente blanco.

pordiosero Los pedigüeños y mendigos solían, y suelen, pedir limosna invocando a Dios, con fórmulas del tipo «una limosna, por Dios» o «déme algo, por Dios». *Pordiosero* salió de ese *por Dios*, al que se añadió el sufijo *-ero*, propio de los nombres de profesión *(panadero, zapatero, torero...)*, por entender que tales mendigos eran prácticamente «profesionales», como en efecto sucedía en España entre los siglos XVI y XVII, y ejemplos abundantes de ello hay en la literatura: en *El Lazarillo de Tormes* (1554) y *El Buscón* (1605), sin ir más lejos.

postal Antiguamente, antes de que nuestras cartas viajaran en coches, trenes, barcos y aviones, se llamaba *posta*, término llegado al español desde el italiano y procedente del latín *posita(m)*, femenino de *positus*, 'puesto', a cada uno de los grupos de caballos situados en diferentes puntos de los caminos y que estaban dis*puestos* para relevar a los que habían *corrido* hasta allí —de aquí, con influencia del catalán, la palabra *correo*— con los carros que transportaban la correspondencia. Hoy sólo conservamos este antiguo significado en el adjetivo *postal*, referido a la tarjeta o a la propia institución de Correos.

precoz El verbo latino *praecoquere* significaba 'madurar (literalmente 'cocer') antes de tiempo, formado con *prae-*, 'antes', y *coquere*, 'cocer'. De él salió el adjetivo *praecoce(m)*, 'madurado antes de tiempo', que dio origen a la forma y al significado de *precoz*. En efecto, y conservando el valor etimológico, de la persona que, a pesar de su edad, no es muy madura mentalmente hablando decimos que «le falta un hervor».

predecesor *Praedecessor* era en latín 'antepasado', literalmente 'el que ha muerto antes', palabra formada con *prae-* 'antes' y una variante de *decessus* participio de *decedere*, 'morir', de hecho existe en nuestra lengua la palabra *deceso* como eufemismo de *muerte*. Más tarde, *praedecessor* pasó a significar 'el que antecede a otro en un cargo público'. En español, aunque se mantiene el primero, se usa más este segundo significado.

preguntar Originariamente el verbo latino *percontari*, de *per-*, 'mediante, por medio de' y *contus*, 'palo largo, percha', significaba 'sondear, buscar en el fondo del mar o de un río'. Más tarde, por una clara metáfora, significó también *sondear* a una persona (uso que se mantiene en español), es decir, someterla a un disimulado interrogatorio. En latín vulgar *percontari* se debió de transformar en **praecunctare*, de donde procedería *preguntar*. Este cambio se pudo deber a la influencia de otro verbo latino: *cunctari*, 'dudar, vacilar', reflejo, sin duda, de la actitud a la hora de responder de quien recibía la pregunta.

presidente En latín *praesidente(m)* ya tenía el significado que tiene en la actualidad en nuestra lengua, pero etimológicamente era un compuesto de *prae-* 'delante' y el participio presente del verbo *sedere* 'estar sentado' (→ *asesor* y *subsidio)*; en sus orígenes, el *presidente* era, por tanto, el que se sentaba delante o al frente de los demás'. Esta idea del asiento preferente se mantiene en la palabra inglesa actual *chairman,* literalmente 'el hombre de la silla', aunque se usa con el significado de 'presidente, moderador, jefe de ceremonias'.

prestidigitador La etimología de esta palabra es también un complicado juego de magia. Su origen está en *praestigium,* que resultó *prestigio* en español y que en latín era originalmente 'fantasmagoría, truco, juego de manos', aunque luego se aplicó también, de ahí el significado en nuestra lengua, a la influencia o el reconocimiento público que alcanzaba quien era capaz de realizar tales juegos, al quien se denominaba *praestigiator*.

A mediados del siglo XIX entró en español la

palabra *prestidigitador*, adaptación de la francesa *prestidigitateur*, que había salido de una falsa etimología, del latín *praestus*, 'pronto, rápido' y *digitus*, 'dedo', en referencia a la habilidad y a la velocidad de movimientos de quien hace los trucos.

prestigio → *prestidigitador*.

primavera En latín arcaico *primavera* era, simplemente, *vera*. Los antiguos romanos, seguramente por el hecho de que su llegada supone el inicio de una nueva vida en plantas y animales, consideraban a la primavera la estación más importante y le otorgaban el privilegio de ser la *primera* del año, que, antes de la reforma del calendario llevada a cabo por Julio César en el 45 a. C. (→ *enero* y *julio*), empezaba con el mes de → *marzo*. No olvidemos tampoco que el zodiaco considera el signo de Aries el primero de la serie. Por esta razón, se creó el compuesto *primo vere*, convertido en latín vulgar en *primavera(m)*, algo así como 'la primera primavera', frente a *veranum tempus* (→ *verano*), 'tiempo primaveral'.

Primavera(m) acabaría por instalarse en la práctica totalidad de las lenguas neolatinas, exceptuando el francés, que eliminó la redundancia en *printemps*, 'primavera', literalmente 'el primer tiempo'.

príncipe La forma latina *principe(m)*, de la que proviene directamente la palabra, es un compuesto de *primus*, 'primero' y *-ceps*, una variante del verbo *capio*, 'coger, tomar', usada en varias palabras con el significado de 'cabeza, principal', en referencia a la persona que ostenta, que toma, el poder (→ *bíceps*, *municipio* y *tríceps*). El *príncipe* sería, por tanto, 'la primera cabeza, el mandatario de más alto rango', y con este sentido se utilizó en español hasta que pasó a designar casi exclusivamente a los hijos de los reyes.

profesor *Profiteri* era en latín 'declarar públicamente'. De aquí salieron tanto *profesar* como *profesor*, palabra que se construyó con el participio *professus* y el sufijo *-or*, 'el que actúa, el que hace'. El *profesor* es, pues, 'el que habla públicamente para enseñar a otros'.

proletario Desde el siglo XIX, tras el auge de los movimientos obreros, se emplea esta palabra, cargada con fuertes connotaciones sociales y políticas «de izquierdas» (→ *derecha* e *izquierda*) y hoy prácticamente en desuso, para designar al obrero menos reconocido, al trabajador no especializado. Echando la vista atrás, la encontramos en nuestra lengua ya en el siglo XV, con una etimología evidente: en latín *proletariu(m)* se aplicaba a aquel cuya única «aportación» al Estado era la *prole*, es decir, los hijos, la familia numerosa a la que mantener. Parece fácil deducir que *proletario*, por extensión, acabó designando a los componentes de las clases sociales más bajas, cargados de problemas y de hijos.

propaganda En 1602 el papa Gregorio XV estableció la organización denominada *Sacra Congregatio de Propaganda Fides,* o sea, 'Sagrada Congregación para la Difusión de la Fe'. *Propaganda* entonces no era otra cosa que el femenino del participio pasivo futuro de *propagare,* 'propagar', algo así como 'que debe ser propagada'. Andando el tiempo el término se cargó del sentido un tanto más comercial que tiene hoy.

propina *Propínein* en griego significaba 'beber a la salud de otro'. Existía entonces la costumbre de beber una parte de la copa y dejar el resto para que lo bebiera la persona a cuya salud se brindaba. La versión latina *propinare* mantuvo el mismo significado, aunque añadió el de 'beber invitado por otro'. Más tarde apareció el sustantivo *propina* 'convite, dádiva, regalo', del que deriva el significado actual. Curiosamente, el alemán *Trinkgeld,* literalmente 'dinero para beber', y el francés *pourboire,* 'para beber', significan hoy 'propina'.

proxeneta Los griegos, en un claro ejemplo de organización y sentido democrático tenían en cada una de las *polis* o ciudades-estado a una persona encargada de defender en ella los intereses de los ciudadanos de otras *polis*, eran los llamados *proxénos*, de *pro-* 'a favor de, en defensa de' y *xénos*, 'extranjero' (como en *xenofobia*). Ese cargo público era una especie de mediador entre el ciudadano extranjero y las autoridades, por lo que también se utilizó la palabra con el sentido de 'intermediario, agente, representante', que pasó al latín *proxeneta(m)*. De este último significado, con un claro proceso de envilecimiento semántico, se pasó al de 'intermediario en las relaciones con una prostituta'. → *chulo, guapo* y *rufián*.

pulla Llamamos así a una palabra o dicho con los que se pretende ofender o zaherir a una persona. Seguramente se trata de una alteración, provocada por el francés *pouille* o por el portugués *pulha*, de *puya*, 'punta aguda de la vara de picar', significado que, metafóricamente, coincide con el de la palabra que nos ocupa. De hecho, en la lengua coloquial se confunden frecuentemente los usos de *pulla* y *puya*. *Puya*, como *púa*, proceden del latín *pugione(m)*, 'puñal', a través de una supuesta forma latino vulgar **pugia(m)*.

Una pintoresca interpretación del origen de esta palabra es la que hace el insigne lexicógrafo Sebastián de Covarrubias en su *Tesoro de la Lengua Castellana o Española* (1611), donde la identifica con *Puglia*, 'Apulia', región del Sur de Italia. Dice Covarrubias que una *pulla* «es un dicho gracioso, aunque algo obsceno, de que comúnmente usan los caminantes cuando topan a los villanos que están labrando los campos, especialmente en tiempo de siega o vendimias. Y se llamó *pulla* de la Apulla, tierra de Nápoles, donde se empezó a usar, y de ahí se ha extendido a todo el mundo».

pupila En griego la palabra *koré* significaba 'niña, muñequita' y también 'pupila', posiblemente en referencia a la figura diminuta que se puede ver en la parte central del iris del ojo de la persona con la que hablamos, y que no es otra cosa que nuestra propia y minúscula imagen. Los romanos trasladaron el doble significado al latín, donde la palabra *pupilla,* 'niñita, muñequita', diminutivo de *pupa,* 'niña, muñeca' servía también para denominar esa zona del ojo que se contrae o dilata según sea la intensidad de la luz. No olvidemos que en español las *pupilas* son también *las niñas de los ojos.*

Pupilo y *pupila* con el significado de 'huésped' tienen el mismo origen, pues su primer significado, ya en desuso, es 'huérfano menor de edad que la ley pone bajo la protección de un tutor'.

puta Este término, aunque de etimología no muy clara, parece estar relacionado con la forma femenina del latino *putu(m),* 'niño, muchacho', que, con idéntico significado, se mantiene como *puto* en portugués y en algunos dialectos del Norte de Italia.

Como tecnicismo artístico encontramos también el italianismo *putti*, aplicado a los angelitos o cabezas de ángel que decoran esculturas, pinturas u obras arquitectónicas, sobre todo en el periodo barroco.

Es más que posible que, ya en latín, la palabra *puta(m)* se empezara a aplicar a la jovencita que ejercía la prostitución, para después generalizarse y pasar a designar a todas las prostitutas, significado con el que ya la encontramos en nuestra lengua en el siglo XIII. Por analogía con el femenino, en nuestra lengua se creó la palabra *puto* para hacer referencia al hombre que se prostituía, acepción que hoy está en desuso.

Q

q Como sucede con la mayor parte de las letras de nuestro alfabeto, para indagar los orígenes de la *q* tenemos que remontarnos a la escritura jeroglífica egipcia, en la que un círculo partido por una línea vertical que se prolongaba hacia abajo significaba 'mono' e intentaba reproducir la cabeza de este animal (→ *mono*). Los fenicios adoptaron el signo, que acabaría llegando al latín. Muchos gramáticos latinos intentaron proscribirla porque se pronunciaba del mismo modo que la *c*, y su uso acabó reduciéndose a anteceder a la *-u*, razón por la que en nuestra lengua no es con la letra *q*, sino con dígrafo *qu* como se representa en la escritura el fonema */k/* ante *e*, *i*.

quimera Llamamos así a un deseo que, aunque la imaginación lo presente como alcanzable, la realidad confirma como inaccesible. Este significado se toma de un ser monstruoso de la mitología griega, llamado precisamente *Quimera*, de aspecto difícilmente imaginable, que, según la mayor parte de las versiones, tenía cabeza de león, cuerpo de cabra y cola de serpiente. De todas formas, la monstruosidad de *Quimera* no tenía nada de particular si consideramos que era hija de Equidna, una especie de víbora, y de Tifón, un gigante con alas, ojos de fuego y cabezas de dragón en vez de dedos. Ya se sabe: *de tal palo tal astilla* o *el que a los suyos se parece, honra merece*. Para completar tan poco halagüeño retrato, dicen también que sus dimensiones eran de tal calibre que tocaba el cielo con la cabeza y que sus brazos extendidos llegaban de → *Oriente* a → *Occidente*.

quinqué Antoine Quinquet (1745-1803) fue un químico y farmacéutico parisino que inventó una lámpara de petróleo cuya llama podía regularse y estaba resguardada por el tubo de cristal, con lo que se evitaba que el aire la apagara. Tan útil invento acabaría recibiendo el apellido de su creador. La Real Academia no admite *quinquet*.

quinto En 1752 el rey Felipe V, con la idea de acabar con los privilegios que eximían a las clases altas del servicio militar, dictó una orden de reclutamiento forzoso por la que en todos los municipios se establecía un sistema que consistía en hacer sobre las listas del censo grupos de cinco mozos. Era, precisamente, el último joven de cada uno de estos grupos, o sea, el *quinto*, el que debía incorporarse a filas, con lo que el ordinal acabó denominando a los jóvenes desde el momento del sorteo hasta la incorporación al cuartel, cuando pasan a ser *reclutas*. Asimismo, la palabra *quinta* se cargó con nuevas acepciones: 'reemplazo' y, sobre todo entre personas mayores, 'contemporaneidad'.

A pesar de tan loable esfuerzo, los pudientes siguieron librándose sin necesidad de estrujarse en demasía el cerebro: nada más fácil que comprar una posición en las listas que no fuera múltiplo de cinco.

quiosco Hoy empleamos *quiosco*, forma que la Academia prefiere a *kiosco* o *kiosko*, para referirnos casi exclusivamente al lugar en el que se venden periódicos y chucherías, aunque hasta hace no muy poco era únicamente el templete o pabellón abierto, generalmente de tipo oriental, que se instalaba en parques y jardines como adorno o para que actuaran bajo su techo las orquestas o bandas musicales. Más tarde, bajo esos templetes comenzaron a venderse flores, libros y otros productos, uso que acabó imponiéndose y que originó el significado actual.

En cualquier caso, el origen del término, aunque la palabra entró en nuestra lengua a través de la francesa *kiosque*, está en el turco *kyoskk* 'tienda o pabellón abiertos', palabra emparentada con el árabe *kusk* y con el persa *kushk*, 'pórtico, palacio'.

quizá En castellano antiguo, en concreto entre los siglos XII y XIII, se documentan las formas que son el antecedente de este común adverbio de duda: *quiçab* y *quiçabe*, alteraciones ambas de *qui sabe*, es decir, 'quién lo sabe', frase que recoge a las mil maravillas el significado de la palabra. Por cierto, la Real Academia prefiere *quizá* a *quizás*.

R

r La vigésima primera letra de nuestro alfabeto se gestó, como otras muchas, en la escritura jeroglífica egipcia, en concreto en un dibujo que intentaba esquematizar una cabeza humana vista de perfil. De hecho en los alfabetos fenicio y hebreo se adaptaron el signo, que se convirtió en algo parecido a *q*, una *P* que miraba a la izquierda, y el nombre, pues se llamó respectivamente *res* y *resh*, 'cabeza'. La *resh* actual hebrea recuerda en cierta manera a este antiguo signo. Los griegos le dieron de nuevo la vuelta y la dejaron en una especie de *P*, que llegó casi intacta a la actual *ro*. (Lo mismo sucedió en el alfabeto ruso, donde la letra *P* representa al sonido *[r]*.) A los romanos esta transformación les suponía un problema, porque una misma letra, *P*, servía para dos sonidos *[r]* y *[p]*, por lo que entre los siglos IV y III a. C. optaron por una solución tan fácil como efectiva: añadir la línea diagonal, la «pata inclinada» que caracteriza a la *R*.

rabo Es muy normal que las palabras que designan a partes del cuerpo de personas o animales se deban a una metáfora que las identifica con un objeto (→ *cadera, glande, músculo, muslo, pantorrilla, pelvis, pene* y *vagina*). En latín *rapu(m)*, como *rapa* en italiano de hoy, era 'nabo' (recuérdense, aunque sólo sea de pasada, lo que significan en la lengua vulgar, también a través de simplísimas metáforas, tanto *rabo* como *nabo*). El significado actual apareció seguramente en latín vulgar por identificación entre la forma de este tubérculo, que tiene hojas en uno de sus extremos, y la de la cola del animal, que a veces tiene pelo al final. Ya en nuestra lengua *cola* pasó a referirse, por lo general, a la extremidad más larga y con pelo (caballo, león, gato) y *rabo* a la que no lo tiene y es más corta (perro, cerdo), aunque a veces digamos *rabo* de toro o *cola* de gamba.

La denominación de *raposo* —antiguamente *raboso*— que se le da coloquialmente al zorro no es otra cosa que un compuesto formado por *rabo* y el sufijo abundancial *-oso*, 'que tiene en cantidad' (como en *miedoso, vanidoso* o *sabroso*).

radar Como en el caso de → *láser* y → *sonar,* la palabra es un acrónimo creado a partir de la frase inglesa que explica el funcionamiento del aparato, inventado en Inglaterra durante la Segunda Guerra Mundial, concretamente en 1940: *RAdio Detecting And Ranging*. Es un error escribir y pronunciar *rádar*. → *delco* y *tergal.*

raqueta Antes de que existieran las palas de madera, macizas o con cuerdas, para golpear la pelota, se jugaba, y se sigue haciendo, con la mano abierta, que es, precisamente, lo que significa el árabe *rahah*, 'palma de la mano', *rahet* en algunas variedades dialectales. La palabra y su significado llegaron al francés antiguo convertidos en *rachette*. El francés moderno, de donde pasó al español a finales del siglo XVI, la transformó en *raquette*, aunque ya con el significado de 'pala para golpear la pelota'.

re Segundo tono de la escala musical. → *do*.

rebeca Como en otros muchos casos (→ *cárdigan*, *pamela*, *pantalón* y *peluca*) una prenda ha tomado el nombre, real o ficticio, de quien la llevaba o de la obra en la que aparecía.

Llamamos *rebeca* a la chaqueta de mujer de punto fino, sin cuello y abrochada por delante, porque así iba vestida Joan Fontaine, la actriz protagonista de la película de Alfred Hitchcock (1899-1980) *Rebecca* (1940), de gran éxito en nuestro país, basada en la novela del mismo nombre de la escritora inglesa Daphne du Marier, publicada dos años antes. Curiosamente, a pesar del título, *Rebeca* es un personaje muerto que nunca aparece en escena.

reloj Todos los indicios apuntan a que tenemos que buscar el origen de este término en el catalán antiguo *relotge* (hoy *rellotge*), originado en el latín *horologiu(m)* y éste en el griego *horológion*, que, como las palabras anteriores, significaba 'reloj de sol o de arena'. *Horológion,* de *hora,* 'tiempo' y *légein,* 'decir', significaba literalmente 'que dice el tiempo'. En italiano actual *orologio* es 'reloj' y en francés *horloge* significa 'reloj de pared'.

república Para los romanos la *res publica* era, como su significado literal indicaba, la 'cosa pública, el Estado', es decir, todo lo que tenía que ver con el bienestar de los ciudadanos y con la marcha de los asuntos de gobierno. El significado que la palabra tiene en la actualidad de 'forma de gobierno en la que el poder lo ostenta un presidente elegido democráticamente' es de origen francés y se fraguó a finales del siglo XVIII con la Revolución Francesa.

restaurante El término procede del francés *restaurant,* 'que restaura, que recupera', derivado del latín *restaurare,* 'restaurar', en referencia a la labor *restauradora* de los alimentos. Posteriormente pasaría a referirse a la casa en la que se servían alimentos, tal vez a causa de una curiosa historia:

En 1765 se abrió en París, en concreto en la Rue des Poulies, la casa de comidas *De Boulanger.* El dueño colocó en la puerta un texto latino que, con un estilo similar al de los Evangelios, parecía salido de la boca de Jesucristo, en resumidas cuentas, un apócrifo. El letrero decía: *Venite ad me, omnes qui stomacho laboratis, et ego vos restaurabo,* lo que podríamos traducir por 'Venid a mí todos los que sufrís a causa del estómago y yo os restauraré'. La idea, como ha demostrado el devenir de la Historia, tuvo un considerable éxito.

La Real Academia, aunque prefiere *restaurante*, admite *restorán*, pero no *restaurant*.

rival Originariamente *rivale(m)* significaba en latín 'del arroyo, referente al arroyo', derivado de *rivus*, 'riachuelo, arroyo', de donde procede la palabra *río*. Ya en el propio latín, la palabra se cargó con el sentido, que luego pasaría a nuestra lengua, de 'enemigo, contrario', en alusión a las disputas que por la propiedad de las aguas de un arroyo mantenían quienes vivían a ambas orillas (→ *hebreo*).

ripio Esta palabra significaba y significa aún en la jerga de los albañiles 'cascajo, escombro que sirve para rellenar huecos', de ahí por medio de una metáfora, pasó, seguramente a finales del siglo XVI, a referirse a las palabras inútiles, malsonantes y superfluas con las que se intenta completar la rima de un poema, y, por extensión, a los versos de mala calidad.

Como ejemplo de *ripio*, he aquí unos versos de la famosa y *ripiosa* obra del padre José María Carulla (1839-1911) *La Biblia en verso:*

Nuestro Señor Jesucristo
nació en un pesebre.

¡Donde menos se espera
salta la liebre!
...
Con traje de tertulia
salió Judith del pueblo de Betulia.

robot En 1920 el escritor checo Karel Capek (1890-1938) escribió una obra teatral de ciencia ficción titulada *R.U.R. (Rossum's Universal Robots),* en la que imaginó a unos autómatas, a los que denominó *robots,* que trabajaban en el puesto de los obreros. *Robot* es un derivado del término checo *robota,* 'trabajo'. La obra se hizo famosa, como la palabra que denominaba a sus protagonistas, la cual, transportada por el inglés, acabó llegando al español.

rocambolesco Este adjetivo, que aplicamos a una aventura, suceso o historia increíble y difícil de explicar, tiene su origen en *Rocambole,* personaje protagonista de los 22 volúmenes de novelas publicadas por entregas entre 1859 y 1867 por el vizconde Pierre Alexis Ponson du Terrail (1829-1871), un escritor francés autor de numerosos folletines.

Al tal *Rocambole* le suceden, casi sin solución de continuidad, una serie de peripecias del todo inverosímiles. Se dice que, para no repetirse, el autor llevaba una lista donde anotaba las aventuras vividas por *Rocambole,* y el nombre, profesión y hazañas de los innumerables personajes que aparecían en la serie. Es posible, a su vez, que el escritor diera nombre al protagonista de las novelas, por lo audaz y picante de su carácter y lo movido de las aventuras que vivía, tomando como referencia la palabra francesa *rocambole*, 'ajo de sabor fuerte'.

rodilla Muchas veces en nuestra lengua las partes del cuerpo reciben nombres que son producto de metáforas relacionadas con su forma o con la función fisiológica que desempeñan (→ *cadera, glande, músculo, muslo, pantorrilla, pelvis, pene, tibia, tímpano, úvula* y *vagina*). Éste es el caso de la palabra que nos ocupa, procedente de *rotella(m)*, 'ruedecilla' en latín, diminutivo de *rota(m)*, 'rueda', nombre debido a la forma y también a la función del hueso que articula la pierna y el muslo, la *rótula*, hija también, aunque por vía culta, de *rotella(m)*.

romero Los dos significados de esta palabra nada tienen que ver entre sí, ni siquiera en lo que se refiere a su etimología.

La planta aromática debe su nombre al compuesto latino *ros maris*, 'rocío del mar', aunque el origen del nombre en latín no está muy claro. Seguramente se le llamó *de mar* porque crecía abundantemente en zonas no muy alejadas de la costa y *rocío* porque sus puntiagudas hojas retienen una gran cantidad de *rocío*. No se puede descartar tampoco la idea de que el nombre le venga porque, debido a su aroma y a sus propiedades balsámicas y terapéuticas, el *romero* se pudiera utilizar en alguna ceremonia religiosa —sabemos que así se hacía con algunas plantas— como una especie de hisopo para asperger, es decir, *rociar* con un líquido, a personas, lugares o incluso animales que se ofrecían en sacrificio. Es posible también que de la planta se extrajera algún aceite, esencia o → *perfume* que se vertiera o se quemara en estas ceremonias.

Por lo que se refiere al significado de 'peregrino', se llamó en la antigüedad *romero* solamente a quien iba a *Roma,* centro de las primeras peregrinaciones de la religión católica, aunque con posterioridad el nombre se extendió a cualquiera que marchara en peregrinación a un lugar por motivos religiosos. El término llegó del latino *romaeu(m)* 'peregrino que va a Roma', a través del griego *rhomaíos,* 'romano', y se instaló en nuestra lengua durante los siglos XII y XIII como *romeo;* posteriormente, tal vez por analogía con *romero* 'planta' se convirtió en *romero*. Sobre *romero* se construyó la palabra *romería.*

Añadamos, por último, que una accidental síntesis de ambos valores la encontramos en «Romería de El Rocío», en Huelva.

rosario En latín *rosariu(m)* era, simplemente, 'rosal', pero en latín medieval la palabra ya aparece con el significado que tiene en la actualidad, tal vez porque se identificó la forma de la sarta de cuentas que servía como guía de la oración, y también, metafóricamente, los propios rezos, con una corona de rosas destinada a la Virgen. No es en absoluto descartable la posibilidad de que el nombre se deba a que los primeros *rosarios* se hubieran fabricado con *palo de rosal* o, como sigue sucediendo hoy, estuvieran perfumados con esencia de *rosa*.

rufián *Ruffiano*, término del que parece provenir el que nos ocupa, es en italiano 'proxeneta, chulo' (→ *chulo, guapo* y *proxeneta*). De hecho, en su primera acepción en nuestra lengua *rufián* es, según el *Diccionario* de la Real Academia, 'el que hace el infame tráfico de mujeres públicas' y en la segunda, derivada de la primera y mucho más usada en la actualidad, 'hombre sin honor, perverso, despreciable'.

El origen de *ruffiano* es incierto, aunque habría que buscarlo en la palabra latina *rufus* 'pelirrojo', una variante de *rubeus*, 'rojo', como en *rubio, rubor* o *rubéola* (→ *birria*). No podemos olvidar que, durante mucho tiempo, al extenderse la leyenda de que Judas había sido pelirrojo, en España y en otros países europeos se consideraba que los pelirrojos eran mentirosos, traidores y gente de mal vivir. Quevedo cita en *El Buscón* (1605) un dicho usado por entonces: *ni perro ni gato de aquella color* y en el Norte de Italia existe otro realmente cruel: *el mejor de los pelirrojos mató a su madre*.

Entre los romanos *rufula*, significó primero 'pelirroja, rubia' y más tarde 'prostituta' (→ *puta*), por la costumbre que tenían estas mujeres de colocarse postizos de pelo rubio. Es posible que se creara una forma **rufulanus*, de la que habría salido *ruffiano*, para designar al proxeneta, y tal vez **rufulana*, y de aquí, ya en español, *fulana* (→ *fulano*), para hacer referencia a la prostituta, aunque parece más lógico que *fulana* naciera como el femenino de → *fulano*, es decir, 'una cualquiera'.

ruiseñor La palabra, como la catalana *rossinyol*, se debe al provenzal antiguo *rossinhol*, procedente de una posible forma latino vulgar **lusciniolu(m)*, diminutivo de *luscinius*, 'ruiseñor'. Ya en castellano la palabra se alteró en su forma por una curiosa etimología popular que la suponía derivada de *Ruy*, forma familiar del nombre propio Rodrigo, empleada abundantemente en el *Poema de Mio Cid*, y *señor*.

S

s Pese a que generalmente se cree que esta letra procede de la representación de una serpiente en los jeroglíficos (→ *n*), parece ser que el ideograma egipcio que está en los orígenes de esta letra representaba un lago en cuyas orillas crecían plantas. Los fenicios simplificaron el dibujo en una especie de W, que posteriormente los griegos giraron hacia la derecha (Σ) y denominaron *sigma*. Los etruscos representaron el signo con tres trazos y los romanos lo redondearon. Había nacido nuestra *S*.

sábado El origen de este semifestivo día se debe a las palabras hebreas *shabbath*, 'descanso semanal' y *sabath*, 'descansar', que llegaron a nuestro idioma a través de la palabra latina *sabbatu(m)*.

Debemos recordar que el *sábado*, el día sagrado de los judíos, sigue considerándose el séptimo día de la semana litúrgica, que comienza con el → *domingo*, aquel en el que, según el Génesis, Dios descansó tras haber creado el mundo. Así aparece, por ejemplo, en los calendarios británicos, en los que el domingo consta como el primer día de la semana. Además, el portugués sigue llamado *segunda feira* no al → *martes*, sino al → *lunes*, lo cual confirma la idea de que el domingo era el primer día.

sabotaje En francés *sabot* es 'zueco, zapatilla con suela de madera', palabra emparentada con *zapato* en español, *ciabatta* 'zapatilla, chancla' en italiano (→ *chapata*) y *savate* 'zapato' en francés antiguo, palabras posiblemente originadas en el término árabe vulgar *sabbat*, 'zapato, calzado'. El término francés *sabotage* se difundió en España durante la Primera Guerra Mundial (1914-1918) como voz propia del lenguaje bélico, aunque en Francia se había usado anteriormente para hacer referencia a los desperfectos que en el transcurso de los conflictos laborales se causaban en las máquinas, muchos de ellos provocados al introducir los obreros su calzado, es decir, los *sabot*, entre los engranajes.

salario Hace muchos años la *sal* era un artículo de primera necesidad, para el consumo y para ser empleada como elemento de cambio en las transacciones comerciales, hasta tal punto que los romanos pagaban muchas veces con raciones de sal los servicios de los funcionarios públicos o de los soldados (→ *soldado*); *salariu(m)* era en latín 'ración de sal', término referido no sólo a la propia ración, sino también, al considerarla como producto de gran valor, a la cantidad de dinero que se entregaba semanal o mensualmente para comprarla, de donde pasó a significar 'sueldo'.

De la importancia que antaño tuvo la sal queda constancia en nuestras expresiones *negarle a alguien el pan y la sal,* es decir, lo básico para sobrevivir, y *ser la sal de la Tierra,* o sea, lo más importante, la esencia. Es de destacar, por el mismo motivo, el hecho de que en los estancos italianos, junto a pólizas, sellos, impresos oficiales y papel de pagos, se siga vendiendo sal como un valor más del Estado.

saltimbanqui La palabra es un reflejo de la italiana *saltimbanchi,* formada a partir de la expresión *salta in bancho,* 'salta sobre un banco', en alusión a los feriantes o cómicos de la legua que andaban de pueblo en pueblo con una banqueta sobre la que hacían sus juegos y acrobacias.

sambenito Nada tiene que ver esta palabra, al menos en su etimología, con el santo fundador de la orden benedictina, sino que deriva de una deformación de *saco bendito,* que podría deberse, ahora sí, al parecido fónico con *san Benito.*

Era el *sambenito* una especie de casulla o de gran escapulario que colocaba la Inquisición a los condenados para que éstos hicieran penitencia, a veces de por vida, para público escarnio y para informar al pueblo, con indirecta admonición, de que esa persona estaba condenada por el Santo Oficio: de aquí la expresión *colgarle a alguien el sambenito*. El *sambenito* se acompañaba de un llamativo capirote o una especie de tiara —*hacerle a alguien obispo* era sinónimo de condenar a un reo a esta pena— y solía ser de un color amarillento, con cruces rojas y alegorías infernales pintadas. Los condenados a la hoguera llevaban un *sambenito* completamente negro. También se llamaba *sambenito* a la lista de condenados que se exponía al público en las iglesias.

sándwich Seguramente no fue el primero que se comió un bocadillo, ni siquiera un *sandwich*, pero John Montague (1718-1792), cuarto conde de Sandwich, político y diplomático británico, embajador en Madrid y secretario de Estado, ha pasado a la posteridad por haber dado el nombre a tal hallazgo gastronómico (→ *canapé*).

Se cuenta que lord Sandwich era tan empedernido jugador de cartas que, para no hacer una pausa para comer en una partida que ya duraba más de un día, mandó a sus criados que le trajeran a la mesa de juego unas lonchas de carne asada entre dos rebanadas de pan. Había nacido el *sandwich*, o mejor, como prefiere y recoge en el *Diccionario* la Real Academia, el *sándwich*, es decir, el 'emparedado hecho con dos rebanadas de pan de molde —a diferencia del *bocadillo*— entre la que se coloca jamón, queso, embutido, vegetales u otros alimentos'. Lo que seguramente lord Montague ignoraba es que en la tumba del que se supone un alto dignatario egipcio de hace unos cuatro mil años, se hallaron los restos, bastante bien conservados, de una especie de pastel de carne entre dos tortas de pan. Los egipcios, según parece, ya se llevaban al más allá bocadillos, *sándwiches* o hamburguesas, como se prefiera.

sangría Muchos se sorprenderán al saber que, con casi total certeza, tan típica bebida no es española, como tampoco es español, al menos en su denominación, otro de nuestros productos más característicos: el → *jamón*. Y es que el nombre de la aromática y «turísticamente» deteriorada bebida no tiene ninguna relación con el color rojo de la *sangre*, como tentadoramente parece sugerir la etimología popular, ni con esa metafórica y encarnada «pasión» del carácter hispánico que tanto se vende allende nuestras fronteras dentro de los «paquetes» turísticos.

Sucede que *sangría* se documenta por primera vez en español en 1803 y que ya en inglés a finales del siglo XVII se conoce la palabra *sangaree*, referida a una bebida, mezcla de vino con limón, que se consumía en las Antillas. No puede ser, por tanto, que, como sostienen algunos, *sangaree* se originara en *sangría*, y sí al revés. Como origen de *sangaree* se han apuntado diversos términos de lenguas indostánicas: *sarkara*, *sakkara*, *sakkar* o *sakr*, 'azúcar' en sánscrito, pali, hindi y urdu, respectivamente.

sarcasmo *Sarcasmu(m)*, término del latín tardío del que nos llega directamente esta palabra, procede del griego *sarkasmós*, 'burla cruel, escarnio', sustantivo derivado del verbo, cruento donde los halla, *sarkázein*, 'desollar, lacerar, cortar la carne, descuartizar', y éste, a su vez, salido de *sarx*, 'carne' (→ *sarcófago)*. La idea era transmitir el sentido de crueldad o de mordacidad que tienen el dicho, la ironía, la burla o la actitud a la que denominamos *sarcasmo*.

sarcófago *Sarkophágos*, el término griego que, a través del latino *sarcophagu(m)*, es el origen de la palabra que nos ocupa se origina en un compuesto de *sarx*, 'carne' (→ *sarcasmo)* y *phagein* 'comer' (como en *antropófago* o *fagocitosis)*, por lo que su significado literal es 'que come carne'. Los griegos construían las tumbas con la piedra que denominaban *lithos sarkophágos*, 'piedra que come carne', una especie de caliza que ayudaba a la descomposición de los cuerpos. Más tarde la palabra se aplicó a las sepulturas construidas con cualquier tipo de piedra, porque, metafóricamente, el sepulcro «se traga» el cadáver.

sargento La palabra procede del *serjant*, transformado más tarde en *sergent*, del francés antiguo, procedente a su vez del *servente(m)* latino, es decir, 'el que sirve, el sirviente'. Primero se llamó *sargento* al criado que mandaba sobre los que seguían a pie en combates o cacerías a los señores, montados a caballo; posteriormente pasó a designar a un grado del ejército, en concreto al suboficial que, bajo el mando de un superior, cuida del orden, la intendencia o la disciplina de una compañía o de parte de ella. → *cabo, capitán, coronel* y *teniente.*

sardónica El origen de este adjetivo, aplicado casi exclusivamente a *risa* hay que buscarlo en una hierba llamada *sardonia,* nombre debido a que crece en la isla italiana de Cerdeña, *Sardinia* en latín. De esta planta se extrae una sustancia que, al ser ingerida, provoca una contracción en los músculos faciales que da a la cara un gesto similar al de la risa. Estos efectos ya son citados por Dioscórides, famoso botánico y médico griego del siglo I a. C.

satélite En latín se llamaba *satellite(m),* palabra posiblemente de origen etrusco, al sirviente que era también escolta o guardia personal. Cuando en el siglo XVIII se tuvo noticias de los cuerpos celestes que giraban alrededor de los planetas (→ *planeta)* se les aplicó, metafóricamente, la misma palabra que empleaban los romanos para referirse a los guardaespaldas que «giraban» alrededor de su amo para protegerlo.

semáforo Cuando, finalizando el siglo XIX se ideó un aparato que, por medio de señales luminosas de diferentes colores, regulaba la circulación de los trenes, modelo que serviría más tarde para la de los automóviles, el español y el italiano, recurrieron al griego para dar nombre al invento, y le aplicaron un compuesto de *sema* 'signo' y *pherein*, 'llevar, traer, portar'. *Semáforo* quiere decir, literalmente, 'llevo signos'.

señor En latín *senior* era el comparativo de *senex*, 'viejo'; significaba, por tanto, 'más viejo'. En la última etapa del Imperio Romano se llamó *seniores* a los ancianos más respetables, entre ellos a algunos senadores y a otros dirigentes políticos. Más tarde *senior* pasó a ser un tratamiento de respeto hacia los superiores, hasta acabar confundiéndose con *dominus*, 'dueño', de donde procede *don*.

septiembre El antiguo mes séptimo antes de la modificación del calendario llevada a cabo por Julio César en el 45 a. C. (→ *enero* y *julio*), y de la inclusión de los meses de *julio* y → *agosto*, recibía, sencillamente, el nombre de *september*, que parece ser un compuesto de *septe(m)*, 'siete', por ser el séptimo mes del antiguo calendario e *imber/imbris* 'lluvia', posiblemente como alusión a las tormentas veraniegas. La fórmula se aplicó a los meses siguientes hasta *diciembre*.

si Séptimo tono de la escala musical. → *do*.

sibarita *Síbaris* era una antigua colonia griega, hoy desaparecida, situada en las costas del golfo de Taranto, al Sur de Italia, cuyos habitantes, es decir, los *sibaritas*, vivían rodeados del lujo, la abundancia y la molicie que generaban sus ricas tierras y su floreciente comercio. Ya los romanos introdujeron en el latín el término *sybarita(m)* para designar a la persona de gustos y costumbres en exceso refinados y lujosos, significado que se ha mantenido hasta hoy.

siesta Parece ser que los romanos tenían la costumbre de descansar tras las primeras seis horas del día, es decir, a la que ellos denominaban *hora sexta*. Si consideramos que la jornada podía empezar a las siete u ocho de la mañana, hora solar, el reposo lo harían entre la una y las dos solares, es decir, las tres o las cuatro de la tarde, las horas de más calor en verano. De la *(hora) sexta* salió, con la normalísima diptongación de la *-e-* tónica, nuestra *siesta*.

sífilis En 1530 el italiano Girolamo Fracastoro, médico y poeta aficionado, publicó en Verona un poema titulado *Syphilis sive morbus gallicus*, es decir, *Sífilis o el mal francés* (→ *condón*), cuyo protagonista, el pastor Sífilo, castigado por el dios Apolo, a quien había ofendido, con la enfermedad venérea llamada entonces, por las tumefacciones y tumores que provocaba, casi siempre mortales, *mal de las bubas*. La realidad parece indicar que la *sífilis* fue contraída por marineros españoles en América a finales del siglo XV y que éstos, junto con el → *tabaco*, el tomate y la → *patata* la trajeron a Europa. Los soldados españoles y franceses, que acabarían prestándole la nacionalidad, la extendieron por el Viejo Continente y los marinos portugueses la llevaron a Asia: tenemos noticias de que en 1498, el mismo año en que el insigne navegante luso Vasco de Gama dobla el Cabo de Buena Esperanza, ya hay casos de sífilis en India.

El propio Fracastoro, años después, escribió un tratado de medicina en el que denominaba *shyphilis* a la enfermedad. Es curioso señalar que en la traducción francesa del libro es *Shyphilis ou le mal vénérien*, cambiando *mal francés* por *mal* → *venéreo*. No obstante, especialmente, durante los siglos XVI y XVII la *sífilis* se siguió llamando *mal francés* en España y en Italia y —eran épocas de relaciones tensas con los vecinos del Norte— *mal español* en Francia.

silueta En la segunda mitad del siglo XVIII se puso de moda en Francia un tipo de retrato que consistía en dibujar en negro sobre blanco el perfil de una persona o en recortarlo en cartulina negra y pegarlo sobre una blanca, modalidad esta que sigue siendo una de las principales actividades de los artistas callejeros del parisino Montmartre ('Monte del Mártir', pues se creyó que allí había sido martirizado

San Dionisio, posteriormente patrono de París). A este velocísimo retrato se le dio el humorístico nombre de *silhouette*, tomado del apellido de Étienne de Silhouette (1709-1767), efímero intendente general del tesoro de Luis XV, que, según unos por honrado, según otros por todo lo contrario, pasó tan rápidamente por el cargo como las tijeras o los pinceles del artista por la cartulina. Que se sepa, el defenestrado *Silhouette* no fue, como sostienen algunos, el inventor del retrato en *silueta*.

sinagoga En hebreo el templo en el que se reúnen los judíos para sus ceremonias religiosas se denomina *beth knéset*, literalmente 'casa *(beth)* de reunión *(knéset)*. Como curiosidad, el Parlamento en Israel recibe el nombre de *Knéset*. La palabra griega *synagogé*, de la que provienen la latina *synagoga(m)* y la española *sinagoga* está formada sobre el verbo *synágein*, 'reunir, congregar' un compuesto de *syn-* 'juntos, unidos' y *ágein*, 'conducir, dirigir, guiar'. Es también curioso que → *convento*, del latín *conventu(m)*, 'asamblea, reunión' signifique lo mismo que *sinagoga* y se formara de la misma manera: *con-*, 'juntos' y *venire*, 'venir, ir'. → *basílica*.

siniestro En los augurios y pronósticos que hacían los antiguos adivinos el hecho de que las aves aparecieran por el lado izquierdo, en latín *sinistru(m)*, era una señal clara de malos presagios; si llegaban por el lado derecho, *dexteru(m)*, anunciaban tiempos de bonanza, de ahí que en nuestra cultura y en prácticamente todas las culturas mediterráneas lo izquierdo sea siempre lo negativo, lo *siniestro*. Por eso, en la iconografía religiosa el infierno y los condenados aparecen a la → *izquierda* y quien se levanta *con el pie izquierdo* pasa un mal día. Solamente la expresión *tener mano izquierda*, procedente del mundo taurino, está marcada positivamente. Sabido es también que alguien que hace algo muy bien es muy *diestro*, que los buenos se sentarán *a la → derecha* de Dios, que lo bueno y lo justo es *lo derecho* y que los hombres de bien son *hechos y derechos*. → *diestro* y *mono*.

sirena En la mitología griega las *sirenas* eran unas ninfas marinas con cabeza de mujer y cuerpo de ave, aunque en la iconografía más difundida se las representa con cuerpo de pez, que habitaban en la costa Sur de Italia, concretamente en el estrecho de Mesina. Se dice que entonaban unos hermosísimos cantos que ejercían sobre los navegantes una atracción irresistible y fatal que les obligaba a dirigir sus barcos hacia la costa, con lo que las naves se estrellaban contra los acantilados. En el canto XI de *La Odisea*, Homero (s. IX a. C.?) nos cuenta cómo Ulises consigue librarse del desastre al tapar sus oídos y los de sus hombres con unas bolitas de cera. En griego se las denominaba *Seiren*, literalmente, ‘la que apresa o atrae'. La palabra pasó al latín como *Siren* y se convirtió en *Sirena(m)* en el latín vulgar.

La acepción de 'aparato que origina señales acústicas y a veces también luminosas y que se usa para avisar' surge, posiblemente por primera vez en el francés *(sirène)*, como una metáfora creada sobre los cantos de las *sirenas* mitológicas, que también llamaban la atención, y de qué manera, de quienes los oían.

sobornar Ya en latín el verbo *subornare* tenía el significado que tiene hoy *sobornar* en español. Había sido construido con el prefijo *sub-* 'por debajo, en secreto' y con *ornare* (origen de *adornar)* 'adornar, suministrar, equipar'. Etimológicamente, pues, quien soborna es quien 'suministra por debajo, a escondidas'.

socarrón Desde mediados del siglo XIII existe en español el verbo *socarrar* con el significado de 'quemar, chamuscar', aunque hoy su empleo es escaso y está limitado a usos regionales, en especial en el Este peninsular. Este verbo salió del vasco antiguo *sukarr(a)*, 'llama, fuego', término que, evolucionado, se mantiene en el vasco actual *sukar,* 'fiebre' y en palabras como *chocarrar* en Navarra, *chuscarrar* en Murcia y Andalucía y *churruscar* en zonas del antiguo leonés y en variantes del español de América (son famosos los *churras-*

cos de carne argentinos y chilenos), todas ellas con el significado de 'chamuscar, tostar'. Más tarde, posiblemente a finales del siglo XVI o principios del XVII, aparece la voz *socarrón* como 'burlón, bromista', significado metafórico que aludía a los efectos que la *cáustica* broma producía en quien la recibía, el cual, lógicamente, acababa un tanto *quemado* o *echando humo*.

Existe otra versión sobre el origen de esta palabra que la emparenta con → *zoquete*, a través del latín *soccu(m)*, 'zueco', en referencia al calzado que en el teatro clásico utilizaban los personajes graciosos o palurdos.

sol Quinto tono de la escala musical. → *do*.

soldado Antiguamente todos los soldados eran profesionales o mercenarios, según se mire, es decir, recibían un *sueldo*, una moneda de oro (→ *sueldo*) por combatir. Y eso es precisamente lo que significa la palabra, procedente del italiano *soldato*, participio de *soldare*, 'pagar', verbo originado a partir del nombre de una antigua moneda llamada en italiano *soldo*.

sonar El aparato que detecta mediante el sonido objetos sumergidos y vehículos y obstáculos submarinos recibe su nombre, como → *delco*, → *láser*, → *radar* y → *tergal*, a partir de un acrónimo que explica en inglés su funcionamiento: *SOund NAvigation and Ranging*, 'navegación y localización por el sonido'. No se debe decir ni escribir *sónar*.

sortija Sobre el latín *sorte(m)*, 'suerte', se formó, posiblemente ya en el latín vulgar hispánico, la palabra *sorticula(m)*, literalmente, 'pequeña suerte', para designar al *anillo* que se usaba muchas veces como amuleto o talismán, como elemento representativo en diversas ceremonias, como objeto mágico, o en las artes adivinatorias para hacer predicciones. Se sabe que los egipcios, hace cinco mil años, consideraban mágico al anillo porque era el símbolo de la eternidad al no tener principio ni fin, y que en esta simbología se originó el rito matrimonial del intercambio de *alianzas*, concretamente en la III dinastía egipcia, hacia el año 1650 a. C. Se dice que Giges, rey de Lidia, una región del Asia Menor, actual Turquía, y que vivió unos quinientos años antes de Cristo, llevaba una *sortija* que, con sólo tocarla, le hacía invisible y que el general cartaginés Aníbal (247-183 a. C.), tras haber derrotado a los romanos en la batalla de Cannas (216 a. C.), envió a Cartago como botín de guerra tres enormes arcones llenos de *sortijas* romanas de oro. Por otra parte, el poeta renacentista italiano Ludovico Ariosto (1474-1533) explica en su obra *Angélica* cómo contrarrestar males de ojo y encantamientos con una *sortija*.

En la Edad Media se emplearon también sortijas en ceremonias lúdicas (→ *joya*); baste recordar el anillo de reducido diámetro que se usaba en los torneos para llevar a cabo una *suerte* o habilidad en la que los jinetes, lanzados al galope, debían ensartarlo con sus lanzas.

sosia Llamamos así a una persona físicamente casi idéntica a otra en referencia a Sosia, uno de los personajes de la comedia del dramaturgo latino Plauto (254-184 a. C.) *Anfitrión* (→ *anfitrión*), recreada en 1668 por Molière. *Sosia* es el criado del capitán Anfitrión, que está casado con la bellísima Alcmena. Júpiter, prendado de ésta, decide poseerla, para lo que toma el aspecto de Anfitrión y baja a la Tierra acompañado de Mercurio, que se ha transformado en *Sosia*. Aprovechando una ausencia del capitán y su criado, los dos dioses se presentan ante Alcmena, que lógicamente nada sospecha, y Júpiter cumple su deseo. De esta unión nació Hércules.

subasta Los antiguos romanos tenían la costumbre de sortear o de vender al mejor postor los botines de guerra en un lugar que marcaban clavando una lanza en el suelo. Ese lugar y la propia transacción que en él se hacía se denominaban *sub (h)asta*, es decir, 'bajo el asta, bajo la lanza'. Más tarde, la expresión *vendere sub (h)asta* perdió en latín el carácter bélico originario, aunque muchas veces se mantenía clavada la simbólica lanza en el lugar de la venta, y pasó a referirse, como en la actualidad, a cualquier venta pública al mejor postor, a quien ofreciera más dinero. En italiano actual *subastar* se dice *vendere all'asta*.

subsidio Hoy el subsidio es una ayuda económica del Estado o de una institución pública o privada, pero en latín *subsidiu(m)* era únicamente una ayuda militar: el conjunto de tropas de reserva. La palabra era el sustantivo derivado del verbo *subsidere*, 'estar al acecho, a la espera, en la reserva', formado con el prefijo *sub-* 'debajo' y *sedere*, 'estar sentado' (→ *asesor* y *presidente*). En efecto, quienes podían ser movilizados en cualquier momento estaban *sentados*, es decir inactivos, *debajo*, o sea, protegiendo, sosteniendo a quienes luchaban.

sueldo En el siglo IV los romanos pusieron en circulación una moneda de oro que se mantuvo en varios países de Europa hasta el siglo XV, a veces llamada también *ducado*. Esa moneda, por su consistencia exterior y su valor seguro, fue denominada en latín *solidu(m)*, literalmente 'sólido'. Años más tarde el *solidu(m)*, evolucionado a *sueldo* en español, se estableció como paga del → *soldado*, razón por la que acabaría refiriéndose a los emolumentos recibidos, generalmente cada mes, por un trabajador. → *salario*.

superávit Esta palabra, al no haber evolucionado en nuestra lengua, con toda propiedad puede denominarse latinismo. *Superavit* era en latín la tercera persona del singular del pretérito indefinido de superare, 'superar', es decir, 'superó'. El término se extendió por Europa a finales del siglo XVIII y principios del XIX en la jerga de la economía para indicar la cantidad en la que los ingresos superaban a los gastos presupuestados, todo lo contrario al → *déficit*. En plural la palabra no varía, pues la Real Academia no admite el extendido plural **superávits*.

suplicar El verbo latino *supplicare* ya tenía el significado que tiene *suplicar,* pero etimológicamente significaba algo así como 'doblarse, inclinarse debajo de (ante) alguien', o sea, 'ponerse de rodillas ante otro', pues había salido de la unión de *sub-*, 'debajo' y *plicare*, 'doblar, plegar'. → *llegar*.

T

t Procede esta letra de un dibujo jeroglífico egipcio que representaba dos palos cruzados que formaban una marca o señal. Los fenicios, como casi siempre, esquematizaron el dibujo egipcio convirtiéndolo en una simple aspa (×) o cruz (+), de donde, con ligeras modificaciones, pasando por los alfabetos griego, etrusco y latino, llegamos al signo actual.

tabaco Tal vez las primeras noticias que tengamos de lo que más tarde se denominaría *tabaco*, son las que encontramos en el diario de Colón, concretamente el 6 de noviembre de 1492, donde se dice que dos cristianos se cruzaron con unos hombres que llevaban un tizón en la mano y «yerbas para tomar sus sahumerios que acostumbraban». Más adelante se cuenta que los indios caribes llamaban a esas hierbas *cohiva,* nombre que tienen hoy unos famosos puros habanos. Por cierto, la palabra *puro* no es sino la reducción de la expresión *cigarro puro* (→ *cigarro*), es decir, sin papel. Los ingleses adoptaron la otra parte del compuesto y al puro lo llaman *cigar*. El tabaco llegó a Francia en 1560 (→ *nicoti-*

na) y en España e Inglaterra se empezó a fumar en el último tercio del siglo XVI.

Sobre el origen del nombre existen muchas dudas. Hay quien piensa que es una deformación de *Tabasco,* nombre del actual estado mejicano situado en la costa Sur del Golfo de Méjico, lugar en el que por primera vez los españoles habrían visto fumar, aunque tiene más visos de ser cierta la hipótesis del origen no americano del término.

Sabemos que se denominaban *tabacco* y *atabaca,* palabras de origen árabe, ciertas plantas o hierbas medicinales que tenían efectos sedantes o somníferos y se utilizaban en España e Italia bastante antes del descubrimiento de América. Es más que probable que los conquistadores españoles trasladaran estos nombres a las plantas que fumaban los indios y que causaban el mismo efecto que las que ellos conocían: lo mismo sucedió en palabras como *piña,* que, por su semejanza con el fruto de los pinos, emplearon para denominar al *ananá* o *ananás,* o *mezquita,* con la que, en referencia a las únicas edificaciones religiosas no cristianas que ellos conocían, denominaron a los templos que allí encontraron.

tafilete Se denomina así a un tipo de cuero fino y brillante, muy adecuado para la fabricación de zapatos, porque estas pieles procedían de *Tafilalt,* región del sudeste de Marruecos.

talante *Talante* y *talento*, aplicadas en nuestra lengua a la voluntad y a las dotes naturales, respectivamente, proceden, por medio del latín *talentu(m)*, del griego *tálanton*, que era originariamente 'balanza', después pasó a ser una unidad de peso y más tarde, significado con el que pasó al latín, una moneda de oro que tenía ese peso. Seguramente los significados que tienen hoy en español ambas palabras se originaron en la conocida parábola evangélica (*Mateo*, 25, 14-30) que cuenta la historia de unos servidores a los que su amo les entregó unos talentos: unos sacaron provecho de ellos y aumentaron la suma y otro, pensando que era la mejor manera de conservarlos, los enterró.

talento → *talante*.

tanga Esta especie de → *bragas* «unisex» de baño, de reducidísimas dimensiones por delante y casi inexistente por detrás (→ *biquini*), debe su nombre a la tribu angoleña de los Quimbudú, que utilizaban una especie de taparrabos al que denominaban *tanga*. El español tomó la palabra del portugués, pues fueron los portugueses los colonizadores de estas tierras africanas.

tanque Los ingleses fueron los primeros en utilizar las armas de guerra que se denominarían *tanques*. Lo hicieron, por cierto, con fracaso estrepitoso, en

1917, durante la Primera Guerra Mundial, en concreto en la batalla de Cambrai, en el Norte de Francia. Lo que en un principio se iba a llamar *barco de tierra* se acabó llamando *tanque*, en inglés *tank*, porque, para mantener en secreto su fabricación, los ingleses hicieron creer que lo que construían eran *tanques*, es decir, aljibes o cisternas de agua. Tanto la palabra inglesa *tank* como la española *tanque* es posible que procedan de la voz precolombina, de origen caribeño, *tankh*, 'charca, balsa de agua'.

tapa Pocos bares españoles se conciben sin un amplio surtido de *tapas* —el *pincho* suele tener palillo— que acompañen a la bebida. Tanto es así que hemos creado el verbo *tapear* y el sustantivo *tapeo*.

Ya los romanos acompañaban el alcohol con frutos secos a los que llamaban *nucleus* 'núcleo, interior', en referencia al fruto de la nuez, aunque parece ser que el término *tapa*, como lo entendemos en la actualidad, se acuñó en el siglo XIX en algunas tabernas andaluzas, donde, para entretener el estómago antes de la comida y, al mismo tiempo, incitar a la bebida, se cubrían los vasos o jarras de vino con lonchas de jamón o de embutidos. La Real Academia no recogió esta palabra hasta la edición del *Diccionario* de 1939.

taquicardia Este término, creado en inglés *(tachycardia)* a finales del siglo XIX para dar nombre a la frecuencia excesiva de los latidos del corazón, resulta de la unión de los vocablos griegos *takhy*, 'rápido' (como en *taquigrafía*) y *kardía*, 'corazón'. → *miocardio*.

tarascada La *tarasca*, palabra seguramente relacionada con *tarascar* o *tarazar*, 'morder, desgarrar con los dientes', con origen en el latín vulgar **tractiare*, 'destrozar', era un ingenio mecánico que se sacaba a las calles durante las fiestas del Corpus y que tenía forma de pájaro o dragón, con un largo cuello que movían los que iban dentro y un pico que molestaba —de aquí la palabra *tarascada* para referirnos a un golpe o brusquedad— a los que presenciaban el desfile y les robaba prendas y sombreros. Era costumbre que los chicos metieran guindas, cerezas y dulces en el pico de la Tarasca, hecho este que originó la expresión, ya en desuso, *échale guindas a la Tarasca y verás cómo las masca*, transformada hoy en *échale guindas al pavo*.

taxi En 1907 se instaló en los coches de alquiler franceses una máquina que contaba la extensión del trayecto y el dinero correspondiente, y a la que se llamó primero *taxemètre*, 'contador o medidor de tasa' y después *taximètre*. Más tarde se impuso la abreviatura *taxi*, que pasó a nuestra lengua para denominar al propio coche.

té Sobre el origen de esta infusión, llegada a Europa a comienzos del siglo XVII, hay dos leyendas, una china y otra japonesa. La primera cuenta que hacia el año 2700 a. C. el emperador Chen Nong descansaba en su jardín en un día de mucho calor. Él sabía de las propiedades del agua caliente para combatir el calor y aplacar la sed, por lo que había puesto a hervir un recipiente. Cuando fue a servirse el agua, observó que del arbusto bajo el que había hecho el fuego habían caído unas hojas que habían teñido el agua. El emperador probó el líquido y le gustó: había nacido el té. La leyenda japonesa narra que Buda, cansado por haber estado siete años sin dormir, dedicado a la meditación, cuando notó que el sueño le vencía, se arrancó las pestañas y las arrojó al suelo, de donde brotaron unas plantas de hojas aromáticas que, tomadas en infusión, combatían el sueño: era el té.

Por lo que se refiere al nombre, procede de la palabra del chino dialectal *tu*, *te* en algunas variantes, de donde se derivan también las denominaciones de la mayor parte de las lenguas, excepto en portugués, donde *té* se dice *cha*, calco del chino mandarín. En árabe, también con raíces en el chino mandarín, se le llama *chai*.

teatro En latín *theatru(m)* tenía ya el mismo significado de nuestro teatro, lo mismo que *théatron* en griego, término formado con el verbo *theásthai*, 'mirar, observar' y el sufijo *-tron*, 'instrumento para, lugar para'. El *teatro* sería, etimológicamente hablando, 'lugar para mirar, lugar en el que se mira'.

teniente En el ejército, el grado de *teniente* es el inmediatamente inferior en rango al de → *capitán*. El nombre es una reducción de *lugarteniente*, del latín medieval *locum tenente(m)*, literalmente 'el que tiene el lugar', es decir, 'el que ocupa el lugar de otro, el que representa o sustituye a otro', en este caso al capitán. → *cabo* y *sargento*.

tergal El nombre de este tejido de fibra sintética, patentado en Francia, procedería, según algunas teorías, de un acrónimo —palabra en la que se combinan principios y finales de otras palabras (→ *delco, láser, poltrona, radar* y *sonar*)— de *poliés-TER GALo*. Según otras interpretaciones la sílaba *TER-* sale de la primera parte del nombre de uno de los componentes de la tela: el ácido *TER*eftálico.

El *poliéster* es una resina termoquímica cuyo nombre es un compuesto de *poli-*, 'mucho' en griego y *éster*, una sustancia química resultante de sustituir átomos de hidrógeno por radicales alcohólicos. → *nailon*.

termo En 1904 el alemán Reinhold Burger inventó un sistema destinado a conservar la temperatura de los líquidos: una botella de vidrio de doble pared con una cámara de vacío entre ambas capas. Dado que le exigían un nombre para registrar el invento, convocó un concurso para nominarlo. Lo ganó un estudiante que propuso la palabra griega *thermós*, 'caliente'. El término se adaptó a nuestra lengua como *termo*, eliminando la *-h-* y la *-s*, que en español se entiende como propia del plural.

tertulia Llamamos así a estas reuniones en las que se comentan asuntos diversos, tan en boga en radios y televisiones, porque en época de Felipe IV se puso de moda entre las clases sociales altas leer y comentar las obras del escritor latino, aunque nacido en Cartago, Quinto Séptimo Florente Tertuliano (155-222), tan acérrimo defensor del catolicismo, al que se había convertido ya mayor, que acabó cayendo en la herejía montanista, que propugnaba un rigurosísimo ascetismo para afrontar la llegada del fin del mundo. Como escritor, Tertuliano es conocido sobre todo por sus ingeniosos juegos de palabras, lo que tal vez atrajo especialmente la atención de los comentaristas y eruditos del siglo XVII; éstos empezaron a ser llamados entonces *tertulianos*, y sus reuniones *tertulias*.

testículo *Testis* era en latín 'testigo'. Al aplicarle a la palabra el frecuente sufijo diminutivo *-iculu(m)* resultaría algo así 'como pequeño testigo', aunque el término se aplicó y en latín, metafóricamente y sin considerar tamaños, a las glándulas genitales masculinas, *testigos*, o sea, pruebas, de la virilidad. → *orquídea*.

tétanos Uno de los primeros síntomas de esta mortal enfermedad, hoy prácticamente erradicada gracias a las vacunas, es la rigidez de los músculos masticadores, que se extiende paulatinamente a la práctica totalidad de la musculatura del cuerpo. Se la llamó así en el siglo XIX, recurriendo al adjetivo griego *tétanos*, 'rígido, tendido'.

texto En un principio *textu(m)* era en latín 'tejido', participio pasado de *texere*, 'tejer'; más tarde el término sirvió también, mediante una metáfora, para designar a lo que estaba escrito o impreso y que no era otra cosa que un *tejido* de letras, palabras y frases.

tibia En latín *tibia(m)* era originariamente 'flauta' (→ *jeringuilla*). Más tarde, por una de las muchísimas metáforas que identifican por su forma o uso objetos con partes del cuerpo y las acaban denominando (→ *cadera, glande, músculo, pantorrilla, pelvis, pene, pómulo, rodilla, tímpano, úvula* y *vagina*), vino a designar al hueso que, junto con el → *peroné* va de la *rodilla* al → *tobillo*.

tímpano *Tympanon* en griego significaba 'pandero, tambor', y con ese significado pasó al latín como *tympanu(m)*. La identificación metafórica entre la membrana del tambor y la que separa el oído externo del medio, que dio nombre a esta última, es posible que se generara ya en el latín medieval. En español son muchas las metáforas que han servido para nominar a partes del cuerpo: → *cadera, glande, músculo, pantorrilla, pelvis, pene, pómulo, rodilla, tibia, úvula* y *vagina.*

tiovivo Llamamos hoy así al carrusel de caballitos o a las atracciones de carricoches giratorios que van de feria en feria. Y todo se debe a don Esteban Fernández, propietario de una de estas atracciones, «fallecido» en Madrid el 17 de julio de 1834. Cuentan que cuando lo llevaban al cementerio, ante el asombro y el susto del cortejo fúnebre, el *cadáver* de don Esteban, que en realidad había sufrido un ataque cataléptico, levantó la tapa del ataúd, tiró al suelo el sudario y echó a correr gritando «¡Vivo! ¡Estoy vivo!». El episodio le valió al «resucitado» el apodo de *Tío Vivo.* La gente, enterada del prodigio, acudía en masa a los caballitos del *Tío Vivo* para ver de cerca al protagonista, lo que le supuso considerables ganancias. El apodo pasó después a sus descendientes y, andando el tiempo, se convirtió en el nombre del propio artilugio.

tobillo Aunque no está documentada, debemos suponer en el nacimiento de esta palabra una forma latino vulgar **tubellu(m)*, 'bultito', que sería un diminutivo de *tuber,* 'bulto, nudo', origen de *trufa,* de *tubérculo* y de → *tuberculosis.*

tocayo Era costumbre entre los romanos que, al llegar la comitiva nupcial a la casa de los recién casados, la novia, en señal de sumisión, se dirigiera al novio con las palabras *ubi tu Caius, ibi ego Caia,* 'Allí donde tú (seas llamado) Cayo, yo (seré llamada) Caya'. La frase cobró carta de naturaleza en el derecho romano y el nombre *Cayo* pasó a ser en latín, como → *fulano* en español, el apelativo con el que se hacía referencia a alguien cuyo nombre se ignoraba. Es posible que la expresión *tu, Caius,* reducción de la frase anterior de la que saldría nuestro *tocayo,* se acabara aplicando ya en latín a las personas de nombres iguales.

Aunque la hipótesis anteriormente apuntada parece bastante más sólida, hay quien ha sugerido como origen de *tocayo* el término náhuatl, lengua de los aztecas, *tocaytl,* 'nombre' y también 'fama'.

tormenta Etimológicamente esta palabra no es otra cosa que el plural de *tormentu(m);* significaría, pues, 'sufrimientos, torturas' (→ *tormento* y *tortura).* Posiblemente fue en latín medieval donde se transformó en singular y adquirió, por vía de una metáfora que intentaba traducir las penalidades provocadas por el temporal así como las diversas etapas de éste, el significado que tiene hoy en español.

tormento *Tormentu(m)* 'dolor intenso, tortura, sufrimiento', término latino que origina *tormento,* se aplicó antes a un instrumento de tortura que no era otra cosa que una cuerda formada por otras entretejidas o *retorcidas* que el → *verdugo* ataba a los brazos o piernas del reo y después *retorcía* ayudado por un palo; la palabra habría salido, pues, de la unión de *torquere,* 'torcer' y *-mentum* 'resultado de', algo así como **torquementum.* Del objeto se pasó, por tanto, al resultado producido por él. → *tormenta* y *tortura.*

tortuga En latín este inofensivo animal recibía el nada halagüeño nombre de *bestia tartaruca,* 'animal del infierno', lo que la emparentaba con otros reptiles, símbolo también del mal. En griego *Tartarukhos,* compuesto de *Tártaros,* 'Tártaro, infierno' y *ekho,* 'vivo, habito', era 'demonio, habitante del infierno'.

A pesar de que posteriormente fuera identificada con el infierno, el Tártaro era para la mitología griega la región más profunda del mundo. Estaba situada por debajo incluso del propio infierno y allí enviaban los dioses a sus enemigos más encarnizados. A causa de su fealdad, de su extraño aspecto y de las zonas fangosas en las que habita, algunos pueblos del Mediterráneo oriental y los antiguos cristianos pensaron que tal ser podía sólo proceder del infierno, lo tomaron como símbolo del mal y de la herejía y le dieron el poco afortunado nombre que hoy lleva.

tortura Podríamos traducir la palabra latina *tortura* como 'efecto o resultado de retorcer', en macabra referencia a las cuerdas que el verdugo ataba y retorcía en los brazos y piernas del reo. Es un derivado de *tortus,* 'torcido', origen también de *tuerto,* y participio pasivo de *torquere,* 'torcer, retorcer'. → *tormenta* y *tormento.*

tosco En la Roma del siglo I a. C. uno de los barrios de peor reputación de la metrópoli, por el carácter y rudeza de sus habitantes, era el denominado *Vicus Tuscus,* 'barrio toscano' habitado casi exclusivamente por gentes de origen etrusco. El nombre del barrio, ya en latín vulgar, pasó a ser un adjetivo, aplicable a personas y objetos, con el significado de 'rudo, grosero, descortés'.

tóxico La expresión griega *toxicòn phármacon* significaba literalmente 'veneno *(phármacon)* para flechas *(toxicòn)*', pues existía la costumbre entre muchos pueblos de la antigüedad de untar con veneno las puntas de las flechas para que su efecto fuera aún más letal. *Toxicòn* es un derivado de *tóxon,* 'arco, flecha'. Curiosamente, en latín vulgar *toxicu(m),* de donde sale directamente la palabra española, no pasó a significar 'flecha', sino 'veneno', término que llegó al castellano como *tósigo* 'veneno' y que hoy está en desuso. La forma culta *tóxico* entró en el siglo XVI, pero no se impuso hasta el XIX. Hoy, aunque en sus orígenes fue un sustantivo, se emplea casi exclusivamente como adjetivo.

Por último, es muy interesante ver cómo *phármacon* significaba en griego tanto 'medicamento' como 'veneno'.

trabajo Por mucho que digan que dignifica al hombre, el trabajo, al menos etimológicamente hablando, es un suplicio. Los romanos llamaban al trabajo *labor,* palabra también presente en nuestra lengua, aunque reducida al ámbito de la agricultura, de la costura y de la artesanía en general, y a compuestos como *laboratorio, laboral* y *laborable.*

Trabajo procede de *tripalium,* 'tres palos', un instrumento de tortura que ya existía en el siglo VI, formado por tres maderos cruzados a los que era atado el reo para golpearlo o azotarlo. En la primera mitad del siglo XIII ya encontramos en castellano la forma *trebajo* con el sentido de 'esfuerzo, dolor, sufrimiento'. De hecho, aún hoy en español decimos que alguien *ha pasado muchos trabajos* para conseguir algo y en catalán de alguien que ha sufrido un desmayo se dice que *ha sofert un treball.* En este sentido no olvidemos tampoco los *trabajos de Hércules* y el título de la famosa novela póstuma cervantina *Los trabajos de Persiles y Sigismunda* (1617). Donde dice «trabajos», léase «esfuerzos, desgracias, sufrimientos». Será a partir del siglo XIV cuando la palabra empiece también a usarse con el significado actual, que acabaría imponiéndose.

tragedia En griego *tragoidia,* transformada en latín en *tragoedia(m),* significaba literalmente 'canción de machos cabríos', un compuesto de *tragos,* 'macho cabrío', y *oidé* —origen de *oda*—, 'canción', debido a que en las antiguas piezas teatrales helénicas era habitual que aparecieran coros de sátiros, representados por actores disfrazados con patas de cabra. Los sátiros eran divinidades menores que vivían en los bosques, solían formar parte del séquito de Dionisos, dios griego del vino, denominado Baco por los romanos, y tenían orejas, patas y cola de cabra (→ *pánico).* Su afán por acosar a las ninfas es lo que da origen al significado que tiene hoy en español la palabra *sátiro.*

Según Aristóteles (384-322 a. C.), la *comedia,* de *komos,* 'fiesta, regocijo', surge de cantos fálicos, y la tragedia de composiciones poéticas dedicadas a Dionisos. La teoría aristotélica es bastante discutible, pero, sea como fuere, lo que sí sabemos es que bajo la denominación de *comedia* se agruparon las piezas de tema más liviano y bajo la de *tragedia* aquéllas más «serias» o de argumento más complicado, en las que generalmente aparecían crímenes o crueles venganzas divinas que acabarían tiñendo a la palabra del sentido que hoy tiene en nuestra lengua.

traste → *trasto.*

trasto Los romanos llamaban *transtu(m)* a cada uno de los bancos o vigas transversales en los que se acomodaban los remeros de las galeras. Más tarde se llamó trasto a cualquier mueble viejo, que fue el significado que llegó a nuestra lengua.

Traste, forma de posible origen catalán, es en algunos lugares de España y América sinónimo de *trasto,* aunque su significado más extendido es el de 'cada una de las barras incrustadas en el mástil de la guitarra y otros instrumentos de cuerda y que indican dónde debe apoyarse el dedo para obtener una determinada nota', construido sobre una metáfora que identifica la disposición de éstos en la guitarra con la de las hileras de bancos de los galeotes.

tríceps En latín *triceps,* compuesto del prefijo *tri-,* 'tres' y el sufijo *-ceps* 'cabeza, origen, principal' (→ *bíceps, municipal* y *príncipe)* significaba literalmente 'tres cabezas', y así se llamó, seguramente por primera vez en francés, al músculo que tiene forma de trenza, con tres puntos de origen, es decir, tres «cabezas». En el cuerpo humano existen, curiosamente, tres *tríceps:* el braquial en el antebrazo, el espinal, a lo largo de la columna, y el femoral, que une el fémur a la → *tibia.*

troglodita Este término es un derivado del griego *troglodytai,* interpretable como 'hombres de las cavernas', un compuesto de *tróglos,* 'cueva, caverna, agujero' y *dytai,* 'los que entran', derivado de *dyein,* 'entrar'. A pesar de que la palabra se hizo común en nuestra lengua a partir del siglo XVIII para designar al hombre prehistórico, hay indicios como para pensar que los griegos ya denominaban *Troglodytai* a unos pueblos de origen caucásico, así como a otros que vivían en cuevas en las costas del mar Rojo.

tuberculosis Esta enfermedad, que tanta mortandad causó hace años y que empezó a ser combatida cuando el médico alemán Robert Koch (1843-1910) descubrió el bacilo que la causaba, se caracteriza por la formación en el pulmón de unas hinchazones o protuberancias. Fueron los ingleses los que en 1860 la llamaron *tuberculosis,* recurriendo a la voz latina *tuberculu(m)* 'pequeña protuberancia, bultito' y después 'parte gruesa de un tallo o una raíz', diminutivo de *tuber,* 'bulto (→ *tobillo),* y al sufijo, también latino aunque de origen griego, *-osis,* 'enfermedad'.

tul Esta tela se fabricó por primera vez en Francia a mediados del siglo XVIII. Para nominarla se optó por la solución más fácil y común: darle el nombre de la ciudad en la que se había elaborado, Tulle (pronunciado *tül* en francés), una localidad de la región del Lemosín, en el Macizo Central.

tulipán Esta palabra procede, aunque indirectamente, de *tülbant,* término de origen persa, con el que se designa a la faja de tela que rodea la cabeza y que, de hecho, es el origen de *turbante,* italianismo que llegó a nuestra lengua en el siglo XVI.

El nombre de la planta bulbosa y de su flor parecen haber salido de *tulipant,* variante turca de *tülbant,* por medio de una metáfora originada en la comparación de la forma de la flor y la del turbante. Es el mismo caso de la palabra francesa *tulipe,* origen de la española *tulipa.* → *orquídea* y *pistilo.*

turrón Como sucede en el caso del → *mazapán,* en Italia se atribuyen el invento de este dulce. Sería, pues, la palabra española un derivado del italiano *torrone* y es más que posible que, a través de las posesiones del reino de Aragón en el Sur de Italia, llegara al catalán, de donde lo habría tomado el castellano, convertido en *torró.* Estas palabras están claramente relacionadas con el verbo latino *torrere,* 'secar, asar, tostar', fuente también de *torrar,* en referencia a las almendras tostadas y a otros frutos secos que, con la miel y el azúcar, entran en la composición del dulce. Otras versiones, menos creíbles, relacionan *turrón* con *terrón,* derivado de *tierra,* por la forma de bloque en que se presenta.

No sería tampoco extraño, dada la composición del dulce —miel y frutos secos—, atribuirle un origen árabe y que hubiera sido elaborado durante la dominación musulmana del Levante español, o traído a esa zona por los árabes. No olvidemos que en la actualidad la provincia de Alicante es la mayor productora de *turrón* de España. Apoya esta teoría —aunque tampoco descarta la del origen italiano, dado que el Reino de Valencia también formaba parte de la Corona de Aragón— un documento fechado en 1484 que se conserva en el archivo del Consejo General de Valencia en el que se ordena que se paguen quince libras a un tal Jaume Doménech, seguramente un confitero, en concepto de '*torrons* d'alegría' y otras quince libras por los '*torrons* blancs d'avellana'. Queda en el aire, como tantas veces en la ciencia etimológica, la pregunta clave, la del huevo o la gallina: ¿llegaría el turrón de Valencia y Cataluña al reino de Nápoles o del Reino de Nápoles a Valencia y Cataluña?

En cualquier caso, y aunque sepamos que *turrón* circula en español ya en el siglo XVI y *torró* en catalán a finales del XIV, desde antiguo se relaciona el origen del dulce y de la palabra con una historia, entreverada de leyenda, que se remonta a 1640, durante la rebelión de Cataluña, cuando las tropas de Felipe IV (1605-1665) cercaron Barcelona. Las autoridades locales, previendo un largo asedio, que al final duró quince meses, organizaron un concurso para premiar a quien presentase un producto de fácil elaboración, energético y que aguantase mucho tiempo sin deteriorarse. El concurso, se cuenta, lo ganó un confitero catalán, valenciano según otras versiones, apellidado *Turrons*, que presentó una pasta de almendras y miel entre dos obleas.

Para añadir confusión a la ya de por sí oscura historia de esta palabra, el escritor alicantino Gabriel Miró (1879-1930) en su obra *El libro de Sigüenza* (1917) recoge una versión diferente, según la cual el *turrón* habría sido elaborado por primera vez en 1703, reinando Felipe V (1683-1746), cuando, para paliar los efectos de una epidemia, el gremio de pasteleros y confiteros barceloneses organizó un concurso para premiar el postre más nutritivo y fácil de conservar. Ganaron, según esta versión, los confiteros Pablo *Turrons* y Pedro Xercavins, que presentaron el dulce que, en recuerdo del apellido del primero, sería llamado *turrón*.

tute Es curioso que el nombre del que tal vez es el juego de cartas más popular de nuestro país no tenga que ver con el español ni con ninguna de las lenguas peninsulares. Todo parece apuntar a que el juego y, por tanto, su denominación tienen un origen italiano y que habría llegado a España de la mano —nunca mejor dicho— de alguno de los grupos de soldados que, a partir del el siglo XV, participaron en diversas campañas en Italia. *Tute* sería la versión española de *tutti*, 'todos' en italiano, dado que, aunque raras veces suceda y el juego se resuelva por lo general a los puntos, gana quien consigue reunir en las cartas que tiene en la mano los cuatro, o sea *todos*, los reyes (*tute de reyes*) o todos los caballos (*tute de caballos*). → *brisca*.

U

u Esta letra aparece en el alfabeto latino hacia el siglo IV como una variante de la → *v*, y desde ese momento convivirá en latín alternando, como la *v*, el uso vocálico y el consonántico: *fervore(m)/feruore(m)*, 'fervor'; *causa(m)/cavsa(m)*, 'causa'. Esta alternancia, aunque progresivamente reducida, durará en español hasta bien entrado el siglo XVI, cuando las imprentas empiezan a destinar el tipo *U* al sonido vocálico y el *V* al consonántico. Esta regularización será oficializada definitivamente por la Real Academia en el *Diccionario de Autoridades* (1726).

universidad El término tiene su origen en el latín medieval *universitate(m)*, derivado de *universus*, 'universo', referido a la amplitud de los estudios que se cursaban en estos nuevos centros de enseñanza y al conjunto de maestros y estudiantes asociados. La frase *universitas magistrorum scholarium*, 'universalidad de maestros y alumnos' se aplicó por primera vez al estudio de Bolonia, la universidad más antigua del mundo, fundada a finales del siglo XII. Posteriormente pasaría a hacer referencia a los centros que se irían fundando: París, Montpellier, Oxford, Salamanca, Padua...

urraca El nombre propio *Urraca* fue bastante común en España durante la Edad Media, baste citar a Doña Urraca (1080-1126), hija de Alfonso VI de Castilla y Constanza de Borgoña y heredera al trono, que llegó a ser reina de Castilla y León tras su matrimonio en segundas nupcias con el rey aragonés Alfonso I el Batallador. Considerando que a esta ave también se la llama en español *marica,* forma familiar de María, que en latín vulgar se la llamó *gaia,* término proveniente del nombre propio femenino Gaia, variante de Caia (→ *tocayo)* y que en inglés se la denomina *magpie,* con la forma hipocorística *Mag,* de Margaret, no es nada extraño pensar se identificaran los gritos que emite con los de una mujer, en la línea de términos coloquiales nada halagüeños para las mujeres como *gallina* o *loro* (→ *cotorra).*

De todas formas, hay una teoría que relaciona la denominación del ave con el término latino *furax,* 'ladronzuelo, cleptómano', sobre el que se habrían creado *furraca* y, posteriormente *hurraca* y *urraca.* Sabido es, y en fábulas y cuentos populares hay testimonios de ello, que este pájaro siente especial atracción por las joyas y los objetos brillantes.

utopía Se llama así a los deseos o planes irrealizables en recuerdo de *Utopia* (1516), obra de Thomas

Moore (Tomás Moro) (1478-1535), autor inglés, que después sería santo tras haber sido ejecutado por Enrique VIII cuando se opuso a que el rey se divorciara de Catalina de Aragón para casarse con Ana Bolena. *Utopia*, transcrita en español como *Utopía*, es una palabra formada con las voces griegas *ou*, 'no' y *topos*, 'lugar', sería algo así 'no lugar, lugar que no existe', y, efectivamente, habla de un país imaginario en el que todo, incluidos los habitantes y las condiciones sociales, es ideal.

úvula Esa pequeña masa de tejido de forma cónica que cuelga del velo del paladar debe su denominación a que su forma recuerda a una *uva* de pequeño tamaño, precisamente lo que significa la palabra latina de la que procede: *uvula*, 'uvita'. Es uno de los muchos casos en que, a través de una metáfora, reciben su nombre las partes del cuerpo. → *cadera, glande, músculo, pantorrilla, pene, pómulo, tibia, tímpano* y *rodilla*.

V

v Para remontarnos al origen de esta letra, partimos, como es habitual, de los símbolos jeroglíficos egipcios, en concreto a uno que representaba a un martillo o maza, y que estaba formado por una línea vertical y en la parte superior una especie de cabeza en forma de *u*. Los fenicios y los griegos lo adoptaron con formas más angulosas en la parte superior, lo que acabaría siendo nuestra *y*. Los etruscos prescindieron de la línea vertical, con lo que apareció la *v*, que adoptaron los romanos y que durante muchos años conviviría en latín y en español con la → *u*.

vacuna En 1796 el médico inglés Edward Jenner (1749-1823) extrajo de las pústulas de vacas infectadas por una enfermedad contagiosa, denominada en español *vacuna*, una sustancia que aplicó directamente a varias personas para evitar que se infectaran con la mortífera epidemia. Había descubierto lo que, en recuerdo del origen del principio activo, se llamaría *vacuna*, es decir, la técnica que consiste en la inoculación en un individuo de los microbios o toxinas que provocan la enfermedad con el fin de prevenirla, dicho más técnicamente, de inmunizarlo contra ella. En un principio la *vacuna* lo fue, por antonomasia, la de la viruela, aunque posteriormente el término se aplicó a cualquier enfermedad.

vagina El término latino *vagina(m)*, 'vaina' dio origen, como tantos otros *(clave(m)* dio *clave* y *llave; anima(m)* dio *ánima* y *alma)*, a dobletes en nuestra lengua: por vía popular, es decir, a través de la lengua hablada, nos llegó en el siglo XII *vaina* —con la forma *vaína*—, referida primero a la funda de la espada y más tarde, metafóricamente, al envoltorio de algunas legumbres. Por vía culta, mediante la lengua escrita, en este caso en tratados anatómicos, apareció a principios del siglo XIX el latinismo *vagina* referido a la parte del aparato genital femenino que va desde la vulva a la matriz, comparándola con la funda de una espada, lo que no era otra cosa que una de tantas metáforas con las que se denominan varias partes del cuerpo humano. → *cadera, glande, músculo, pantorrilla, pene, pómulo, tibia, tímpano, rodilla* y *úvula*.

vándalo Esta palabra tiene su origen en el término germánico *wandliaz*, 'el que vaga', generado a partir de la raíz indoeuropea **wendh-*, 'girar, vagabundear'. Los vándalos fueron una de las tribus germánicas que en los siglos IV y V invadieron Hispania y las Galias y acabaron con el Imperio Romano. El significado que hoy tiene la palabra en nuestra lengua se debe a la proverbial crueldad de dichas tribus, especialmente en lo que se refiere a sus acciones bélicas, entre otras, el saqueo de Roma en el 445. → *Andalucía.*

vendaval El término, que aparece ya en nuestra lengua en el siglo XVI, es la agrupación de la expresión francesa *vent d'aval,* literalmente, 'viento del valle', 'viento de abajo', que se aplicaba originariamente al fuerte viento que procedía del suroeste, del Atlántico.

venéreo Ya en latín se denominaba *venereus* a todo mal que se suponía contraído por vía sexual. *Venereus* es un adjetivo formado sobre Venus, diosa romana del amor y de la belleza (→ *viernes).* La concha del peregrino o *vieira* (→ *porcelana)* se llama también *(concha) venera* porque los antiguos consideraban que Venus había nacido de una de ellas. → *sífilis.*

verano Los primeros romanos llamaban *vera* a la → *primavera* y *aestivum tempus* —de donde procede *estío*— al verano. Posteriormente se crearon en latín los compuestos *prima vera* y *veranum tempus* para hacer referencia respectivamente al comienzo y primera parte de la primavera y al final de la primavera y comienzo del verano. En español, hasta entrado el siglo XVI, se mantuvo la denominación latina y se llamó *primavera* a la primera parte de la primavera, *verano* a la segunda parte de la primavera y el principio del verano y *estío* al verano.

verdugo Aparte de a la persona encargada de ejecutar la pena capital, se llama también *verdugo*, y el *Diccionario* de la Academia recoge esta acepción en primer lugar, al 'renuevo o vástago del árbol', es decir a la rama joven, tal vez en relación con el color *verde* de tal rama. Antiguamente quien aplicaba la pena capital era también el encargado de torturar (→ *tortura*) a los reos, muy frecuentemente azotándolos, para lo que usaba a veces una rama fina y flexible, es decir, un *verdugo*, con lo que acabó, como *el espada, el trompeta* o *el maletilla*, recibiendo el nombre del instrumento que empleaba.

verónica El lance de capote más habitual en la corrida de toros, que se realiza mostrando al toro el percal de frente y dando salida al animal por un lado, debe su nombre al de la mujer que, según el Nuevo Testamento, secó la cara de Cristo durante la subida al calvario con un velo blanco de lino en el que quedó impresa la imagen del sagrado rostro y que se conserva entre las reliquias de la basílica de San Pedro de Roma. La forma en que la iconografía nos presenta a la *Verónica* sujetando el paño coincide con la manera en que el torero presenta el capote al toro.

Por lo que se refiere a la etimología del nombre propio *Verónica,* parece una variante del latino *Berenice,* con origen en el griego *Feronike,* 'la que porta *(fero)* la victoria *(Nike)*'. Durante la Edad Media, a causa del episodio del Nuevo Testamento antes descrito, el nombre se supuso derivado de la expresión *vera* (del latín *verus,* 'verdadero') *icon* (del griego *eikón,* 'imagen, icono'), es decir, 'la verdadera imagen (de Cristo)'.

verso Ya en la lengua latina *versu(m)* significaba, a través de una metáfora, lo que en nuestra lengua, pero su significado primitivo era el de 'surco, fila, hilera'. *Versus* era el participio pasivo de *vertere,* 'dar la vuelta', aplicado también al cambio de sentido que el labrador daba al arado al terminar de hacer un surco.

vestíbulo A pesar de lo que pueda parecer, nada tiene que ver esta palabra con el verbo *vestir,* aunque el *vestíbulo* sea el lugar donde muchas veces se dejan las ropas de abrigo. Está relacionada con *Vesta,* la diosa romana protectora del hogar, ya que en la entrada de muchas casas de la antigua Roma había un pequeño altar dedicado a esta divinidad, donde siempre lucía una llama. El pórtico, atrio o habitación que daba entrada a la casa recibió más tarde el nombre de *vestibulu(m),* 'que sirve para Vesta, el lugar de Vesta'.

viernes Los romanos dedicaban un día de la semana al culto de Venus, diosa de la belleza y el amor: era el *veneris dies*. Posteriormente, como sucedió con otros días de la semana, desaparecería la segunda parte de la expresión, y de *veneris* saldría nuestro *viernes*. → *venéreo*.

volcán El dios *Vulcano*, de cuyo nombre se deriva la palabra, era la divinidad romana del fuego. En la Edad Media se aplicó el nombre propio de *Vulcano*, transformado en *Volcano* o *Volcán*, únicamente a los tres grandes volcanes italianos, precisamente en los que se suponía que este dios tenía sus fraguas: el Etna, el Vesubio y el Estrómboli. Más tarde pasó a ser nombre común, seguramente por la influencia de los navegantes y conquistadores españoles y portugueses, que llamaron así a las montañas de fuego que encontraron en las tierras que descubrían.

voltio Esta unidad de medida de la fuerza electromotriz debe su nombre al apellido del físico italiano Alessandro Volta (1745-1827), destacado por sus estudios sobre los fenómenos eléctricos. Es considerado el inventor de la pila seca, diferente de la batería, que tiene líquido.

X

x El primer antepasado conocido de esta letra es un signo fenicio, llamado *samek*, que, por medio de una especie de cruz, más o menos inclinada, intentaba representar una criba de cereal, aunque según algunas teorías podría ser la representación esquemática de un pez. La forma actual se la dieron a la letra los griegos, de cuyo alfabeto pasó al etrusco y posteriormente al latino.

Ya en nuestra lengua, esta letra pasó a representar varios sonidos, *[ks]*, *[gs]* y *[sh]*. Este último, el de palabras del castellano antiguo como *exemplo* o *executar*, acabó transformándose en la actual letra *jota* (→ *j*) en el siglo XVI, aunque perduraron hasta el siglo siguiente numerosísimos casos de vacilación. Cuando los españoles fueron llegando a América, en un periodo en el que en la lengua había una plena confusión de estos sonidos, transcribieron con *x* [sh] algunas de las palabras que oían: *México, Texas*... Ésta es la razón por la que estos topónimos se pueden escribir con *x* y se deben pronunciar con *j*, aunque los nativos de esos lugares prefieren la escritura y, a veces, la pronunciación con *x*. La confusión a la que antes nos referíamos explica también que en palabras como Tijuana, Guanajuato, Jalisco, Jamaica, Oaxaca o Xochimilco no se produzca la disparidad entre escritura y pronunciación.

Y

y Esta letra comparte su origen con la → *v*, un símbolo fenicio que seguramente representaba una maza o martillo, consistente en una línea vertical y una cabeza en forma de *u*. De esta «cabeza» nacieron la *v* y la *u*, y del total de la figura, perfilada por los griegos, que la denominaron *ípsilon*, salió la *Y*.

yanqui A pesar de que la palabra nos haya llegado a través de la inglesa *yankee*, el origen hay que buscarlo en el neerlandés, según algunas interpretaciones en el apodo *Jan Kaas*, 'Juan Queso', según otras al hipocorístico *Janke*, 'Juanito', forma familiar de *Jan*, 'Juan', aplicados de forma humorística, seguramente por los ingleses, a los habitantes, de origen holandés, de la colonia norteamericana de Nueva Amsterdam, en la desembocadura del río Hudson. Anexionada por los ingleses en 1664, acabaría dando origen a Nueva York. Más tarde se llamó *yanqui* a todo habitante de Nueva Inglaterra, posteriormente, durante la Guerra de Secesión, a quienes vivían en los estados del Norte y más tarde al norteamericano en general, con un cierto matiz peyorativo que, como puede apreciarse no es de ahora.

No falta quien supone un origen indio. Al parecer en lengua *cherokee* la palabra *eeanke* significaba algo así como 'bellaco, malvado, esclavo' y habría sido utilizado por los habitantes de Virginia para referirse a sus vecinos de Nueva Inglaterra, quienes se habían negado a colaborar con ellos en las luchas contra los indios.

yaz → *jazz.*

yudo La Academia propone, y así figura en el *Diccionario,* esta forma españolizada frente a la transcripción inglesa *judo.* Es esta la más elegante y menos violenta de las artes marciales, y eso es precisamente lo que denota su denominación japonesa: *do,* 'método' y *ju* 'suave, blando'.

Z

z Esta letra, llamada indistintamente *zeta* o *zeda*, aunque con preponderancia de la primera denominación, se origina en la escritura jeroglífica bien como representación esquemática de una especie de carro de tiro para transportar mercancías o bien como el dibujo de una hoz o utensilio similar. Curiosamente, en la escritura de los moabitas (s. IX a. C.), un pueblo nómada emparentado y enfrentado con el hebreo, que se estableció al Este del mar Muerto, en lo que hoy sería Jordania, hallamos un signo prácticamente idéntico a nuestra *Z*. En el alfabeto fenicio, en el griego y en el etrusco, se transforma en una línea vertical con una base y un tope, algo parecido a nuestra *I*. A veces la línea transversal superior salía hacia la izquierda y la inferior a la derecha, con lo que la figura se asemejaba más a la *Z*. No está claro ni cuándo ni cómo llegó esta letra al alfabeto latino, que terminaba con la *X*. Sabemos que su uso fue criticado, por extranjerismo, por varios autores latinos, que propusieron el uso de la *S* para sustituirla. Sobre el año 300 a. C., uno de ellos, Apio Claudio, llegó a decir que debía ser eliminada porque para pronunciarse —entonces representaba al sonido *[ts]*— había que colocar la mandíbula y la boca en la posición en la que las tienen los muertos antes de ser amortajados.

A pesar de todos los ataques, la *Z* acabó teniendo suerte y en el latín tardío y en las lenguas neolatinas vino muy bien para representar nuevos sonidos que se estaban generando. Después, ya se sabe, prácticamente hasta que a principios del siglo XVIII puso orden la Real Academia, se produjo en nuestra lengua la confusión babélica entre *c, ç, s, ss, z,* que nos ha dejado hoy el *ceceo* y el *seseo* en las hablas meridionales y en el español de América.

zarzuela *Zarzuela* es, originariamente, 'zarza pequeña' y, por extensión, un lugar donde abundan estas plantas, y por este motivo se denominó *de la Zarzuela* al palacio, actual residencia de los Reyes de España, que se levantó en los montes de El Pardo, muy cerca de Madrid, en 1636. El edificio se construyó para que fuera residencia del infante don Fernando, hermano del rey Felipe IV, que había sido gobernador de los Países Bajos.

Era este infante gran aficionado a la música y reunía frecuentemente a la corte en su palacio para organizar unas representaciones en las que, seguramente a imitación de las que se organizaban en Florencia, se mezclaba el recitado con la música y la escenografía. Estas representaciones se llamaban en un principio *fiestas de la Zarzuela* y posteriormente *zarzuelas* y serían el germen del género lírico español por antonomasia, denominado también, en oposición a la ópera, *género chico.* La primera pieza denominada *zarzuela* por su autor de la que tenemos noticia, y que no se conserva en su totalidad, es *El golfo de las sirenas* (1657), ni más ni menos que de don Pedro Calderón de la Barca. La primera que nos ha llegado íntegra es *Celos aun del aire matan* (1660), con letra también de Calderón de la Barca y música de Juan Hidalgo.

El plato de pescado y marisco denominado *zarzuela* toma su nombre del de la obra musical, en alusión a mezcla o variedad de «géneros» que lo componen.

zascandil Se llama así, según el *Diccionario* de la Academia al 'hombre despreciable, ligero y enredador', aunque bien es verdad que en el uso que hoy hacemos de esta palabra no suponemos tanta carga peyorativa, sino que más bien es sinónimo de *pícaro, vividor* o *vagabundo;* solemos llamar *zascandil* a alguien que anda vagabundeando buscándose la vida. El significado que dábamos al principio sí está en el origen del término, seguramente a caballo entre los siglos XVI y XVII, pues se construyó uniendo la onomatopeya de un golpe: *¡zas!* y la palabra *candil,* en referencia a la acción de los maleantes que, para cometer impunemente sus fechorías, mataban con un golpe de mano o de sombrero la luz de los candiles que iluminaban las calles.

zona Aunque hoy una *zona* es cualquier parte de territorio marcada por unos límites, originariamente el término hacía referencia a una franja larga y estrecha de terreno o de mar, tal vez la que recorrían los barcos que navegaban muy cerca de la costa. Y es que en latín *zona(m)* era, como *zóne* en griego —origen de *ceñir*— y antes **yosna* en indoeuropeo, 'faja, ceñidor, cinturón'.

zoquete Hay dos teorías sobre el origen de este término. La primera lo emparenta con el árabe *suqât*, 'desecho, objeto inútil'. *Zoquete* se documenta en español a mediados del siglo XVII con el significado de 'pedazo de madera o de pan sobrantes' y que, por medio de una metáfora fácilmente explicable habría originado el de 'persona de poco entendimiento, torpe, inútil'.

Otra teoría supone la palabra derivada de la latina *soccus*, origen de *zueco*, y que era una especie de zapato bajo de madera usado por los actores cómicos griegos y latinos, a diferencia de los trágicos, que usaban una especie de botas altas llamadas *coturnos*. El *soccum* era, pues, el calzado que tipificaba a los personajes graciosos, los que representaban a personas vulgares o de poco entendimiento. De ahí que *hacerse el sueco* signifique 'no entender' o no enterarse, y de ahí también que de *soccum* pudiera haberse derivado → *socarrón*.

zozobra En el siglo XIII se documenta en castellano la palabra *soçobra,* referida al juego de los dados, con la que se quería dar a entender que la cara que estaba a la vista era justamente la contraria a la deseada por el jugador. Tal término se originó en el catalán *sotsobre,* es decir, 'la parte de abajo (queda) arriba', de *sots,* 'debajo', y *sobre,* 'sobre, encima, arriba'. Mucho más tarde, ya en los albores del siglo XV, la palabra, por medio de un uso metafórico, se aplicó al vuelco y al naufragio de un barco: la parte de abajo —la quilla— queda arriba y la de arriba —la cubierta—, abajo.

zutano Como con otras de nuestra lengua (→ *fulano*, *mengano* y *perengano)*, nos referimos con esta palabra a la persona desconocida o cuyo nombre ignoramos, aunque *zutano* aparece después de *fulano* y *mengano* o, al menos, después del primero.

No está muy claro el origen del término, aunque parece una variante de *citano*, de idéntico significado, muy frecuente en los siglos XVII y XVIII. Las formas castellanas *sestrano* y *cicrano* (s. XVI) y las portuguesas *sicrano* y *seclano* parecen sugerir un origen común, que podría haber sido la onomatopeya de chistar para llamar la atención de alguien a quien no se puede llamar por su nombre, y que podría transcribirse como *¡chist!*, *¡sst!*, *¡zzt!*, o *¡tss!*

BIBLIOGRAFÍA

ALBORG, JUAN LUIS: *Historia de la literatura española*. Madrid, Gredos, 1980.

ALONSO HERNÁNDEZ, JOSÉ LUIS: *Léxico del marginalismo del Siglo de Oro*. Salamanca, Acta Salmanticensis - Universidad de Salamanca, 1977.

ALONSO, ANTONIO Y GÓMEZ, JAVIER: *El Chuchi, los colegas y la basca. (El Evangelio en cheli.)* Alcalá de Henares, Editorial CCS, 1994.

AMORÓS, ANDRÉS: *Lenguaje taurino y sociedad*. Madrid, Espasa Calpe, 1990.

ANÓNIMO: *Lazarillo de Tormes*. Ed. de A. Isasi Angulo, Barcelona, Bruguera, 1978.

ANÓNIMO: *Poema de Mio Cid*. Ed. de Ramón Menéndez Pidal, Madrid, Espasa Calpe, 1980.

Atlas Histórico Universal. Madrid, El País / Aguilar: 1995.

BEINHBAUER, WERNER: *El español coloquial*. Madrid, Gredos, 1963 (1985).

BERCEO, GONZALO DE: *Milagros de Nuestra Señora*. Ed. de Vicente Beltrán, Barcelona, Planeta, 1983.

BERGUA, JUAN B.: *Refranero español*. Madrid, Clásicos Bergua, 1984.

BUITRAGO JIMÉNEZ, ALBERTO: *Diccionario de dichos y frases hechas*. Madrid, Espasa Calpe, 1995.

CANDÓN, MARGARITA Y BONNET, ELENA: *A buen entendedor... (Diccionario de frases hechas de la lengua castellana.)* Madrid, Anaya-Mario Muchnik, 1993.

CARBALLO PICAZO, ALFREDO: *Español coloquial*. Madrid, CSIC, 1966.

CASARES, JULIO: *Diccionario ideológico de la lengua española*. Madrid, Gustavo Gili, 1981.

CASTIGLIONI, L. y MARIOTTI, S.: *Vocabolario della lingua latina*. Turín, Loescher, 1966 (1980).

CEJADOR, JULIO: *Tesoro de la lengua castellana. Origen y vida del lenguaje*. Madrid, Perlado, Páez y Cía., 1911-14.

CELA, CAMILO JOSÉ: *Diccionario secreto* (2 vols.). Madrid, Alfaguara, 1968-71.

CELDRÁN, PANCRACIO: *Historia de las cosas*. Madrid, Ediciones del Prado, 1995.

CERVANTES SAAVEDRA, MIGUEL DE: *El ingenioso hidalgo don Quijote de La Mancha*. Ed. de Luis Astrana Marín, comentada por don Diego de Clemencín. Valencia, Editorial Alfredo Ortells, 1980.

Collins Cobuild English Dictionary. Londres, Harper-Collins, 1995.

COROMINAS, JOAN: *Breve diccionario etimológico de la lengua castellana*. Madrid, Gredos, 1983.

COROMINAS, JOAN Y PASCUAL, JOSÉ ANTONIO: *Diccionario crítico etimológico castellano e hispánico*. Madrid, Gredos, 1987.

CORREAS, GONZALO: *Vocabulario de refranes y frases proverbiales y otras fórmulas comunes de la lengua castellana.* Madrid, Revista de Archivos, Bibliotecas y Museos, 1924.

COSSÍO, JOSÉ MARÍA DE: «Vocabulario taurino autorizado», en el vol. I de *Los toros (Tratado técnico e histórico)*, Madrid, Espasa Calpe, 1988, págs. 5-127.

COVARRUBIAS, SEBASTIÁN DE: *Tesoro de la lengua castellana o española.* Madrid, Turner, 1979.

Crónica de España. Madrid, Plaza & Janés, 1988.

DEVOTO, G. e OLI, G. C., *Dizionario della lingua italiana.* Florencia, Le Monnier, 1971.

Diccionario Anaya de la Lengua. Madrid, Ediciones Anaya, 1979.

Diccionario 2000 Español-Vasco y Euskara-Espainiera. San Sebastián, ELKAR, 1995.

Diccionario Canigó Català-Castellà y Castellano-Catalán. Barcelona, Sopena, 1975.

Diccionario Collins Español-Italiano e Italiano-Spagnolo. Barcelona, Collins-Grijalbo, 1985.

Diccionario de Autoridades. Madrid, Gredos, 1984.

Diccionario de incorrecciones, particularidades y curiosidades del lenguaje. Madrid, Paraninfo, 1989.

Diccionario de las lenguas de España. Madrid, Ediciones Generales Anaya, 1985.

Diccionario Enciclopédico Abreviado. Madrid, Espasa Calpe, 1957.

Diccionario Enciclopédico Larousse. Barcelona, Planeta, 1990.

Diccionario General Español-Francés y Français-Espagnol. París, Larousse, 1992.

Diccionario Larousse Ilustrado. Barcelona, Larousse Editorial, 1997.

Diccionario Moderno Langenscheidt de los idiomas alemán y español. Berlín-Múnich, Langenscheidt, 1973.

Diccionario Xerais da Lingua. Vigo, Edicións Xerais, 1986.

Dicionário da lingua portuguesa. Oporto, Porto Editora «Dicionários Editora», 1989.

Dicionariu Básicu de la Llingua Asturiana. Oviedo, Colección Didática de la Llingua, 1985.

Dictionnaire Français-Español/Espagnol-Français. París, Larousse, «Collection Saturne», 1967.

DÍEZ BARRIO, GERMÁN: *Dichos populares castellanos*. Valladolid, Castilla Edic. Col. Nueva Castilla, 1987.

Dizionario della Bibbia. Milán, A. Vallardi-Garzanti Editore, 1993.

DOMÍNGUEZ, G.; MORERA, P. Y ORTEGA, O.: *El español idiomático: frases y modismos del español*. Barcelona, Ariel Lingüística, 1988.

DOVAL, GREGORIO: *Diccionario de expresiones extranjeras*. Madrid, Ediciones del Prado, 1996.

EL PAÍS. *Libro de Estilo*. Madrid, Ediciones El País, 1990.

Enciclopedia de las fiestas de España. Madrid, Diario 16, 1993.

Enciclopedia del siglo XXI. Barcelona, El Mundo, 1992.

ESEVERRI HUALDE, CRISÓSTOMO: *Diccionario etimológico de helenismos españoles*. Burgos, Ediciones Aldecoa, 1988.

Eurodiccionario (español, inglés, francés, alemán, portugués, italiano). Barcelona, Planeta-De Agostini (Edición especial para El Mundo del Siglo Veintiuno), 1993.

FERNÁNDEZ, MAURO: *Diccionario de refranes*. Madrid, Aldebarán, 1994.

FISAS, CARLOS: *Frases que han hecho historia.* Barcelona, Planeta, 1992.

— *Historias de la Historia.* Barcelona, Planeta-De Agostini, 1996.

— *Palabras con historia.* Barcelona, Planeta, 1992.

GALDI, LÁSZLÓ: *Magyar-Spanyol Szótár (Diccionario Húngaro-Español)*. Budapest, Terra, 1987.

GÓMEZ DE SILVA, GUIDO: *Breve diccionario etimológico de la lengua española.* México, El Colegio de México - Fondo de Cultura Económica, 1995.

GÓMEZ TORREGO, LEONARDO: *Manual de español correcto* (2 vols.). Madrid, Arco/Libros, 1993.

GUIRAUD, PIERRE: *Dictionnaire des étymologies obscures.* París, Grande Bibliothèque Payot, 1994.

HAMILTON, EDITH: *La Mitología.* Barcelona, Ediciones Daimon, Manuel Tamayo, 1976.

HOYO, ARTURO DEL: *Diccionario de palabras y frases extranjeras*. Madrid, Aguilar, 1995.

IGLESIAS, OCTAVIO: *De dónde vienen las palabras (Diccionario de etimologías)*. Madrid, Temas de Hoy, Col. «Diccionarios de Hoy», 1996.

IRIBARREN, JOSÉ MARÍA, *El porqué de los dichos.* Pamplona, Gobierno de Navarra, Departamento de Educación y Cultura, 1994.

JEAN, GEORGES: *Writing. The Story of Alphabets and Scripts*. Londres, Thames and Hudson, 1992.

JUNCEDA, LUIS: *150 famosos dichos del idioma castellano*. Madrid, Susaeta, 1982.

KERÉNYI, KÁROLI: *Gli Dei e gli Eroi della Grecia*. Milán, Il saggiatore-Garzanti, 1982.

LÁZARO CARRETER, FERNANDO: *El dardo en la palabra*. Barcelona, Galaxia Gutenberg-Círculo de Lectores, 1997.

LEÓN, VÍCTOR: *Diccionario de argot español y lenguaje popular*. Madrid, Alianza Editorial, 1992.

Le Petit Robert 1 Dictionnaire de la Langue Française. París, Le Robert, 1989.

Libro de Estilo de ABC. Barcelona, Ariel, 1993.

LLORENS, MARÍA JOSÉ: *Diccionario gitano (sus costumbres)*. Madrid, A. L. Mateos, 1991.

LORENZO, EMILIO: *El español de hoy, lengua en ebullición*. Madrid, Gredos, 1980.

LUQUE, J., DE D., PAMIES, A. Y MANJÓN, F. J.: *El arte del insulto (Estudio lexicográfico)*. Barcelona, Ediciones Península, 1997.

MAÍLLO SALGADO, FELIPE: *Los arabismos del castellano en la baja edad media (Consideraciones históricas y filológicas)*. Salamanca, Universidad de Salamanca - Instituto Hispano-Árabe de Cultura, 1983.

MANSER, MARTIN H.: *The Wordsworth Dictionary of Eponyms*. Herdtfordshire, Wordsworth Editions, 1996.

MARCOS-LEFLER, JOSÉ MARÍA: *Pequeño diccionario del idioma ruso*. La Bañeza, Ediciones Marcos-Lefler, 1950.

MARSÁ, FRANCISCO: *Diccionario normativo y guía práctica de lengua española*. Barcelona, Ariel, 1986.

MARTÍN, JAIME: *Diccionario de expresiones malsonantes del español*. Madrid, Istmo, 1974.

MARTÍNEZ MÁRQUEZ, J. RAMÓN (RAMONCÍN): *El tocho cheli (diccionario de jergas, germanías y jerigonzas)*. Madrid, Temas de Hoy. Col. «El Papagayo», 1994.

MATEOS M., AGUSTÍN: *Etimologías griegas del español*. México, Editorial Esfinge, 1949 (reimpresión de 1972).

MENÉNDEZ PIDAL, RAMÓN: *Orígenes del español. (Estado lingüístico de la Península Ibérica hasta el siglo XI.)* Madrid, Espasa Calpe, *Obras completas de R. M. P.*, 1986.

MIGUÉLEZ RODRÍGUEZ, EUGENIO: *Diccionario de las hablas leonesas (León, Zamora, Salamanca)*. Zamora, Ediciones Monte Casino, 1993.

MOLINER, MARÍA: *Diccionario de uso del español*. (2 vols.). Madrid, Gredos, 1967.

Muy Interesante: «Historia del alfabeto». Madrid, G y J Ediciones, 1997-1998.

NEBRIJA, ELIO ANTONIO DE: *Gramática de la lengua castellana*. Ed. de Antonio Quilis, Madrid, Centro de Estudios Ramón Areces, 1989.

NIETO BALLESTER, EMILIO: *Breve diccionario de topónimos españoles*. Madrid, Alianza Editorial, 1997.

NIETO MANJÓN, L.: *Diccionario ilustrado de términos taurinos*. Madrid, Espasa Calpe, 1987.

OREFICE, GIUSEPPE A.: *Dizionario simultaneo in cinque lingue* (inglese, francese, tedesco, italiano, spagnolo). Varese, Club degli Editori, 1973 (1982).

Pequeño diccionario español-ruso y ruso-español. Getafe, IMPRESA, 1989.

QUENEAU, RAYMOND: *Ejercicios de estilo*. Madrid, Cátedra, 1989.

QUEVEDO Y VILLEGAS, FRANCISCO DE: «Cuento de cuentos», en *Quevedo esencial*. Ed. de C. Carmen García Valdés, Madrid, Taurus, 1990.

— «Libro de todas las cosas y otras muchas más», en *Obras jocosas*. Madrid, Busma, 1982.

REAL ACADEMIA ESPAÑOLA: *Diccionario de la lengua española* (XXI Edición). Madrid, Espasa Calpe, 1992.

ROBERTS, E. A. Y PASTOR, B.: *Diccionario etimológico indoeuropeo de la lengua española*. Madrid, Alianza Editorial, 1997.

ROCCI, LORENZO: *Vocabolario greco-italiano*. Roma, Società Editrice Dante Alighieri, 1943.

ROJAS, FERNANDO DE: *La Celestina*. Ed. de Dorothy S. Severin, Madrid, Cátedra, 1990.

SALVADOR, G. Y LODARES, J. R.: *Historia de las letras*. Madrid, Espasa Calpe, 1996.

SBARBI, JOSÉ MARÍA: *Gran diccionario de refranes de la lengua española*. Joaquín Gil. BB. AA., 1943.

SEGURA MUNGUÍA, SANTIAGO: *Diccionario etimológico latino-español*. Madrid, Ediciones Generales Anaya, 1985.

SEVILLA, SAN ISIDORO DE: *Etimologías* (2 vols.). Ed. de J. Oroz Reta. Madrid, Biblioteca de Autores Cristianos, 1992.

SIMONET, FRANCISCO JAVIER: *Glosario de voces ibéricas y latinas usadas entre los mozárabes* (2 vols.). Madrid, Ediciones Atlas, 1888.

TELLO, ANTONIO: *Gran diccionario erótico de voces de España e Hispanoamérica*. Madrid, Temas de Hoy, Biblioteca Erótica, 1992.

The Oxford Dictionary of English Etymology. Oxford, Oxford University Press, 1996.

The Wordsworth English-Spanish and Spanish-English Dictionary. Herdtfordshire, Wordsworth Editions, 1993.

TIBÓN, GUTIERRE: *Diccionario de nombres propios*. México, Fondo de Cultura Económica, 1986.

TINEO REBOLLEDO: *Diccionario Gitano-Español y Español-Gitano*. Cádiz, Universidad de Cádiz, 1988 (edición facsímil de la de 1909).

TIRADO ZARCO, MIGUEL: *Indiccionario*. Pedro Muñoz (Ciudad Real), Perea Ediciones, 1989.

TORRES, ANTONIO: *Vivencias gitanas*. Barcelona, Instituto Romaní, 1991.

TOSI, RENZO: *Dizionario delle sentenze Latine e Greche*. Milán, Rizzoli, 1991.

UNAMUNO, MIGUEL DE: *De esto y aquello*. Buenos Aires, Sudamericana, 1951.

VIGARA TAUSTE, ANA MARÍA: *Aspectos del español hablado*. Madrid, SGEL, Col. Problemas Básicos del Español, 1990.

Vocabolario della lingua italiana (5 vols.). Milán, Istituto della Enciclopedia Italiana fondata da Giovanni Treccani, 1991.

VOLTES, PEDRO: *El reverso de la Historia (Humoradas y rarezas de la Historia de España)*, Barcelona, Círculo de Lectores, 1994.

YÁÑEZ SOLANA, MANUEL: *El gran libro de los nombres*. Madrid, Iberia Grafic, 1995.

E innumerables comentarios de periódicos y revistas, referencias y conversaciones que ilustraron y nutrieron algunas definiciones o que facilitaron pistas, las más de las veces tremendamente valiosas, y que sería prolijo enumerar aquí.